Al mi
querido amigo
Frank, a quien
considero uno de los
glorias de nuestro ... [signature] 4/05

¡Qué le parece...
boricua!

Papá Lino (Nelson Negrón)

¡Qué le parece...
boricua!

Publicaciones
Puertorriqueñas
EDITORES

Créditos editoriales

Segunda edición revisada y ampliada, 2002

Primera edición, 2001

Edición 2005

ISBN 1-881720-37-3

Producido en Puerto Rico

Impreso por Panamericana Formas e Impresos S.A.
Quien sólo actúa como impresor.
Impreso en Colombia   Printed in Colombia

Editor: palomares@publicacionespr.com
ANDRÉS PALOMARES

Diseño Tipográfico: gotay@publicacionespr.com
EVA GOTAY PASTRANA

Portada
EVA GOTAY PASTRANA

Departamento Multimedia: negron@publicacionespr.com

CARLOS NEGRÓN - XAVIER MOLINA

Negativos y separación de colores
PUBLICACIONES PUERTORRIQUEÑAS

Facturación
HAYDÉE GOTAY

Distribución
ELMER VÉLEZ

Departamento de Ventas: dventas@publicacionespr.com
FRANCISCO PARÉS
ERICA CRUZ
BERENICE DE LA CRUZ
IRVING ESTÉVEZ
NÉLIDA IRIZARRY
CELESTINO MARTÍNEZ
EDGAR REXACH
MANUEL VARGAS

Publicaciones Puertorriqueñas, Inc.
Calle Mayagüez 44
Hato Rey, Puerto Rico 00919
Tel. (787) 759-9673 Fax (787) 250-6498
E-Mail: pubpr@coqui.net

PRÓLOGO

El amigo Nelson Negrón, (Papá Lino), estudioso de nuestra historia y cultura ha recopilado con paciencia de años éste trabajo de curiosidades puertorriqueñas que es como un extracto de nuestra historia.

A través de sus páginas nos deja ver y comprender numerosos y curiosos rasgos y sucesos que han ido ocurriendo en nuestro Puerto Rico a través de los años. No hay momento de nuestra vida de pueblo que él no haya plasmado en estos sucesos. Luego de leerlos, lectura muy amena, no queda más remedio que uno decir:

¡Qué le parece... boricua!

Le deseo éxito en su proyecto del cual no me cabe duda, pues leer sobre nuestro hacer de pueblo es siempre muy ameno e instructivo.

José A. Toro Sugrañes

INTRODUCCIÓN

Decía el historiador Salvador Brau que descendemos de una raza "profundamente impresionable": el indio taíno.

El comienzo de todo aprendizaje es el asombro por eso la estatua de Atenea, diosa de la sabiduría, se presenta con los ojos bien abiertos como de lechuza. Así mi abuelo paterno, "Don Toño" (Antonio Negrón Ortiz), jíbaro "castao" de las montañas de Cañabón, Barranquitas, se asombraba de las maravillas que sus hijos, residentes en diversos Estados de la Unión, le contaban en interminables tertulias familiares a la lumbre de un quinqué. A todo ello el patriarca exclamaba: *¡Qué le parece!*

Este libro dudó en nacer:

Todo comenzó allá para 1980 cuando fui invitado a dar unas conferencias sobre historia de Puerto Rico a los marinos recién llegados a la Base Naval de Roosevelt Roads en Ceiba. Decidí mezclar, junto con la historia de la isla, la lectura de 5 páginas de datos curiosos y cosas en que los boricuas se han destacado. Me preguntaba entonces si habría suficientes logros como para llenar un libro; el ejemplar que tienes en las manos es la respuesta.

Por años se nos ha inculcado la idea de que somos pequeños, que no tenemos recursos naturales, que somos vagos, que lo mejor viene del norte, en fin: que no valemos nada. Este libro intenta romper ese mito.

Aunque pequeños en extensión territorial somos grandes en espíritu, entereza, esfuerzo e historia. Somos laboriosos, creativos, alegres, amantes de la paz, compasivos y orgullosos defensores de nuestro acervo cultural. Un pueblo que es verdaderamente consciente de las aportaciones hechas por sus grandes hombres es un pueblo destinado a actuar en forma heroica y afirmativa. Pregúntate: ¿Qué he logrado yo para engrandecer mi patria?

Este es el libro del orgullo boricua. Espero que ésta compilación de datos que yo llamo "joyas" te hagan consciente de lo grande que somos. De que si tuviésemos el tamaño y la población de países mayores fuésemos un imperio. Las "joyas" incluidas en este libro muy bien pudiesen haber hecho decir con orgullo a ese jíbaro castao de las montañas de Cañabón, abuelo Don Toño: ¡Qué le parece...boricua!

Papá Lino, mayo 2000

DEDICATORIA

"Yo lo único que quiero, antes de morir,
es dejar algo al mundo que valga la pena."

-Palabras de Eduardo Ortiz Ortiz
(pintor y escultor boricua)

Dedico esta obra a la memoria de:

Eduardo Ortiz Ortiz

Si todos los seres humanos pensaran como Eddie ¡qué feliz sería este mundo! Eddie realizó su obra mayormente en Siracusa, Italia donde colgaba del balcón de su apartamento la bandera boricua y en Nueva York donde ganó la primera Medalla Fonfrías al "artista boricua más destacado en la urbe newyorquina". Fue co-fundador del Museo del Barrio y fundador del Museo de Arte y Arqueología de Barranquitas. Creador de un estilo muy propio e inimitable de dibujo, fue perseguido por norteamericanos que, reconociendo su valía, querían escribir su biografía.

A ti, querido primo Eddie, dedico este libro. Tu obra y tu filosofía de vida nos hace exclamar con orgullo: ¡Qué le parece boricua!

Papá Lino

ADVERTENCIA

Las anécdotas y datos en que los boricuas o la bella isla de Puerto Rico se ha destacado fueron ciertas en el tiempo en que acontecieron y se han verificado hasta el año 2000. El que hallan cambiando las condiciones, según pasa el tiempo, no quita que hechos pasados le den gloria a nuestra historia. Me explico: hubo un tiempo en que el café de Puerto Rico era el más famoso del mundo por su olor y sabor. Hoy, por falta de brazos para recoger el grano, las cosechas se pierden y el café boricua ha perdido su estatura mundial. Pero ese hecho no quita que ñuestro sabroso grano nos dio fama mundial. Otro ejemplo: los diez centavos que se cobraban en las lanchas de Cataño, que cruzan la Bahía de San Juan, se consideraba "la ganga de viaje más grande del mundo haciéndole competencia a los botes de Staten Island". Hoy día el pasaje anda por los 50 centavos pero eso no quita que en un tiempo las lanchas de Cataño fueran "la ganga de viaje más grande del mundo". Los laureles ganados nunca desmerecen y se recuerdan con orgullo. Roma, hoy día, no es un imperio pero hubo un tiempo en que lo fue y ¿quién le restaría hoy a Roma sus logros alcanzados?

Papá Lino (mayo, año 2000)

"Entre estos valores que nos caracterizan como pueblo se destacan nuestro profundo sentido humanitario, expresado en el hábito nacional de la compasión por los infortunados (el ay bendito). La arraigada convicción en la igualdad humana, manifestada en nuestro mestizaje y ejemplar convivencia social; la constante tendencia a la justicia, de la que derivan nuestro amor a la democracia y a la libertad; la vocación por la paz, que ha hecho del nuestro uno de los pueblos más civilizados del mundo, nuestra devoción por la cultura, de la que nace el secular afán puertorriqueño por la escuela y la enseñanza; y por último nuestra tradicional sencillez, que nos capacita para reconocer y apreciar espontáneamente todo lo bueno, noble y grande que tienen los demás pueblos."

Ricardo Alegría

"Cuanto más es uno de su raza y de su tierra, más universal se puede llegar a ser, que en los poetas como en los árboles las frondosidades más amplias corresponden a las raíces más profundas. ¡Puertorriqueños: amad a Puerto Rico! Ningún otro país de las Américas se jactaría de ser más cultamente apto para poder gozar del orden dentro de la libertad."

José Santos Chocano
(Poeta peruano)

"Ya no eres patria, un átomo perdido,
que al ver su propia pequeñez se aterra,
ni un jardín escondido,
en un pliegue del manto de la tierra."

"Eres el pueblo que su voz levanta,
si la justicia y la razón abona,
que las exequias del pasado canta,
y el himno santo del progreso entona."

Extracto de: Puerto Rico
José Gautier Benítez
(1848-1880)

Por la dulce variedad de su sonido,
el canto del ruiseñor se valora,
más no se juzga el ave cantora,
por la pequeñez de su humilde nido.

No mal juzgues por su escasa geografía,
la patria en que por dicha naciste,
en la búsqueda de su felicidad persiste,
y en la grandeza de su corazón confía.

Fragmento de: Patria
Papá Lino (N. Negrón)
(N. 1949)

- Se cree que hubo un contacto entre los indios taínos y los vikingos, esto es así debido a que:

  ◊ El dios taíno "Luquillo" es el mismo dios "Loukuo" o "Loki" de la mitología vikinga.
  ◊ El padre José María Nazario y Cancel descubrió unas piedras aparentemente rúnicas (con caracteres de escritura vikinga) en unas cuevas de Guayanilla.
  ◊ Cristóbal Colón y otros exploradores españoles vieron entre la población taína indios rubios y gigantes.

- Debido a que el alzamiento de los esclavos norteafricanos negros (Wolof y Bereberes) fue tan temido por los pobladores de la Isla y porque en muchas islas vecinas la población negra sobrepasaba la blanca, la iglesia católica, en colaboración con las autoridades españolas, castigaban cualquier relación carnal con un negro como: pecado mortal.

- Ramón Emeterio Betances, tan independentista como era, prácticamente salvó la vida del rey de España, Alfonso XIII y de la reina regente María Cristina al advertirle al anarquista Angiolillo que el rey era un niño y la reina una mujer y que asesinarles crearía un repudio internacional. Angiolillo entonces decide asesinar al primer ministro Canovas del Castillo, acto que llevó a cabo el 8 de agosto de 1897.

- El Acta Jones de 1917 que otorgaba la ciudadanía americana a los puertorriqueños fue firmada por el presidente Woodrow Wilson con una pluma de oro que perteneció a Luis Muñoz Rivera. La pluma, hecha por artesanos del país, fue decorada con oro boricua.

- Las piñas "pan de azúcar" que se cosechan en Barceloneta se venden al otro lado del mundo: en Arabia Saudita.

- El pueblo de Hatillo, Puerto Rico, es por milla cuadrada el mayor productor de leche en el mundo, no en balde su equipo de baloncesto se llama: Los Ganaderos.

- Es tal la variedad y cantidad de fauna silvestre que se encuentra en la Isla de Mona (llamada Amona por los taínos) que ésta ha sido bautizada como: "la Galápagos de América".

- El primer huracán observado en pantallas de radar en Puerto Rico fue el huracán Santa Clara de 1956. ("Betsy" para los norteamericanos)

- El marcapasos que mantenía vivo al líder ruso Nikita Kruschev fue confeccionado por manos boricuas. Medtronic, de Villalba, confecciona casi la totalidad de los marcapasos usados en Estados Unidos, prueba de la confianza en la mano de obra boricua en la confección de tan delicado instrumento.

- Una de las puntas angulares del llamado "Triángulo de las Bermudas" queda localizada en Puerto Rico, otra en los cayos de la Florida y la otra en las Islas Bermudas.

- "Puerto Rico es el único país, de cinco que he visitado, donde no he encontrado racismo en contra de mi persona" –palabras de Miss Universo 1977, una trigueña de Trinidad Tobago.

- Michael Rockefeller, hijo del Vice-Presidente y gobernador de Nueva York Nelson Rockefeller y heredero de tercera generación de la fortuna de su abuelo, John D. Rockefeller, pasaba las vacaciones de sus estudios de Harvard trabajando de empacador en un supermercado en Puerto Rico antes de desaparecer para siempre en las selvas de Nueva Guinea a la edad de 23 años. El Museo de Antropología de Nueva York lleva hoy su nombre.

- En una tienda exclusiva del sector "Hollywood Boulevard" del reino mágico de Disney, y que especializa en sombreros, se puede comprar una auténtica "pava" puertorriqueña.

- El único país del mundo donde a la naranja dulce se le llama "china" es Puerto Rico. Una historia dice que los sacos venían marcados con la palabra "china" y el nombre "pegó" para la fruta. No se le ocurra pedir jugo de china en Colombia, donde la palabra significa: prostituta.

- Si la práctica es buena o no, aún se discute pero lo cierto es que Puerto Rico es la capital mundial de nacimientos por cesáreas con un 30% de nacimientos por dicha vía lo que se considera una cifra sin paralelo.

- Con la llegada del invierno se puede ver desde la costa de la isla Mona el animal más grande del mundo: la ballena azul.

- En un famoso friso de la Biblioteca Hispánica, en la Biblioteca del Congreso, Washington, D.C., se encuentra, junto a la de muchos próceres hispanos, la efigie de nuestro Eugenio María de Hostos.

- La locomotora modelo CAIL #2 (1929) que se exhibe en el Museo Industrial fundado por Henry Ford en Filadelfia, fue la primera locomotora usada en Puerto Rico y fue donada al museo por el director de ferrocarriles de la isla.

- Puerto Rico es el único país del mundo que utiliza tres sistemas de medidas: el inglés, el métrico y el español.

- El sumidero de tres pueblos (Lares - Camuy - Hatillo), de 183 metros de diámetro por 106 de profundidad, es tan grande que el Castillo del Morro cabría en su interior.

- La cruz del vigía, construida en Ponce, Puerto Rico, tiene 75 pies de altura y un elevador por dentro, y es más grande que la renombrada cruz del "pan de azúcar" en la Bahía de Guanabara, Río de Janeiro, Brasil.

- El famoso "coffee break" fue la idea de un boricua: don Manuel de la Rosa (hoy presidente - fundador de la Asociación de Empleados del ELA). Don Manuel notaba como los trabajadores a eso de las 10:00 a.m. y 3:00 p.m. se agotaban y perdían vigor. Se le ocurrió entonces que todo se debía a un bajón de azúcar y del estímulo de la cafeína y que dando un periodo de 15 minutos de descanso para tomar café con donas haría más productivos a los empleados.

- El único cantante del mundo que canta en trabalenguas es un boricua y se llama Ramón "Mon" Rivera.

- El Presidente John F. Kennedy invita a "el jibarito" (Rafael Hernández) a tocar en la Casa Blanca, pues quería conocer en persona a "Mr. Cumbanchero".

- El puente que conecta las dos pistas (la antigua y la moderna) del aeropuerto Luis Muñoz Marín es una gran obra de ingeniería que coloca a Puerto Rico como uno de los pocos países del mundo que tienen un nivel de conexión aéreo en vez de hacerlo en desnivel soterrado.

- Según María Cardona, representante puertorriqueña en World Vision, de todos los estados norteamericanos, Puerto Rico es el que más aporta "per capita" al patrocinio de niños desamparados de la organización mundial.

- En Puerto Rico se dieron corridas de toros y existió una plaza para tales fines. En noviembre de 1893 se inauguró la plaza en el paraje denominado "Peña Parada" de Puerta de Tierra. Pero el deporte de los toros nunca "pegó"; más que animar a los toreros, los boricuas se compadecían de la suerte del pobre animal: ¡Ay bendito!

- La humilde arepa puertorriqueña fue encontrada por expertos culinarios y de nutrición, como: "de más envergadura en confección y de más valor nutritivo, que su contraparte francesa famoso en el mundo el llamado "crepes".

- Puerto Rico es el único país del mundo que tiene escrita en palabras precisas en su Constitución, la obligación del gobierno de proveer facilidades de salud para el uso de sus ciudadanos.

- Hada Eloísa Figarelli López, de Aibonito, naturópata y maestra de economía doméstica e intelectual "Summa Cum Laude" de la Universidad de Puerto Rico tuvo una estadía en España donde compró y vivió la casa que una vez perteneció a la actriz norteamericana Ava Gardner.

- Una foca "encapuchada", natural de la zona sub-ártica (Groenlandia-Islandia) y rescatada en aguas puertorriqueñas, fue bautizada "Camuy" y se exhibe hoy día en Sea World de Ohio.

- El único cementerio masón que tiene Puerto Rico está localizado en Sabana Grande y data del siglo 19.

- Puerto Rico es el primer país del hemisferio occidental en aprobar una ley que obliga a los ciudadanos a usar el cinturón de seguridad en los vehículos de motor. El primero en el mundo fue Holanda.

- El monumento más alto y macizo del mundo dedicado a un actor-comediante está en Naguabo dedicado a Ramón del Rivero "Diplo": una placa y un sombrero "charro" de bronce le fue obsequiado por su amigo, el destacado actor mejicano, Antonio Aguilar.

- Rossano Boscarino, joven espeleólogo boricua, posee dos marcas mundiales de ascenso por soga: 100 pies en 25" y 400 pies en 4'10".

- Era tanta la fama que el caballo "pura sangre" boricua "Dawn Glory" llevó consigo a las pistas norteamericanas que fue bautizado por la crítica como: "El invasor de Puerto Rico". Comenzó imponiendo una nueva marca en Estados Unidos para la milla y un octavo.

- Julio "Julito" Kaplan -Maestro Internacional de Ajedrez a la edad de 11 años.

- Un volkswagon amarillo, preparado por el boricua Diego Febles, llamado "El Guineo" ganó el título de "El Carro Pequeño más Rápido del Mundo" y cuando el famoso "Crazy Car Cat" rehusó correr contra él, se le cambió el nombre a: "Su Majestad el Guineo".

- El Libro de las Listas (The Book of Lists) coloca en primer lugar al boricua Wilfredo Gómez (Campeón Peso Pluma Jr.) como "el boxeador noqueador más grande del mundo". De 30 peleas ganó 29 por "knockdown" para promedio de .967, sobrepasando en tal categoría a boxeadores de la talla de George Foreman, Rocky Marciano y Tommy "The hit man" Hearns.

- Amaury Díaz, jefe de mayordomos, chofer y hombre de confianza del campeón mundial de los pesos pesados Mike

Tyson, decía que la cerveza favorita del campeón era la boricua: "Corona".

- El libro "Roots" de Alex Haley fue fundamentado en los hallazgos y estudios sobre la historia del negro que realizó el boricua Arturo Schomburg.

- Puerto Rico fue el primer país de América donde se establece un culto a la Virgen de la Candela o "Candelaria". Era una virgen negra venerada por los Caballeros Templarios. La celebración patronal en la isla es en abril 20.

- Atilano Cordero Badillo -premiado por el presidente Ronald Reagan como: "El Empresario de Comercio más Distinguido de Toda la Nación Americana".

- Langostinos del Caribe, en Sabana Grande, es el vivero de camarones de agua dulce más grande de Estados Unidos.

- Como nuestros indios Taínos frecuentaban luchar contra otras tribus, especialmente los Caribes, los Españoles los consideraban "más flecheros" que los Taínos de otras antillas.

- Viajando por nuestra isla nos parece grande y no el terruñito que aparece en los mapamundi; pero para que tenga una idea de magnitud: el Parque Nacional de Yellowstone es más grande que la isla de Puerto Rico. Esto, aunque impresionante, poco importa: perfume bueno viene en frasco pequeño.

- Puerto Rico tiene una colonia oficial: por cédula real en 1514, el rey de España otorga a la isla jurisdicción sobre la isla de Mona.

- Con 1,300 corrientes de agua entre ríos, riachuelos y quebradas, Puerto Rico se ha ganado entre los geógrafos el nombre de: "El País de los Ríos".

- Nuestro árbol guayacán es de madera tan densa, dura y pesada que se usa para fabricar el sistema de hélices de los barcos.

- Aún con lo pequeña que es la isla, en Puerto Rico se han clasificado más de 300 diferentes clases de suelos.

- La piscina más larga del mundo (Guinness World Book of Records) está en el hotel Cerromar de Dorado. Su piscina-río mide 1,776 pies de largo, cuenta con 14 cascadas, un remolino subterráneo, cinco chorreras de agua y una piscina de niños.

- El soldado puertorriqueño Jorge Otero Barreto fue el soldado más condecorado de la Guerra de Vietnam con 38 citaciones. Tiene el récord de haber permanecido más tiempo voluntariamente en Vietnam con cinco años, donde participó en más de 200 misiones de combate. Condecorado con cinco medallas corazón púrpura (concedidas por heridas en combate), la última le fue concedida 30 años después de terminada la guerra.

- Bruce Williams, mantenedor del famoso programa radial "Talk Net" que se transmite nacionalmente, admite en las ondas radiales que su punto vacacional preferido en el mundo es Puerto Rico (especialmente el Yunque, el Morro y la Planta Bacardí).

- Son tantos los plátanos y guineos que se siembran en el pequeño pueblo de Naranjito (hasta en barrancas, riscos y precipicios) que el pueblo ha llegado a conocerse como: "La alacena de Puerto Rico".

- "Uvita" (Juan Martínez), un desajustado mental de Ponce, está considerado "El Loco Mejor Vestido del Mundo". Viste siempre de gabán y corbata, zapatos brillados y ocasionalmente usa frac. "Uvita" se hace pasar por el alcalde del pueblo para los que no le conocen, por gerente de negocios y policía estatal. Hace colectas caritativas por lo que es muy querido.

- El único testigo en todo Estados Unidos que está bajo la jurisdicción del FBI y no del Departamento de Justicia es el ex-teniente de la policía puertorriqueña, Julio César Andrades. Razón: Andrades había testificado contra Aguaciles Federales del Departamento de Justicia.

- Muchos creen que las medidas de la isla son 100 X 35 pero la realidad es que mide 111 X 39.5 millas. O sea, 111 millas de este a oeste (de Punta Puerco a Punta Higuero) y 39.5 de norte a sur en su parte más ancha (de Isabela a Punta Tocón).

- Culebra, aunque es una isla, allá para 1898 era considerada un barrio de Vieques.

- Puerto Rico es el único país latinoamericano que ha participado activamente en cada una de las guerras importantes del siglo 20. Pregúntese ¿por qué?

- La antigua carretera de Bayaney a Arecibo tiene 132 curvas en tan sólo 4 millas de distancia.

- Don Juan de la Pezuela, gobernador de Puerto Rico mal recordado por entre otras cosas la libreta de jornaleros, era hijo de un virrey del Perú y un intelectual. Poeta y traductor de Ariosto, Camoens, Tasso y Dante. Por el uso excesivo de arcaísmos que usó al traducir La Divina Comedia fue llamado por sus críticos: "El Danticida".

- El mejor Centro de Mando de Desastre de defensa civil alguna en toda latinoamerica es el Centro de Mando localizado en San Juan dirigido por Miguel A. Ríos.

- Con promedio de 200 pulgadas de agua al año el Yunque es uno de los sitios donde más llueve en el mundo.

- El programa de recuperación de dos especies de aves en peligro de extinción en Puerto Rico: la Cotorra o Lorito de Puerto Rico y la Paloma Sabanera ha sido tan efectivo que, de 15 Loritos que había en 1960, hay para 1990 cerca de 100, y el programa de recuperación de la Paloma Sabanera en cautiverio, es uno de los más exitosos del mundo al punto que se ha tenido que retirarle los huevos a las palomas para que no se reproduzcan.

- La isla Caja de Muertos (Cofre A' Mors), nombre puesto en el siglo 18 por el escritor francés Jean Baptiste Labat, fue rentada al gobierno federal por el boricua Tito Wirshing quien poseía el único cabro alcohólico del mundo que en vez de agua bebía ron. "Pepe" (su nombre) gustaba beber el líquido espiritoso que Tito le servía y luego se le veía pastar por la isla tambaleándose de "lao a lao".

- El Colegio de Párvulos de la calle Norzagaray del Viejo San Juan posee guardado en un nicho la cabeza del niño mártir San Mariano cedida a la institución por el Papa Pio VII.

- En los meses de verano se pueden observar desde la costa de Rincón las enormes ballenas jorobadas.

- Puerto Rico es el único país del mundo que consume arroz cubierto con "talco cosmético" y está entre los países de más alto consumo de arroz por año con 335 millones de libras siendo preferida la variedad de grano corto en un 70%.

- Puerto Rico es el país que más carreteras tiene por milla cuadrada del mundo.

- Durante la Gran Depresión de los años 30 a alguien se le ocurrió que para ayudar a Puerto Rico se le regalase canarios a los jíbaros; éstos les enseñarían a cantar el himno "The Star Spangled Banner" y se los venderían a los turistas a buen precio. Esta idea no es tan descabellada, yo conocí una cacatúa llamada "Koquito" que cantaba La Borinqueña clarito.

- La Calle del Cristo, en el Viejo San Juan, fue la primera calle pavimentada en el hemisferio occidental.

- La madera negra boricua llamada Ausubo es tan densa, dura, inmune a los efectos devastadores del clima, polillas y el tiempo, que tras resistir centurias como travesaños de techos todavía parecen nuevas, al punto que muchos turistas creen que son maderos recientes.

- Aunque no todos somos iguales, se cree que el razgo más común que nos identifica como pueblo, es nuestro sentido de compasión seguido por el de tolerancia.

- Debido a que la pista del Hipódromo el Comandante está rellena de bagazo de caña de azúcar, para hacerla más bollante, ésta es conocida como: "La Pista más Dulce del Mundo".

- Fuera de Nevada y New Jersey, la única otra jurisdicción donde se puede jugar casino legalmente es Puerto Rico.

- Puerto Rico es el productor de ron más grande del mundo: el 86% del ron que se consume en Estados Unidos proviene de la isla.

- V. Soske, una fábrica de alfombras de Vega Baja, produce hermosas alfombras que se usan en la Casa Blanca, Washington, D.C.

- Luego de una ardua labor y con inversiones de más de $800.000 por año la agencia federal de Drogas y Alimentos otorga "Grado A" a la leche que se produce en Puerto Rico convirtiéndola así en la mejor leche del Caribe y Centro América.

- Los códigos y permisos de construcción de Puerto Rico son las más exigentes del mundo y sobrepasan en demanda y complejidad a las de Estados Unidos. Solo el de California compara con él.

- La cacica Yuiza o Loaiza no fue la única mujer cacica de Borinquen; crónicas del siglo 16 enumeran hasta 15 mujeres que aparecen calificadas como cacicas.

- Al incluir todas las colonias españolas en el Nuevo Mundo (entre las Islas Filipinas, desde California a Florida, Centro y Sur América más las Antillas) el imperio español era 20 veces mayor que España.

- Los dominicanos derrotaron a los franceses en la Batalla de Palo Hincado gracias a los soldados, víveres y municiones que recibieron del gobernador de Puerto Rico, Toribio Montes.

- Conocedores de espeleología catalogan el sistema de cuevas del Río Camuy como más impresionante que cuevas descubiertas en Venezuela, Méjico, Guatemala, El Salvador y otras islas del Caribe. Su río subterráneo (Río Camuy) le da una dimensión excitante que no puede ser hallada en ninguna de las cuevas descubiertas en Mammouth, Carlsbad, Luray, Cumberland y Marvel.

- El gobernador norteamericano Montgomery Reilly ("Moncho Reyes" para los jíbaros), fue el gobernador más incompetente de la isla: dio los mejores puestos a sus amigotes del norte, se peleó con los alcaldes, con la cámara de diputados, con la iglesia y nunca ofreció un mensaje de estado a los legisladores.

- La Casa Cautiño de Guayama, hoy Museo del Instituto de Cultura, sirvió de cuartel general del ejército norteamericano durante la Guerra Hispanoamericana siendo el comandante de las tropas el General Frederick Grant, hijo del presidente de Estados Unidos Ulises Grant.

- Don Manuel López Rey, profesor de Cambridge, después de estudiar las constituciones del mundo para un trabajo comisionado por las Naciones Unidas, determinó que la nuestra es la más completa que existe.

- La compensación por desempleo de Puerto Rico es una de las más altas de la nación con 26 semanas más 30 adicionales y con pagos de más de $200 por semana en beneficios en algunos casos.

- La compañía J.R. Reynolds admite que ya para 1992 Puerto Rico era la jurisdicción de más alto índice de reciclaje de latas de aluminio en toda la nación norteamericana con un 83%.

- La planta donde se procesan los Pollos Picú fue reconocida por la Secretaría de Agricultura Federal como la número uno en toda la nación. Considerando que ciudades como San Diego, California, son grandes productores de pollos, la distinción concedida a Pollos Picú es un gran honor.

- Porcentualmente con 5% de urólogos mujeres (60), Puerto Rico tiene más mujeres urólogas que toda la nación norteamericana.

- El único libro escrito en español sobre el tema de transplantes de órganos lo escribió el médico boricua Eduardo Santiago Delpín junto a su colaborador J. Octavio Ruiz Speare.

- El horticultor naranjiteño Clemente Morales es tan diestro que ha logrado cultivar en su huerto árboles curiosos como melocotones, nueces de Australia tan raras como las de macanandia, capoteblanco, palo de Brasil y pera criolla. Regresó de Estados Unidos pues no quería que sus nietos le llamasen: "grampa"; "abuelito" suena mejor.

- Puerto Rico se convierte en la primera región de Estados Unidos en adoptar medidas para obligar a los patronos a suministrar vacunas o tratamientos a empleados con riesgo a contraer enfermedades contagiosas como la hepatitis y el SIDA. La medida cubre empleados tales como enfermeras. Una sola dosis contra la hepatitis cuesta $200.

- Catalogada como "La Ajedrecista más Joven del Mundo" en las pasadas Olimpiadas de Ajedrez de Yugoslavia (1990) es la boricua Gisela Murray de tan solo 11 años. Entre las víctimas de Gisela se encuentra el ex-campeón de Puerto Rico: Fernando Martínez Gutiérrez.

- La Escuela Vocacional Hípica de Puerto Rico, junto con la de Panamá, está reconocida como una de las mejores del mundo donde jóvenes de menos de 5'5" y 120 libras de peso aprenden a dominar un animal de 1,200 libras que corre a 90 millas por hora además de educarse y aprender inglés conversacional.

- Braulio Castillo, el afamado actor bayamonés, llegó a ser el segundo actor mejor pagado de Méjico.

- El doctor Fernández Marina, además de conocer a los ilustres García Lorca, Valle Inclán, Jacinto Benavente y de tener de profesor a Gregorio Marañón, era el psicólogo personal del nobel de literatura Juan Ramón Jiménez.

- La playa de Luquillo está considerada por expertos como: "superior en belleza natural a playas tales como Acapulco en México y La Rivera en Francia". Sus palmas sobrepasan las 3,000.

- La Guardia Nacional Aérea y su división paramédica fue seleccionada como: "La Mejor Guardia Nacional Aérea de toda la Nación en 1977."

- Las lanchas de Cataño que cruzan la bahía por sólo 10 centavos se consideran: "La Ganga de Viaje más Grande del Mundo" haciéndole competencia a los botes de Staten Island.

- Puerto Rico ha sido llamado por agentes de viaje como: "La Isla más cercana al paraíso que el hombre pueda conocer".

- Puerto Rico está en primer lugar en el Libro de las Listas como "El país donde la esperanza de vida es mayor". Un 29% de los hombres y un 33% de las mujeres viven más de 80 años.

- La isla más pequeña habitada del mundo queda cerca de la costa este, de la Isla de Culebra. Contiene una palma de coco, un bohío, una vaca y un cerdo.

- Los Baños Termales de Coamo fueron desarrollados desde los tiempos coloniales españoles por lo que están considerados los más antiguos de las américas.

- "La mujer se respeta hasta en el dolor inmenso de la prostitución" - hermosas palabras de Pedro Albizu Campos.

- La que hacía de "abuelita" en el primer programa radial de niños de Puerto Rico: "La Abuelita Borinqueña" era la madre del primer lanzador puertorriqueño en grandes ligas: Hiram Bithorn.

- Pablo Martínez Velilla, de Bayamón, es campeón nadador en aguas congeladas del "Polar Bear Club".

- Puerto Rico es el país no comunista de más alta tasa de empleo gubernamental del mundo: 53% de la fuerza laboral de la isla trabaja en alguna capacidad en el gobierno; compare esto a sólo un 3% en Japón.

- El restaurant La Mallorquina está considerado uno de los más antiguos del Nuevo Mundo aún en funciones como tal pues fue fundado en 1848.

- Puerto Rico produce el 90% de la cidra que se usa en los bizcochos de frutas fabricados en Italia.

- "Las condiciones para tener un arma legal en Puerto Rico son de las más severas y difíciles del mundo". - Juez Juan R. Torruellas

- Cuando los españoles llegaron a Puerto Rico encontraron unas hormigas bravas nativas que les daban tanta candela que para poder dormir tenían que introducir las cuatro patas de la cama en cubetas de agua.

- "Puerto Rico es el único pueblo de América que nunca recurrió a la revolución armada o a la guerra civil para lograr su redención". -Luis A. Ferré

- El peaje que se paga en las carreteras de Puerto Rico es uno de los más bajos del mundo.

- Hay un dicho boricua muy curioso, que dice: "La maldición de Agüeybaná fue, que nos dejó a todos caciques y a ninguno indio".

- El barbero personal del Presidente Ronald Reagan era un puertorriqueño.

- La secta religiosa MITA es la única de su clase en el mundo. Tiene como centro de adoración el espíritu santo supuestamente encarnado en Juanita García Peraza (La Diosa MITA). Todos visten de blanco inmaculado.

- Una heladería de Lares fabrica helados de vegetales. Allí puede saborear barquillas de maíz, batata, calabaza, zanahoria y durante la celebración del grito de Lares vende helados de aguacate.

- "Puerto Rico es la vitrina de las democracias". -Palabras del Presidente John F. Kennedy a su arribo al Aeropuerto Internacional Luis Muñoz Marín de Isla Verde.

- ¡Cómo "cambean" los tiempos! lo que antes se conocía como la Plaza Rey Alfonso XII de Aibonito hoy día se llama: Plaza Jorge Washington.

- Nuestro comediante José Miguel Agrelot (Torito, Don Cholito) interpretó el papel de "Pancho" en la famosa serie televisiva: El Cisco Kid.

- La Revista de las Antillas fundada por Luis Lloréns Torres era tan lujosa, bien escrita, bien ilustrada e impresa que se ganó la reputación de ser una de las mejores revistas literarias publicadas en el mundo en aquel tiempo.

- Doña Pilar Delfilló Amiguet de Casals, de Mayagüez, era la madre del famoso violoncelista Pablo Casals. Puede decirse que Pablo Casals debe su vocación de músico a su madre boricua que lo alentó a que prosiguiese estudios del pentagrama; su padre, español, quería que fuese carpintero.

- "Me encanta Puerto Rico, es una isla preciosa, cuando vine aquí, con los "Blue Angels" fue éste el primer lugar donde fui popular y es por eso que quise regresar ahora que soy famosa para cantarle a este pueblo: -Palabras de Cindy Lauper quien actuó en el Hotel San Juan y en el Hawaiian Village.

- Nadie es profeta en su propia tierra, así pues, según un crítico importante de música (Héctor Perdomo) el compositor boricua Benito de Jesús es cincuenta veces mejor conocido en Latinoamérica que en su propia isla.

- La canción Feliz Navidad del lareño José Feliciano es la canción navideña favorita del famoso comentarista Larry King quien así lo hizo saber en su programa radial: "Larry King Live" el día 7 de diciembre de 1990 a las 2:35 a.m. a una audiencia radial que cubre todo Estados Unidos, Jamaica, Canadá, Alaska y Méjico.

- La tuna de la Universidad de Puerto Rico, fundada por Francisco López Cruz, fue la primera tuna del mundo en aceptar féminas en su matrícula; originalmente los "tunantes" eran todos varones.

- El Departamento de la Vivienda de Puerto Rico es el único en Estados Unidos que es administrado por entidades privadas y no gubernamentales.

- La única Turbina Baker (antiguo sistema de molienda impulsado por agua) todavía en uso en el mundo entero está en la antigua hacienda de café, hoy Museo Buena Vista de Ponce. Reconocida como tal por la American Society of Mechanical Engineers data del 1853 y está reconocida por el Museo Smithsonian como: "National Historical Mechanical Engineer Landmark".

- "Puerto Rico tiene el plan más ingeniosamente concebido de inversiones en el mundo" -The National Planning Association.

- Por si usted no lo sabía Don Pedro Albizu Campos era familia de Juan Morel Campos, quien es considerado por muchos: "El más grande genio musical de las Antillas".

- Ana Pavlova, la mundialmente famosa bailarina de ballet, bailó en Ponce, en 1917, su famosa "Muerte del Cisne".

- "Eugenio María de Hostos es el hombre de más vasta cultura intelectual que ha venido a Chile después de Andrés Bello" -Guillermo Matta

- La poetisa boricua Carmen Eulate Sanjurjo (n. 1871) era tan genial que llegó a dominar ocho de las más importantes lenguas en el mundo. ¡Su libro de versos "Cánticos de Amor" eran traducciones al español de poetas árabes!

- Puerto Rico es uno de los pocos países del mundo que está totalmente electrificado. Esta islita le enseñó a Israel cómo montar torres en montes lejanos utilizando el helicóptero mediante una técnica desarrollada por ingenieros boricuas.
- En proporción, hay más mujeres ingenieros en Puerto Rico que su contraparte en Estados Unidos.

- En 1934 una expedición del Smithsonian Institution excava dos especies de fósiles no conocidas por la ciencia de plantas carnívoras primitivas (crinoids) de las profundidades de la fosa de Puerto Rico (The Puerto Rican Trench).

- El monte el Yunque no fue llamado así porque el tope de sus montes parezca un yunque de herrero, de hecho ninguno lo parece, sino del nombre taíno "yuke", que significa "tierra blanca", según el aspecto blancusino que le da a los montes la neblina que los cubre.

- Con una lluvia anual promedio de 378 mil millones de litros, el bosque lluvioso del Yunque es el único parque forestal de Estados Unidos donde no hay problemas de incendios.

- Doña Isabel Santos (Primera) y su hermana Doña Isabel Santos (Segunda) de 101 años de edad son las gemelas de más edad en recibir el seguro social en Puerto Rico.

- En Francia, nuestro arroz con habichuelas se considera de un valor nutritivo inestimable entre los adeptos a la comida inalterada, y el ñame, venerado, se paga en París a precio de oro.

- Clara Bow, famosa artista de Hollywood del cine mudo, tenía una costurera y entalladora personal que se llamaba: Doña Felisa Rincón de Gautier.

- Los sonidos de los murciélagos que se oyen en la película "Batman Forever" fueron grabados en Puerto Rico de murciélagos del sistema de cavernas del Río Camuy.

- De que se sepa, solamente en Puerto Rico, los funcionarios de prisiones tales como trabajadores socio-penales y oficiales de probatoria, participan en el diseño de la construcción de cárceles.

- "Ciudad Vaticano" - sobrenombre puesto al pueblo de Aguada cuando en unas elecciones generales (1960) ganó el Partido Acción Cristiana (PAC) sobre los populares y estadistas.

- "Asegúrate de tener lechón asado para mi regreso" - Ultimas palabras de Roberto Clemente a su esposa Vera antes de montar el avión que le llevó a su muerte.

- Un carro francés de marca Citroen ocupado por la policía de Puerto Rico fue desmantelado encontrándose en su interior heroína valorada en 40 millones. El carro era parte de un cargamento confiscado en Nueva York del famoso caso "The French Connection" del cual se hizo luego una famosa película con Gene Hackman como actor principal.

- Una foto a color de monjas enseñando a jugar baloncesto a niños en una cancha de La Perla en San Juan (con una garita de fondo) se exhibe en el Pabellón de la Fama del Baloncesto en Springfield, Massachussetts.

- Pachín Vicens, jugador de baloncesto natural de Ciales, apodado "el jeep", fue votado en Chile (1959): "El Jugador de Baloncesto Aficionado más Valioso del Mundo".

- Circa 1947 el equipo de beisbol profesional de Ponce derrotó a los famosos Yankees de Nueva York en partido de exhibición.

- El equipo de Puerto Rico (Indios de Mayagüez) gana el Campeonato de Béisbol del Caribe en Hermosillo, Méjico en febrero de 1992.

- "Puerto Rico es una de las tierras de más rica historia de América y conserva viva su tradición cultural hispánica" - Enciclopedia Británica (Hispánica).

- La base naval de Roosevelt Roads en Ceiba es la más grande del mundo en extensión de tierra (si se le añaden las tierras de los "marines" de Vieques) y fue construida durante la Segunda Guerra Mundial para albergar el gobierno británico en el exilio, o sea: la Armada Naval Británica, la Real Fuerza Aérea y la Familia Real Inglesa en caso de su evacuación en vista del avance alemán Nazi.

- Luego de investigar la condición de la isla, el sacerdote norteamericano Henry Caroll, quien había sido comisionado por el Presidente McKinley, informó a su superior que los boricuas: "son gente industriosa, inteligentes, respetuosas de la ley y la moral y están ansiosos de gobernarse a sí mismos en asuntos locales".

- El Castillo San Felipe del Morro, una vez conocido como "El Gibraltar de las Indias Occidentales", se considera: Una Obra Maestra de la Arquitectura Militar Española.

- El curioso nombre del pueblo de Hormigueros proviene de que sus antiguos habitantes encontraron numerosos mogotes (pequeños montes de piedra caliza) en este valle entre San Germán y Cabo Rojo que parecían "hormigueros gigantes" y así denominaron todo el valle.

- Era tal la ferocidad y prestación de ayuda que la mascota del soldado castellano Sancho de Arango (un mastín llamado "Becerrillo") daba en las batallas contra los feroces indios Caribes en la isla que su dueño recibía por el perro paga igual de un ballestero cada vez que "Becerrillo" entraba en acción.

- Para humillar a los españoles, más allá de lo razonable, el general Nelson Miles envió a un simple cadete de tan solo 19 años (Ronald I. Curtin) para pedirle a las autoridades españolas de Guánica que se rindieran.

- La primera ley (Congress Bill S. 1944 de 1933) que regulaba la industria publicitaria en Estados Unidos para evitar los anuncios engañosos y velar por la seguridad de los productos vendidos a los consumidores fue redactada por Rexford Guy Tugwell quien fuera gobernador de Puerto Rico.

- Un antiguo reloj en La Fortaleza tiene sus manos detenidas en las 4:28. Una antigua leyenda cuenta que el último gobernador español de la isla, Don Manuel Macias y Casado, antes de ceder la casa de gobierno a las tropas norteamericanas, le dio un sablazo al cristal deteniendo así la última hora del dominio español en la isla.

- A nivel federal no hay Departamento de Asuntos del Consumidor y muchos estados de la unión carecen de éste servicio. Puerto Rico está al frente al crear éste organismo (DACO) y una cantidad de leyes para la protección del consumidor.

- La fábrica Dupont Electronic Materials de Manatí (DEMI) es la productora más grande del mundo de la pasta especial que se usa para los paneles de circuitos electrónicos. Tres compañías japonesas le siguen los pasos. La fábrica es la primera de su clase en Latinoamérica, que opera con unidades de aire acondicionado que no hace daño a la capa de ozono. Los empleados tienen el nivel educacional más alto de todas las DEMI del mundo: uno de cada cuatro empleados posee un doctorado.

- Las antiguas iglesias de Puerto Rico tenían dos libros de registro para bautismo: en uno se inscribían los blancos y en otro los negros, esclavos, pardos o mulatos. Luego de la abolición de la esclavitud en todo el territorio español, por el Boletín Eclesiástico Número 12, comenzaron a inscribirse en un mismo libro todos los niños sin importar el color de su piel.

- Aibonito, Barranquitas y Comerío formaban un antiguo distrito curiosamente llamado: Distrito ABC.

- En los presupuestos de los municipios había una partida denominada "Culto y Clero" porque la cantidad asignada en ella se destinaba al pago del cura y a los gastos de la parroquia. Esto sucedió, claro, antes de la separación de iglesia y estado.

- Las frutas enlatadas en Puerto Rico para 1911 eran consideradas por el entonces gobernador norteamericano Hunt como: "de igual o mejor calidad que las enlatadas en California".

- El café de la finca Alto Grande de Lares se vende a $56 la libra en Japón. Como comparación, una libra de café de los "Blue Mountains" de Jamaica se vende a $26 la libra en New Haven, Connecticut. Los japoneses beben café como si fuera vino: negro y sin azúcar, o como decimos nosotros: "puya".

- En el año 1980 en el Barrio Pugnado de Vega Baja se hizo el descubrimiento arqueológico de madera más importante e impresionante del Caribe. Este consistía en un ajuar completo de madera perteneciente al ritual de la cohoba. Estaba compuesto por dos aspiradoras de cohoba, dos espátulas vómicas talladas en madera, en forma de culebra enroscada, cuatro maracas monoxílicas y un collar de caracoles con amuleto tallado en hueso del animal acuático llamado manatí.

- El capitán Juan de Amézquita y Quijano, quien según el historiador Cayetano Coll y Toste asegura nació en Puerto Rico y no en Vizcaya, repudió el asedio holandés al fuerte El Morro de Balduino Henrico, matando en un duelo de espada al campeón de los holandeses, el capitán Van Zeel.

Fue nombrado como recompensa gobernador de Cuba y rechazó otro ataque del holandés Corneliszoon Jol, mejor conocido en la historia como el famoso: "Pata de Palo".

- Los primeros esclavos que vinieron a Puerto Rico no eran negros sino blancos. Don Cayetano Coll y Toste se refiere a una cédula real del 13 de febrero de 1512 que autorizó el envío de esclavas blancas a la isla por la necesidad que había de mujeres. Esta medida fue tomada seis años antes de la llegada del primer contingente de esclavos negros en 1518.

- Teodoro Moscoso, embajador de Estados Unidos en Venezuela durante la administración del Presidente Kennedy.

- La única cadena de supermercados en Estados Unidos que tiene como política de negocios no vender cigarrillos en sus tiendas es la cadena de Supermercados Grande de Puerto Rico que dirige Don Atilano Cordero Badillo.

- En la población montañesa de Jayuya nos da la bienvenida un rótulo con el dibujo de un tomate y el mensaje que indica que Jayuya es la: "Capital Tomatera del Mundo". No en balde se celebra allí el "Festival del Tomate".

- El nuevo e ingenioso sistema de archivos que se usa todavía en el capitolio de Hartford, Connecticut, fue la invención de un "newyorican": El machetero Víctor Manuel Gerena Ortiz, quien aparece en el libro Guinness Book of World Records, como: "Autor del robo más grande cometido por una sola persona" cuando robó 7 millones de la Wells Fargo en Hartford. En cantidad robada hace el tercer lugar en la historia de dinero robado en Estados Unidos.

- Por si usted no lo sabía, la palabra "criolla" era una palabra despectiva usada por los españoles (peninsulares) para referirse a los nacidos en la isla (criollos).

- Luis Aponte Martínez, Cardenal o "Príncipe" de la Iglesia Católica en Puerto Rico, primer arzobispo boricua, nacido en Lajas, es un Doctor en Artes graduado en el Colegio St. Leo de La Florida, USA y fue presidente del comité económico del "CELAM" (Conferencia Episcopal Latinoamericana).

- Desde que las Estrellas de la Fania (SALSA) visitaron Japón, un gran interés se despertó por la música latina en esa nación. La Orquesta de La Luz, formada por japoneses, cantando salsa en español, ha ganado fama mundial. La Orquesta de la Luz prefiere la salsa al merengue pues según ellos: "Expresa más sentimiento, más ritmo y más sabooor".

- La única orquesta de güiros del mundo está en Puerto Rico dirigida por Aníbal Alvarado quien es fabricante de güiros.

- El Doctor Manuel Zeno Gandía, autor de La Charca, dominaba varios idiomas entre ellos: el hebreo y el dialecto de los Indios Caribes.

- En la ciudad de Puebla, Méjico, hay una estatua honrando al compositor boricua Rafael Hernández: después de todo Rafael fue el compositor de la famosa canción: "Qué chula es Puebla", que se convirtió en el himno oficial de la ciudad.

- Don Luis A. Ferré se graduó de su clase de cuarto año de Morristown, New Jersey, con el promedio más alto llevándose de paso las medallas de física, matemáticas, español e inglés.

- Gloria Swanson, quien fuera nominada para un Oscar por su estupenda actuación en la película "Sunset Boulevard", estudió en la Central High de Santurce y vivió varios años en el Viejo San Juan. Gloria salvó de la destrucción el inmenso letrero "Hollywood" que recibe a los visitantes a esa área.

- Don Rafael Cepeda, patriarca de la bomba y la plena, fue votado: "El Folklorista más Auténtico de todo Estados Unidos" por el Smithsonian Institution de Washington, D.C. donde una exposición especial reseña su vida y su obra.

- El afamado pianista argentino Raúl Di Blasio incluye en su repertorio regular la canción "Verde Luz" del boricua Antonio Cabán Vale "El Topo" internacionalizando así lo que ya se conoce como "El Segundo Himno Nacional de Puerto Rico".

- Raúl Crespo Nieves, de Aguadilla, escultor, poeta, músico y educador, fue profesor de la Universidad Latinoamericana de Costa Rica quien le honró dándole su nombre al teatro universitario.

- Una hermosa porcelana china que se exhibe en el Salón de los Espejos (La Fortaleza) fue encontrada en la Central Azucarera Aguirre, Salinas, Puerto Rico.

- Joaquín Monserrat, animador de programas infantiles mejor conocido como "Pacheco" convoca lo que llegó a ser: "La Bicicletada Familiar más Grande del Mundo" (Guinness Book of World Records) con más de 30,000 personas participando.

- Puerto Rico obtiene el primer lugar en la categoría de Flores Cortadas en la Exhibición Internacional de

Orquidistas del Sur de la Florida (la más importante de la nación norteamericana).

- En la iglesia Nuestra Señora de Guadalupe de Puerto Nuevo se exhibe en el altar mayor un "mate" o lienzo con la imagen de la virgen que está considerado el más auténticamente parecido al ayate original de Juan Diego que se exhibe en el Santuario de Guadalupe en lo alto del monte Tepeyac de Méjico.

- Cuatro puertorriqueños han ganado la más alta condecoración del ejército en tiempos de guerra: la Medalla de Honor del Congreso. Estos son: capitán Eurípedes Rubio, soldado Carlos Lozada de Caguas, Héctor Santiago de Salinas (Campamento Santiago de Salinas nombrado en su honor), y Fernando Luis Ledesma de Utuado (a quien se honró nombrando un barco destructor de la marina como el "USS García").

- Las murallas y la puerta de San Juan son las únicas construidas por España que todavía permanecen básicamente intactas.

- La estatua de Juan Ponce de León, erigida en la Plaza San José del Viejo San Juan, fue hecha del cobre derretido de un cañón capturado al enemigo durante el asedio inglés de 1797 dirigido por sir Ralph Abercromby. El óxido de cobre que la cubre le da su color verde.

- Con motivo del Quinto Centenario del descubrimiento de América el rey de España Juan Carlos de Borbón, cede a la Iglesia de San José del Viejo San Juan un altar mayor de estilo barroco del siglo 18 que está considerado un tesoro nacional español.

- La Isla de Margarita que está en la costa de Venezuela pertenecía a la diócesis de Puerto Rico y caía bajo la jurisdicción del párroco de San Germán.

- El "pitcher" boricua Edwin Correa, a sus 18 años de edad, era considerado "el pitcher más joven de las Ligas Mayores" y lanzó una blanqueada de un solo hit contra los Yanquees de Nueva York.

- Muchos récords de pesca de Marlins han sido establecidos en Puerto Rico. "Big Bertha", un gigantesco marlin azul que se cree sobrepasa las mil libras, frecuenta las costas de la isla. Se ofrecen $10,000 por su captura.

- El Equipo de Pequeñas Ligas de Puerto Rico (Puerto Nuevo) fueron campeones mundiales en dos ocasiones. Su cuerpo de lanzadores era considerado soberbio y magistral.

- El Equipo de Beisbol de la Ponce High derrotó en Ponce, en 1911, al seleccionado "All American" de Estados Unidos.

- Cristobalito, un caballo pura sangre de Puerto Rico campeón paso fino, es una estrella de Walt Disney Movies bajo otros nombres.

- El mariscal Alejandro O'Reilly decía en sus memorias que la caña de azúcar de Puerto Rico era la: "más alta, gruesa, dulce y jugosa de América".

- Una epidemia de peste bubónica que se desató en la isla el 14 de junio de 1912 fue controlada en tan sólo 92 días por las autoridades de salud del país y se cree que ésto constituye un récord jamás igualado en ninguna parte del mundo.

- La Estación Federal Agrícola Experimental de Mayagüez tiene la más grande colección de plantas tropicales de las américas y en sus tierras crecen árboles tan exóticos como la canela, cacao, ilang-ilang y muchas variedades de bambú y palmeras.

- Francisco Rivera Rodríguez, director de asesoría de mercadeo de la telefónica de Puerto Rico, estableció un récord mundial al sobrevivir 8 meses con la ayuda de un dispositivo cardíaco (heartmate asistant device) mientras esperaba por un transplante de corazón. Lo hospitalizaron en el Instituto del Corazón en Texas, se le implantó el dispositivo cardíaco del 7 de junio de 1989 y se le hizo el transplante del corazón el 26 de enero de 1990.

- La bella escalera circular y dos cuartos próximos con techo gótico abovedados de la Catedral de San Juan son raros y genuinos ejemplos de arquitectura gótica medieval en Las Américas.

- El madrigal "Ojos Astrales" del boricua José P.H. Hernández está considerado por muchos críticos como el madrigal más perfecto que existe y superior al madrigal "Ojos Claros Serenos" del español Gutiérrez de Cetina.

- La Estación Experimental Agrícola de Río Piedras posee la más completa biblioteca existente sobre la agricultura experimental en el Hemisferio Occidental.

- En los estudios que se hacen para lograr un semi-conductor eficiente a nivel mundial, Río Piedras es el líder al estudiar el diamante a nivel subatómico como posible semi-conductor.

- La tarja conmemorativa de la abolición de la esclavitud en Puerto Rico (22 de marzo de 1873) que se exhibe en nuestro Capitolio figuraba en el Salón de Sesiones del Palacio de las Cortes de Madrid.

- Uno de los libros que más se ha vendido en el mercado de los libros hispanos en Estados Unidos es el Album de la Familia del pintor boricua Antonio Martorrel.

- Gloria Estefan cantante del grupo Miami Sound Machine, admite que Puerto Rico es uno de los primeros países que le abrió las puertas en su camino a la fama.

- El dibujante boricua Rubén Moreira, radicado en New York, era el dibujante de las famosas tirillas o "comics" del "Príncipe Valiente" y "Tarzán".

- José Campeche, el primer pintor puertorriqueño, era considerado por la crítica como "El Pintor Con Mayor Nervio y Carácter en Hispanoamérica en el Arte del Retrato" de su tiempo.

- La película "The War Between Classes" que ganó un premio Emmy en 1986 como "Mejor Especial Para Niños" en Estados Unidos surgió de una idea original desarrollada por el sociólogo riopiedrense Raymond Otero.

- El inmenso radio telescopio de Arecibo, Puerto Rico, ha aparecido en famosas películas de Hollywood tales como "Contact" y "Goldeneye".

- El cantor de la montaña Flor Morales Ramos (Ramito) fue seleccionado en Francia por Claude Fourteau como: "El Mejor y más Importante Representante de la Canción de la Montaña (Folklore)". Grabó 101 LPS y fue honrado a ser invitado a cantar frente al Presidente Kennedy.

- Ana Otero, pianista nacida en Humacao en 1861, era tan diestra al piano que recibió elogios de Isaac Albeniz, Pujols, Breton y Manuel Tavarez. Elogiada en París por sus maestros Marmontel y Tissot, José Martí, Rubén Darío, Trina Padilla de Sanz y Betances la elogiaron en sus críticas.

- Carlos Sevilla, de Toa Alta, mejor conocido como "El Payador" era capaz de cantar 250 tangos sin repetir uno. Aunque boricua fue seleccionado en 1957 por el Cónsul General de Argentina para representar la música de ese país en España.

- El boricua Charlie Muñoz formó parte del famoso grupo de música popular norteamericana "The Beach Boys". Charlie fue el pianista de la agrupación por nueve años. En el Wembley Stadium de Inglaterra, Charlie, junto a los "Beach Boys" le robaron el show al famoso pianista Elton John, (que para entonces estaba en todo su apogeo). Elton subió al estrado y felicitó a Charlie efusivamente.

- El boricua Antonio López Cruz, de Utuado, era considerado el mejor diseñador de modas del mundo de los años 60 al 80. Era el diseñador favorito de Bloomingdale's, en New York y un mimado en Japón donde tenía la misma popularidad de un cantante de rock. Conocido como "Antonio" inmensas multitudes lo recibieron en Tokio lanzándole rosas y vivas. Antonio fue un factor clave en las carreras de Jessica Lange (actriz), la cantante Grace Jones y Jenny Hall (esposa de Mick Jaegger) quienes comenzaron sus carreras como "Chicas de Antonio" o "Maniquies".

- El niño virtuoso del piano Papo Lucca, hijo de Quique Lucca, quien actualmente dirige la orquesta "La Sonora Ponceña", es tan genial que a los 10 años hizo su primera composición musical y ya a los 18 era considerado un músico completo.

- Por orden del gobernador Conde de Mirasol el 28 de mayo de 1845 se suprimió en las escuelas el uso de las "palmetas" y de donde se origina la palabra "palmetazo" ¡AY!

- Luis Sanjurjo, nacido en San Juan, fue el agente literario (apoderado) de dos colosos de las letras norteamericanas: Tennessee Williams y Arthur Miller. Graduado de Oxford y Fordham en Inglaterra se doctoró en leyes en Harvard. ¡Qué cerebro! En 1972 sirvió como director del Comité de Justicia Pública que organizó una de las primeras investigaciones sobre los métodos de obtención de prueba del FBI. Dean Zayas, decano de la dramaturgia puertorriqueña, casualmente consideraba a Arthur Miller y a Tennessee Williams: "los dramaturgos norteamericanos más importantes de los tiempos modernos".

- Era tal el talento que tenía el precoz pianista español de 11 años Isaac Albeniz que tras concluir un concierto en Ponce los presentes abandonaron sus asientos y rebuscaron el cortinaje del trasfondo creyendo que había algún pianista adulto escondido tras bastidores.

- Luego de filmar el papel de Iago en la película "Othello" de Franco Zeffirelli, Justino Díaz pasó a ser considerado el mejor intérprete de éste personaje en los tiempos modernos.

- La obra musical de la compositora Silvia Rexach la sitúa como la más grande de Puerto Rico y una de las más importantes de Latinoamérica.

- El libro de fotografías Puerto Rico Mío de Jack Delano es el primer libro bilingüe publicado por el Smithsonian Institution de Washington, D. C. Las fotos son atesoradas hoy día por la Biblioteca del Congreso.

- Antonio Paoli, considerado uno de los más grandes cantores operáticos del mundo, era llamado: "El Rey de los Tenores y el Tenor de los Reyes". En 1910 fue nombrado "Primo Tenore" de la Scala de Milán. Cuando en 1912 cantó "Lohengrin" en la función de gala que para honrar al emperador Francisco José daba el teatro imperial de Viena, su Majestad Imperial se puso de pie para aplaudirlo rompiendo la etiqueta real. Al día siguiente el emperador le envió el título de: "Cantante de la Cámara Real". Por envidia Enrico Caruso le negó cantar en el Metropolitan Opera House.

- Hugh Tosteson, de San Juan, ganó el famoso "USA National Spelling Bee" al deletrear correctamente la palabra "incisor".

- Cuando se le preguntó al famoso compositor mejicano Agustín Lara ¿qué es un bolero?, este respondió: -"Si quieren saber lo que es un bolero oigan "Campanitas de Cristal" de Rafael Hernández". (Los compositores que saben catalogan lo que nosotros llamamos "boleros" como "romances".)

- El puente de concreto armado sobre la Avenida Baldorioty de Castro establece un récord en el campo de la ingeniería mundial al instalarse en tan sólo 21 horas, más rápido que la instalación de un puente de metal.

- Puerto Rico fue uno de los primeros países del mundo en instalar teléfonos para el uso del público en general. En 1889, William Grey patentó su invento y ya para 1914 habían teléfonos públicos instalados en la isla. Hoy sobrepasan los 25,000 generando más de 125 millones de mensajes.

- El ron más famoso del mundo es el ron puertorriqueño, famoso por su "cuerpo". El de Santa Cruz, por ejemplo, es muy suave, mientras que el de Jamaica es muy fuerte. El ron de Puerto Rico tiene el "balance perfecto".

- Por lo menos hasta 1989 Puerto Rico era el procesador de atún más grande del mundo. Entre las atuneras Star Kist,

Bumble Bee y Neptune se emplean más de 5,000 personas en Mayagüez. "No hay nadie en el mundo, que le saque el rendimiento que nosotros le sacamos al atún (albacore)" - dice José A. Toro Cordero, quien lleva 25 años en la industria.

- Puerto Rico es la Capital Farmacéutica del Mundo. Todas las importantes farmacéuticas tienen sucursales en la isla.

- Al Astillero Vaello de Cataño le fue encomendado la reparación de la embarcación "La Esperanza", el barco de acero de uso continuo más antiguo del mundo. Su casco se construyó en Bruselas en 1896 y bajo una entidad privada servía como escuela de navegación, centro de actividades y atracción turística desde la Placita Dárcenas en el Viejo San Juan. Don Guillermo Vaello fundó la Vaello Construction en 1890 y ésta se ha mantenido en funciones sobreponiéndose a los tiempos cambiantes de la economía mundial.

- Puerto Rico es el tercer país latinoamericano de mayor exportación a Europa. San Juan está entre los 10 puertos de mayor volumen de carga marítima del mundo.

- El hotel "Hornet Dorset Primavera" de Rincón se une a la famosa cadena "Relais Et Chateaux", una prestigiosa y exclusiva asociación de pequeños hoteles en el mundo de solo 411 hoteles y restaurantes, en cuarenta naciones que para cualificar en su membresía tienen que mantener altos niveles de servicio (5 estrellas) calidad y excelencia.

- El interior del automóvil Camaro Berlinetta de 1984 fue diseñado por Nellie Toledo primera puertorriqueña en trabajar en el Departamento de Diseño de la General Motors en Detroit.

- El segundo Woolworth más grande del mundo estaba en el Mayagüez Mall.

- Puerto Rico tiene más días de fiesta que ningún otro país del mundo incluyendo Estados Unidos, con 19. Aún así tiendas como Penney's, Sears y Woolworth's sobrepasan la producción de ventas de sus homógeneos en Estados Unidos. La cafetería de Woolworth's en Plaza las Américas, por ejemplo, dirigida por Frances Dembrosky, sostenía con sus ganancias las pérdidas de otras cafeterías Woolworth's en toda la nación norteamericana.

- Se establece un record histórico en Latinoamérica y el Caribe al venderse en Puerto Rico el Toyota número 400,000 por la empresa Gómez Hermanos.

- El pueblo de Adjuntas, además de haber sido famoso por la calidad de su café, es uno de los grandes productores del mundo de la fruta conocida como cidra. Esta se exporta a países como Italia, donde se abrillanta y se usa en la confección de dulces y bizcochos de frutas.

- "En un mundo hirviente de discordias étnicas, Puerto Rico está envidiablemente libre de furia y de constante violencia racial" -Editorial del New York Times.

- La licenciada Carmen Badillo fue la primera mujer abogado puertorriqueña en apelar y ganar un caso en el último tribunal apelativo: la Corte de Circuito del Distrito de Boston.

- Modesto Cartagena fue descrito por una revista del ejército de Estados Unidos como "A One Man Army" (El Hombre-Ejército) cuando atacó solo destruyendo nidos de ametralladoras y morteros de tropas chinas parapetados en el tope de un cerro. Un batallón completo, había fallado en capturar el cerro.

- La sola captura de un kilo de heroína se considera un éxito y por lo tanto según William Mitchel, jefe del DEA (Drug Enforcement Agency) la captura de 35 kilos de heroína que se ocupó el 1 de noviembre de 1992 hace historia aquí y en Estados Unidos por la calidad del material confiscado y por la notoriedad de los franceses y belgas arrestados.

- El libro Run Nicky Run del ex-pandillero Nicky Cruz, hoy convertido en un predicador evangélico, fue un "bestseller" en Estados Unidos inspirando a muchos jóvenes delincuentes a reformar para bien sus vidas.

- Cuando los norteamericanos llegaron a Puerto Rico en 1898 quisieron cambiar la dieta de arroz y habichuelas de los puertorriqueños alegando que tanto el arroz como la habichuela eran harina y por lo tanto comían una dieta de harina con harina. No tomaron en cuenta el ajo, recao, culantro, achiote, cebolla, jamón y otros ingredientes que se le agregan al plato. Hoy día nutricionistas con los nuevos equipos de medición consideran nuestro plato de arroz con habichuelas: "un perfecto plato balanceado."

- Puerto Rico es uno de los países que más OVNIS (objetos voladores no identificados, mejor conocidos como "platillos voladores") ha reportado. Luego de varios avistamientos en Cabo Rojo unos pescadores rescataron de las aguas de Boquerón un extraño artefacto que no ha podido ser identificado por los guardacostas, ni por el Servicio Meteorológico, ni por la Agencia Federal de Aviación.

- La Iglesia de San Patricio de Loíza, construida en 1645, es una de las más antiguas iglesias de la isla que aún se usa como iglesia parroquial.

- ¡El poeta puertorriqueño, Carlos Mercado, de Villalba, habla 10 idiomas y ha sido emisario de las Naciones Unidas en China!

- La colección filatélica del arqueólogo boricua Ovidio Dávila, recibió una Medalla de Oro de los organizadores de ESPAMER en la Convención Internacional celebrada en San Juan en 1982. En 1986 ganó Medalla de Plata en AMEREPEX (exposición mundial que se celebra cada 30 años). Ovidio posee sobres y tarjetas postales con un curioso matasellos que lee: "Porto Rico Washington D. C." que significa que la isla estuvo adscrita a la oficina de correos de la capital norteamericana.

- La única oficina regional de tramitación completa de contratos del Cuerpo de Ingenieros de Estados Unidos está en Puerto Rico.

- Aníbal Gerena Lafontaine tiene el récord de fugas de cárceles de la isla con 48 por lo que se ganó el mote de "La Palomilla". Luego se convirtió en un predicador evangélico llegando a ser ejemplo de que un delincuente sí puede reformarse.

- Rexford G. Tugwell, quien fuera gobernador de Puerto Rico, fue uno de los cerebros que ayudaron a Estados Unidos a salir de la Gran Depresión con el programa "New Deal" (Nuevo Trato) del Presidente Franklin Delano Roosevelt.

- "La Oficina del Contralor de Honduras opera siguiendo los modelos de la Oficina del Contralor de Puerto Rico" - Ileana Colón Carlo (Contralora de Puerto Rico).

- Eran tan abundantes los crustáceos que los exploradores ingleses encontraron en lo que es hoy la isla de Vieques que la bautizaron "Crab Island" (Isla de Cangrejos).

- Fueron tantos los puertorriqueños que llegaron a Nueva York por el barco transporte "Marine Tiger" que a los boricuas se les llamaba "Marine Tigers" (Tigres Marinos).

- A los primeros boricuas que llegaron a Estados Unidos se les tomaba por retardados e irrespetuosos pues no entendían el inglés y bajaban la cabeza cuando se les regañaba.

- Los "croupiers" de los casinos boricuas, supervisados por el gobierno, están considerados por mucho: "los más honestos del Caribe y puede que del mundo".

- La palabra "Jíbaros" que usamos para nombrar los amables campesinos de la isla no se usa nunca en anuncios de publicidad turística ni en Estados Unidos ni en Europa para que no los confundan con los indios "Jíbaros" de Sur América que cortan la cabeza de sus enemigos y la achican al tamaño de una pelota de beisbol.

- La legislación laboral de Puerto Rico es la más avanzada de Estados Unidos pues incorpora sus medidas beneficiosas a la clase trabajadora nada más y nada menos que en la propia constitución del Estado Libre Asociado.

- Ya para 1995 Puerto Rico se encontraba entre los primeros 8 países del mundo con servicio de teléfonos celulares y uno de los de mayor penetración en su red celular.

- Los nombres de Rafael Picó y Sol Luis Descartes son famosos en los círculos mundiales de la Planificación Urbana y Gubernamental.

- "La Canción de las Américas" del boricua Arturo Somohano fue el himno propagandístico del ejército norteamericano durante la Segunda Guerra Mundial.

- Robert Baldwin, autor negro norteamericano, ex presidente del American Civil Liberties Union, está en la nómina del gobierno para velar que no se infrinjan en la isla los derechos civiles. Ningún otro gobierno del mundo ha pagado a expertos neutrales para que lo aconsejen en como ampliar y reforzar las libertades civiles.

- Ladislao Martínez Otero, mejor conocido como "el Maestro Ladí" era un virtuoso del cuatro, escribió más de 1,500 piezas entre mazurcas, danzas, valses y hasta rumbas y "bossanovas" y fue el primer cuatrista en tocar en el Carnegie Hall.

- Era tanta la influencia que los diputados boricuas tenían en las cortes de Cádiz (Ramón Power por ejemplo era el Vice-presidente) que se decía de ellos que los puertorriqueños mandaban en España.

- La Primera Planta de Aclimatización o Estación Experimental Agrícola del Nuevo Mundo se fundó en Puerto Rico.

- El Coronel Valdez (cubano), director del Lincoln Military Academy de Bayamón y que mantenía en la televisión un programa para niños, trabajó para la NASA y obtuvo un triunfo en el Maratón de New York (Categoría Masters) estableciendo un récord mundial.

- "El Poder de Shakti", una de las más complejas producciones cinematográficas del Caribe, fue escrita, actuada y dirigida por el boricua José Lando, experto en "Jeet Kune Do" y quien era compañero de práctica del legendario Bruce Lee. Está considerado "El Primer Superheroe Latinoamericano".

- El trompetista boricua Humberto Ramírez fue elogiado por la revista Jazz Times al ser comparado a uno de los mejores trompetistas de todos los tiempos. Dice la revista: "tiene un sonido maduro y con mucho sabor que evoca al legendario Miles Davis". ¡Wow!

- Juano Hernández era considerado "El Actor Negro Mejor Pagado de Hollywood".

- Con tres estrellas (vice-almirante) Diego Hernández era el oficial hispano de más alto rango en la armada naval norteamericana y el más joven.

- La primera guitarra española así como la primera vihuela en arribar al nuevo mundo llegaron a Puerto Rico. La guitarra en 1516 y la vihuela en 1511. De la vihuela salió nuestro cuatro (que no debería llamarse "cuatro" ya que tiene cinco cuerdas dobles).

- Las alcapurrias y los pasteles son delicias culinarias del mundo nativas de Puerto Rico, pues fueron creados por la mujer negra boricua.

- Un pequeño parque de Pequeñas Ligas de Houston, Texas, lleva el nombre del toletero boricua Juan "Igor" González.

- Puerto Rico es famoso en el mundo entero por la eliminación de los arrabales con la construcción de modernas viviendas a bajo costo: el arrabal "El Fanguito", por ejemplo, se eliminó con la creación de los Condominios Bahía.

- La operación por el gobierno de Puerto Rico de la central azucarera "Los Caños" y de la antigua central francesa "Lafayette" adquirieron fama como: "las mejor administradas en cualquier parte del mundo".

- Era tal la influencia política y cultural que Borikén (Borinquen) ejercía en el mundo pre-colombino que los Mayas creían que Borikén era la tierra donde los dioses crearon a los hombres.

- "Las culturas no se comparan, las culturas son". - Sabias palabras de Arturo Morales Carrión.

- La madre del piloto Fernando Luis Ribas Dominici nombró su hijo Fernando Luis en honor de Fernando Luis García Ledesma quien en una acción heroica ganó la Medalla de Honor del Congreso (Guerra de Corea). Ella quería tener un hijo héroe y su deseo se cumplió cuando Ribas Dominici fue derribado en un ataque aéreo contra Omar Kadafi en Libia y condecorado postumamente. Hoy el aeropuerto de Isla Grande lleva su nombre.

- El Puente Dos Hermanos del Condado fue nombrado así en honor de los hermanos Behn: Sosthenes y Herman, fundadores en la isla de la Puerto Rican Telephone Company.

- El libro *Nueva Ola Puertorricensis* de Javier Santiago fue reseñado muy favorablemente por la famosa revista *Rolling Stone*.

- El destacado orador español Emilio Castelar comparaba a los boricuas que ganaron en las Cortes la abolición de la esclavitud en 1873 con aquellos franceses que en 1789 nos dieron la Declaración de los Derechos Civiles del Hombre.

- El famoso predicador Billy Graham escoge a Puerto Rico como la sede de su campaña misión global que fue transmitido vía satélite a 180 países. El coro de voces, dirigido por el boricua Luis Sierra, estaba compuesto por

2,000 cantantes (probablemente el coro más grande del mundo) y representantes de los medios noticiosos más famosos del mundo cubrieron la ocasión. Equipo electrónico especial fue construido para la ocasión y la transmisión se hizo en 48 idiomas a más de 1,000 millones de personas a través del mundo.

- Chi-Chi Rodríguez -gran Mariscal del Torneo de las Rosas Edición 106 en Pasadena, California que contaba con 54 flotas, 23 bandas musicales y 29 grupos de caballería (1995).

- El radio telescopio más grande del mundo está en Arecibo, Puerto Rico. La isla tenía las condiciones perfectas necesarias para la construcción del gigantesco radar: 1) un gobierno político estable 2) una depresión natural en forma de "bowl" para economizar costos de excavación y 3) montes rodeando la depresión para evitar interferencias. Aunque se buscaron lugares tan lejanos como Australia y Africa, se encontró el sitio perfecto en Borinquen.

- Científicos boricuas trabajando en el Colegio de Mayagüez trabajan en una investigación que logrará que los diabéticos tipo 1, puedan vivir sin tener que inyectarse insulina todos los días. El proyecto contempla el implante de tejidos de páncreas en el organismo. De tener éxito el proyecto, sería en Mayagüez, Puerto Rico donde un 10% de la población de diabéticos del mundo obtengan alivio seguro.

- Las cápsulas de sonido, un diminuto receptor de ondas radiales, fueron inventadas por un ingeniero boricua.

- Los que creen que en Puerto Rico no crecen nueces se equivocan. El pajuil, una fruta que crece en la isla, posee una exquisita nuez.

- Janet Sánchez Cotto seleccionada por la NASA como la estudiante más destacada en toda la nación norteamericana en 1993 (año espacial) convirtiéndose en la primera latinoamericana en obtener tal galardón. Janet estudia ingeniería espacial en la Universidad de Michigan.

- Los 17 kilómetros de recorrido ininterrumpido del río subterráneo Encantado de Puerto Rico establece una marca única como "El Recorrido Subterráneo Ininterrumpido más Largo del Mundo".

- El pueblo de Puerto Rico es tan unido en las desgracias que dicen los administradores de hospitales de la isla que uno de los más grandes problemas es la gran cantidad de visitantes que van a ver enfermos, acuden con instrumentos de música, comida y regalos y es casi imposible establecer y mantener horas de visitas estrictas.

- El antiguo monasterio de "Porta Coeli" de San Germán más parece, con sus masivas paredes y solidez, un fuerte que una iglesia. La razón es que debido a los constantes ataques de los indios Caribes y de los piratas franceses servía el doble propósito de fortín e iglesia.

- Es curioso que aunque la estatua de Cristóbal Colón domina la plaza de Mayagüez, alrededor de ella se ven estatuas de niñas egipcias sosteniendo en sus manos faros de luz. Resulta que tiempo atrás la elite social del pueblo estaba fascinada con la ópera italiana, especialmente la ópera Aida (reina egipcia), y encargaron las exóticas estatuas a Italia.

- El huracán más trágico que ha azotado la isla fue el Huracán San Ciriaco, pues cobró 3,369 muertes; el Huracán San Felipe ha sido el más fuerte con vientos de 160 mph antes de destruir el anemómetro que marcaba la potencia de los vientos; Hugo con vientos de 140 mph fue el que más daños causó con pérdidas de mil millones de dólares calculados.

- Durante el gobierno de Romualdo Palacios los habitantes de Puerto Rico se clasificaban como "secos" y "mojados": "secos" los criollos nacidos en la isla y "mojados" aquellos que habían cruzado el Océano Atlántico o el Mar Caribe para arribar a la isla.

- "Moisés" el manatí herido capturado, sanado y vuelto al mar está en la red del internet a nivel mundial.

- Al cantar misa en Puerto Rico en 1513 el obispo Alonso Manso constituyó en esta isla la Proto-Iglesia de América.

- Decía el ilustre pensador mejicano José Vasconcelos que don Pedro Albizu Campos le había enseñado más en una hora que lo que había aprendido por muchos hombres en muchos años.

- El primer periódico en aparecer diariamente en nuestra isla fue el Diario Liberal y de Variedades de Puerto Rico en 1823.

- Allá para fines del siglo 19 a los pobres más pobres del país se les daba el curioso título de: "pobres de solemnidad".

- Tres gobernadores norteamericanos de la isla llevaban el nombre "Guy". Estos son: Guy V. Henry, Guy S. Swope y Rexford Guy Tugwell.

- Las primeras pinturas hechas por un inglés en América fueron hechas en Puerto Rico. John White pintó varias acuarelas de plantas, jueyes y aves de la isla en 1585. White llegó a ser el primer gobernador de la colonia de Virginia.

- La única ocasión en que la bandera de Puerto Rico puede ser izada con la punta de la estrella superior hacia abajo y no hacia arriba, como debe ser, es en caso de una embarcación en peligro de naufragar pues es la forma tradicional de pedir auxilio.

- Los conquistadores españoles que llegaron a la isla usaban la hoja de la uva de mar para escribir cuando escaseaba el papel y también hacían naipes con ellas.

- Los aros o collares monolíticos hechos por nuestros indios taínos son los más finos y de esmerada elaboración de las Antillas Mayores.

- "Yo no escribo nada en esta vida pues no quiero recordar hoy el bien que hice ayer, mis deseos son que la noche borre las obras meritorias que he podido hacer durante el día" - hermosas palabras del maestro Rafael Cordero (El Santo Boricua).

- Cayetano Coll y Toste, médico de profesión e historiador por afición, coleccionaba documentos históricos como coleccionaba idiomas y alternaba sus estudios de la historia de Puerto Rico con lecciones del antiguo idioma llamado "Sanscrito".

- 9 de marzo de 1911 - se registra en Puerto Rico la temperatura más baja de todos los tiempos: 40° F ¿en dónde?, pues en Aibonito, naturalmente.

- El único gobernador norteamericano de la isla que hablaba español era James R. Beverly, quien luego de dejar su alto cargo le gustó tanto la isla que se quedó a vivir en Santurce. Nació en Amarillo, Texas (1894), fue gobernador 1929-1932 y murió en San Juan en 1965.

- La obra de arte extranjera más antigua en la isla es la tabla la Virgen de Belén que se exhibe en la Catedral de San Juan. Data de alrededor de 1547 y probablemente salió del taller del famoso pintor Roger Van Der Weyden.

- Los manglares al sur de la isleta de San Juan y del Caño de San Antonio en El Condado tenían en antaño un nombre muy curioso: "El Charco de las Brujas".

- La obra de crítica literaria Novelistas Españoles de 1933 del boricua José A. Balseiro es de tal calidad que se usa como libro de texto en muchos centros universitarios de Estados Unidos.

- Era tanta la fama que el pirata boricua Miguel de Henríquez alcanzó, que la Compañía del Mar del Sur, que hacía tratas negreras con las colonias españolas después de la paz de Utrecht, lo llamaba: "el gran archivillano".

- Nuestro catolicismo forjó en el transcurso de más de 500 años muchas de las virtudes que identifican a nuestro pueblo. En los valores cristianos tienen muchas de ellas su punto de arranque. El ¡ay bendito! que nos identifica es, en su mejor momento, la compasión de un pueblo con una profunda raíz de cristiana caridad.

- Según sus papeles de servicio, se cree que el gobernador español, de Puerto Rico, Don Juan de Haro, héroe del ataque holandés a la isla de Balduino Enrico, era el soldado de más años de servicio de su majestad, el rey de España, con 68 años de veteranía. Haro, curioso para esos tiempos, murió anciano.

- El Teatro Matienzo, de la parada 23 de Santurce, llevaba el nombre "Matienzo" al copiarlo de la Escuela Rosendo Matienzo Cintrón que le quedaba al frente.

- Antes de la llegada de las tropas norteamericanas a la isla, tras la Guerra Hispanoamericana, se estima que Puerto Rico tenía el mejor sistema de notariado del mundo. Decía Rosendo Matienzo Cintrón: "...así matamos el mejor sistema de notariado del mundo y aprobamos de modo frenético en una noche no sé cuántos códigos extranjeros y casi sin leerlos, entonces menos que antes y muy poco después. Queríamos arrancarnos de la noche a la mañana las lenguas, las costumbres, las leyes y hasta los nombres propios. Desaparecieron del hogar puertorriqueño los Panchitos, los Toñitos, los Manolitos y Joseítos; se acostaron una noche llamándose así y se levantaron llamándose Franqui, Jimmi, Willy y Joe".

- Wilfredo Vázquez - único hombre en la historia del boxeo en ganar tres campeonatos en una misma organización: gallo, supergallo y pluma de la organización mundial de boxeo (OMB).

- El gobernador más joven de Puerto Rico no fue Hernández Colón a los 37 años, sino el gobernador norteamericano Beekman Winthrop, un jovencito de tan solo 30 años, quien gobernó de 1904 a 1907. Nació en 1874.

- Dice Russell Gurnee, espeleólogo norteamericano, que el sistema de cavernas del Río Camuy es la cueva más aterradora que ha explorado: golpes bruscos que producen cambios rápidos en el nivel de las aguas, rápidas corrientes que hacen perder el equilibrio, barrancos resbalosos, derrumbe de rocas, y escondidos bajo el agua: hoyos, pedregones, maderas y grietas donde el pie puede quedar pillado.

- Tras el ataque y ocupación de George Clifford, Conde de Cumberland, a Puerto Rico, el Rey Felipe II de España murió creyendo que la isla se había perdido para la corona.

- Juan Alejo Arizmendi fue nombrado el primer obispo puertorriqueño por el Papa Pió VII; el mismo valiente papa que excomulgó a Napoleón Bonaparte.

- El gobernador español José Ruiz Dana era tan distraído, calmoso y desinteresado en los asuntos que aquejaban al pueblo que los políticos del patio le bautizaron: "La Silenciosa".

- El título de Ministro de Gracia, Justicia y Gobernación que se le otorgó a Luis Muñoz Rivera en el Gabinete Autonómico era curioso por la palabra "Gracia". "Gracia" es equivalente a misericordia o sea misericordia y justicia van de la mano. "traducido" para entenderlo sería: Ministro de Misericordia, Justicia y Gobernación.

- Una antigua ley española catalogaba como un "crimen" el que un trabajador pidiera aumentos de sueldo. Por protestar tal ley Santiago Iglesias Pantín fue encarcelado con pena de tres años de cárcel. Luego de la Guerra Hispanoamericana, el propio presidente Teodoro Roosevelt anuló su condena aboliendo de paso la ley. No en balde se considera hoy día a Pantín el padre del movimiento obrero boricua.

- El nombre completo de Luis Muñoz Marín era José Luis Alberto Muñoz Marín.

- Pedro Roselló, gobernador de la isla, fue Campeón de Tenis Nacional en cuatro ocasiones y estaba en la lista de los 15 mejores tenistas juveniles de Estados Unidos.

- Los generales John R. Brooke y Guy V. Henry, además de haber sido gobernadores de Puerto Rico, pelearon juntos en la cruenta batalla de Cold Harbor durante la Guerra Civil Norteamericana. Guy perdió el ojo izquierdo en dicha batalla y recibió la Medalla de Honor del Congreso.

- David Hefeld, el guardia muerto por Elio Torresola durante el ataque nacionalista a la Casa Blanca, es el único agente del Servicio Secreto que ha sido enterrado en el Cementerio Nacional de Arlington y ha sido el único agente que ha muerto defendiendo la vida de un presidente: (Truman).

- El Hospital San Antonio (hoy Hospital Municipal de Mayagüez), que aún el pueblo sigue llamándolo como tal, fue fundado por Ramón Emeterio Betances. Una imagen del santo adorna la fachada del edificio.

- El Partido Unión de Puerto Rico, de Luis Muñoz Rivera, fue fundado en el 1904 en el Hotel Olimpo de Miramar, Santurce, que aún existe como tal. (Año 2002)

- Las Islas Vírgenes de Estados Unidos no son solo tres como usted cree: Saint Thomas, Saint John y Saint Croix; sino 19 e incluye islas con nombres tan raros como Dog (Perro) y Cockroach (Cucaracha).

- El recorte tipo masculino o "boy" que presenta Lola Rodríguez de Tió en sus fotos era un recorte de cabello hecho adrede, con un propósito: para romper las tradiciones y convencionalismos que ataban la mujer de su tiempo. Se esperaba que la mujer usase su cabello largo como por ejemplo lo hacía Mariana Bracetti (brazo de oro).

- La imagen la Virgen de la Magdalena de la Catedral de San Juan es una de las interpretaciones marianas más impresionantes que produjo la escultura sevillana y una de las más hermosas de América.

- La Elegía VI de Varones Ilustres de las Indias de Juan de Castellanos de 1589 que describe el descubrimiento y conquista de Puerto Rico por Juan Ponce de León fue traducida al inglés por la primera esposa de Don Luis Muñoz Marín: la norteamericana Muna Lee quien era familia del Presidente Franklin Delano Roosevelt.

- En el Castillo del Morro había un cañón o pieza rabona calibre 40 con el escudo de armas del Gran Turco regalo del Rey Felipe II de España y era el cañón principal de la nave real turca que rindió Don Juan de Austria (hermano bastardo del Rey Felipe) en la famosa Batalla Naval de Lepanto.

- En la Catedral de San Juan había una custodia de plata del santísimo sacramento que era un regalo del Emperador Carlos V.

- Daniel Parke, gobernador de las Islas de Sotavento escribió en 1706 que Puerto Rico era: "una isla grande, con suficiente madera para hacer toneles, con buena producción de azúcar, la isla más saludable de América y mejor isla que Jamaica".

- El primer edificio aéreo del Hemisfero Occidental es la nueva alcaldía de Bayamón que como puente aéreo cruza la carretera No. 2 de lado a lado.

- La antigua Farmacia Moscoso de Aibonito es la más antigua de la cadena (cumple 100 años de fundada en 1998. Es la única que no fue vendida a Farmacias El Amal. Hoy día es un museo visitado por turistas y aún conserva sus antiguas puertas que cierran con trancas, un reloj de cuerda, frascos de medicina antiguos, una balanza antigua (aceptada por pesas y medidas) y una caja registradora antigua de manigueta aún en uso.

- Un árbol de tamarindo sembrado en la plaza de Lares en honor del Doctor Pedro Albizu Campos fue obsequiado en semilla al patriota por la poetisa nobel chilena Gabriela Mistral. Tierras de 21 repúblicas latinoamericanas y de todos los barrios de Lares se usaron para la siembra. La semilla provino de un frondoso árbol de tamarindo donde el libertador Simón Bolívar solía descansar en una hamaca.

- Astol Calero ha sido el único boricua que ha ascendido de policía raso a superintendente de la policía.

- Las investigaciones literarias de José Luis Marín Montes le valieron elogios de escritores de la talla de Don Federico de Onís, Samuel Gili Gaya, Lucio Pabón y de organizaciones como el Instituto Caso y Cuervo de Colombia.

- Nuestro Eugenio María de Hostos fue llamado por el poeta cubano Gastón Baquero: Maestro Integral de América. Hostos fundó el Ateneo de Chile y su busto se encuentra al lado del busto de Alfonso Reyes en el Ateneo de Madrid.

- El boricua Iván Rodríguez ha sido el único "catcher" en la historia del beisbol de Grandes Ligas en ganar seis Guantes de Oro consecutivos.

- En la Escuela de Medicina de Ponce, Laboratorio de Microbiología, se llevan a cabo experimentos de cura del SIDA usando *interferon alpha* patrocinado por el Food and Drug Administration y un consorcio japonés. Puerto Rico es el único país del mundo donde se hacen experimentos de esta clase. Hasta la fecha las pruebas son esperanzadoras.

- La Fosa de Puerto Rico (The Puertorrican Trench) es considerada la parte más profunda del Océano Atlántico. De 30,200 pies (solo la fosa de Las Marianas es más profunda) si el Monte Mckinley, el monte más alto de Estados Unidos, se colocara dentro de la fosa su pico aún estaría cubierto por dos millas de agua. Si las aguas de la fosa se secaran, nuestro monte más alto, el Cerro Punta de Jayuya, sería más alto que la montaña Everest vista desde el norte. Esta es la razón de porqué Puerto Rico, siendo una isla, su dieta principal no es el pescado: los peces no buscan aguas profundas.

- "Nunca tomes nada excepto fotografías, nunca dejes nada excepto tus huellas, nunca mates nada excepto el tiempo". Hermosas palabras que rigen la conducta de la Sociedad Espeleológica Puertorriqueña.

- Las cuevas en Puerto Rico abundan y aunque se han documentado unas 220 se calcula que el total llega a 2,000. El sistema de Cavernas del Río Camuy tiene entradas espectaculares de gran valor científico, recreativo y escénico. Sus inmensos pasillos y el río subterráneo que corre por sus túneles colocan a este sistema de 17 kilómetros en posición de rivalizar con los más importantes del mundo.

- En los avances de la ciencia que tienen que ver con la fertilización "in vitro" el doctor boricua Pedro J. Beauchamp fue el primer médico en toda Latinoamérica en lograr el nacimiento de un bebé de probeta.

- "Ellos de cosa que tengan pidiéndosela jamás dicen que no y antes convidan a la persona con ello y muestran tanto amor que darían hasta sus corazones. Luego, por cualquier cosita de cualquier manera que se les dé por ello, son contentos". - palabras de Cristóbal Colón sobre los Taínos y que documentan el origen de la hospitalidad boricua.

- "En Puerto Rico se da la más alta civilización de América" - palabras de José Santos Chocano.

- Los juicios por jurado no se dieron en Puerto Rico sino hasta el cambio de soberanía aunque ya existían en España desde 1888.

- Un pueblito de la Provincia de Misiones, Argentina (cerca de las Cataratas del Iguazú), lleva el nombre de Puerto Rico honrando así a nuestra isla.

- La esposa del famoso congresista del Harlem, Adam Clayton Powell, fue una puertorriqueña llamada Ivette Diago. Ivette era hija del ex-alcalde de San Juan, Don Gonzalo Diago. Su hijo Adam Clayton Powell IV es hoy Director de Relaciones con la Comunidad del Condado de Manhattan.

- El astrolabio (antiguo instrumento de navegación) mejor preservado del mundo, lo halló un joven boricua en Rincón, Puerto Rico.

- Varios promotores turísticos alemanes visitaron la isla de Caja de Muerto y asombrados catalogaron su zona de corales como superior en belleza a las que tienen Santa Cruz y Las Bahamas (1987).

- Las Naciones Unidas proclaman la Ciudad de San Juan: "Baluarte Amurallado de Las Américas".

- Un submarino de la flota naval norteamericana lleva el nombre: USS San Juan, honrando así a nuestra ciudad capital.

- Jeffrey Puryear de la Fundación Ford catalogaba al pueblo de Puerto Rico como: "El mejor educado y políticamente activo de Latinoamérica con un promedio de votantes en las urnas de un 85% desde 1920".

- Por su importancia estratégica Puerto Rico ha sido apodado: "El Rodas del Caribe".

- En ninguna jurisdicción de Estados Unidos, ni siquiera en su Constitución, existe una ley tan abarcadora en cuestión de inmunidad de testigos que testimonien ante la Asamblea Ejecutiva del Senado como la Ley de 1990 de Puerto Rico.

- En el famoso parque Wet and Wild de la Florida se celebra una vez al año la "Noche de San Juan" en honor de la ciudad capital de Puerto Rico.

- Sesenta especialistas en rescate (incluyendo dos mujeres) de la Defensa Civil de Puerto Rico fueron escogidos para ayudar a los damnificados del estado de Florida tras los daños causados por el Huracán Andrew. Considerados entre los mejores de la nación éstos expertos llevaban consigo la experiencia obtenida tras el paso del Huracán Hugo por la isla en agosto 1992.

- Las cómodas hamacas fueron inventadas por los indios Taínos de Puerto Rico. Hay pruebas históricas con dibujos en los archivos de España.

- La Fortaleza es la casa de gobierno más antigua del Nuevo Mundo que aún se usa como tal.

- "San Juan is very cosmopolitan, it is a great city. It is too bad that I'm only going to stay here a few days". – Christopher Cross (famoso cantante ganador de varios Premios Grammy).

- Son muchos los extranjeros que tras visitar nuestra isla se han enamorado de ella. William McJones, oriundo de Boston, llegó a Ponce en 1905, se estableció en Adjuntas y luego en Villalba donde fundó la Central Azucarera Juliana y el Hotel Toro Negro. Aunque murió en Estados Unidos, pidió ser enterrado en Villalba donde descansan sus restos al pie de una ceiba. En la Hacienda el Limón una escuela del pueblo, fundada por él, lleva su nombre.

- Los vitrales de la Iglesia de Nuestra Señora del Carmen de Villalba fueron realizados por Mario Mosquera de la Casa Velasco de Cali, Colombia. Mosquera fue el diseñador de los vitrales de la Catedral de Notre Dame en Washington, D. C. El altar mayor de esta iglesia está hecho de madera acacia como manda la biblia en Éxodo 15.

- Sonia Sotomayor, una juez de raíces boricuas, emitió el interdicto que terminó con la huelga del beisbol de las Ligas Mayores.

- El estudio C de WIPR (Radio 940) es el más grande de las Antillas.

- Brombaugh fue el primer Comisionado de Instrucción Pública bajo la bandera americana. Para 1900, y según un informe suyo al gobierno norteamericano, éste informaba que el niño puertorriqueño promedio sabía más de Washington y Betsy Ross que el niño promedio de los estados de la unión americana.

- La película El Puente de la División de Educación a la Comunidad que enseña cómo vecinos del barrio Cañabon de Barranquitas (de donde casualmente provienen mis ancestros), reconstruyeron un viejo puente de madera en concreto reforzado por el método de "Ayuda Mutua y Esfuerzo Propio" y otras más producidas por ésta división son catalogadas de excelente calidad y han sido compradas por el Departamento de Estado de Estados Unidos y la UNESCO para exhibirla en el continente americano y en muchos países del mundo. La película Modesta ganó, por ejemplo, premios en los Festivales de Venecia y Edimburgo en 1957.

- El concepto de "Estado Libre Asociado" es algo único en los asuntos políticos mundiales y no tiene parangón ni precedente histórico alguno. Rexford Guy Tugwell lo llamó: "Having a cake and eating it too"; "A first rate political device" y "One to be ranked with the Federal Union and the British Commonwealth".

- La Ley de Condómines de Estados Unidos es una copia exacta de la de Puerto Rico. Los norteamericanos estudiaron nuestra ley, la encontraron muy buena y avanzada y la adoptaron.

- Tiempo atrás, a falta de joyas, nuestras mujeres campesinas usaban cucubanos vivos para adornar sus cabellos.

- Lola Rodríguez de Tió fue "dama de honor" en la boda de Eugenio María de Hostos en 1873. Lola fue la madrina de la boda.

- Luis Paret, el segundo pintor español más importante después de Goya, vivió en Puerto Rico, conoció y dio clases a nuestro José Campeche y pintó aquí sus famosos cuadros del jíbaro boricua autorretratándose como uno de ellos para que el rey de España le cogiese pena.

- La sobreproducción de energía de la Autoridad de Energía Eléctrica para los años '70 era de 130%, lo que la hacía la primera en sobreproducción del mundo". - Palabras de Carlos Reyes, Líder de la UTIER.

- Viernes 22 de diciembre de 1995 - por primera vez se iza solitaria la bandera puertorriqueña en una agencia federal: El Correo de Adjuntas. Ese día se cumplía el centenario de la bandera monoestrellada.

- "En Cuba no nos atreveríamos a hacer algo así; si lo hiciéramos, inmediatamente Estados Unidos nos acusaría de comunistas." - Palabras del Ministro de Finanzas de Fidel Castro ante el progreso que vio al visitar el proyecto de vivienda residencial San José en 1959.

- La celebración del 25 de julio como día de la Constitución del Estado Libre Asociado se escogió por su implicación dramática: el 25 de julio de 1898 el General Nelson Miles desembarcó sus tropas en Guánica durante la Guerra Hispanoamericana.

- El inepto gobernador norteamericano de Puerto Rico Robert H. Gore obligaba a los miembros de su gabinete a someterle el mismo día de su incumbencia una renuncia al puesto ya firmada pero sin fecha.

- Con más de 25,000 Puerto Rico es el país que más teléfonos públicos tiene "per capita" en el Hemisferio Occidental.

- La isla de Mona, además de boas y su famosa iguana gigante, tiene árboles llamados "árbol desnudo" cuya madera fibrosa es venenosa al contacto.

- El sello "Hecho en Puerto Rico" que presenta un hombre moviendo una gigantesca rueda dentada es tan antiguo como 1913, y fue idea de la mente y el puño de Antonio R. Barceló. Es hoy día emblema respetado de calidad suprema y adoptado como sello de Fomento Industrial.

- La industria de la miel de Vieques es tan grande que para 1994 había más de 600 colmenas.

- El famoso "Alto del Cabro" se conocía originalmente como "Hato" o sea "Hato del Cabro". Probablemente pasó a ser llamado "Alto" por la altura del terreno que ocupa el sector.

- En junio 1995 se anunció el cierre por problemas económicos de 72 tiendas K-Mart en toda la nación. Este cierre no afectó a Puerto Rico pues los K-Mart de la isla son los más lucrativos de la cadena.

- Por si usted no lo sabía las siglas de la televisora WAPA significan lo siguiente: W = es una identificación obligada a todas las emisoras por la FCC y APA = Asociación Puertorriqueña Azucarera pues varios de sus dueños laboraban en la industria del azúcar.

- "Pero en el temperamento y calidades (Puerto Rico) se adelanta mucho a todas las Islas de Barlovento, porque goza de una perpetua primavera sin que el calor ni el frío llegue a sentirse de manera que aflija ni descomponga la naturaleza..." - Fray Diego de Torres Vargas (1590-1649)

- La esposa de Nemesio R. Canales, Güarina Díaz, era nieta de Román Baldorioty de Castro; la esposa de Antonio S. Pedreira (Marietta) era hija del poeta Ramón Negrón Flores, autor del famoso poema Contestación de Laura (contraparte de Elegía a Laura de José de Diego) y Salvador Tió estaba casado con la nieta de Trina Padilla de Sanz (la Hija del Caribe).

- En la revista de enfoque continental Quasimodo, que fundó Nemesio R. Canales en Panamá, colaboraban los mejores escritores de América Hispana.

- En 1893 Félix Matos Bernier, quien publicaba bajo el pseudónimo de "Fray Justo", publicó un fuerte artículo titulado El Confesionario en contra de uno de los sacramentos de la Iglesia Católica que le valió ser encarcelado por varios meses.

- Exploradores usaron la isla de Borinquen para aprovisionarse antes de partir en sus viajes de descubrimiento así pues Sebastián Caboto y Sir Walter Raleigh hicieron lo propio. Las primeras chinas, plátanos y gengibres sembrados en las primeras colonias inglesas del Nuevo Mundo (Virginia y Jamestown) provenían de Puerto Rico; de hecho, cuando se establecieron estas colonias la diminuta isla Mona tenía más historia que las colonias inglesas.

- "Puerto Rico nace y crece en el ejercicio del derecho y la justicia". - Padre Murga

- Puerto Rico es el país más pequeño de los que usan la lengua española y de los latinoamericanos es el más "español" por la poca influencia de los elementos indígenas (como México que tiene una influencia indígena grande) o europeo (como Argentina, donde el 20% son de origen italiano y hay alemanes, lituanos, etc.). Otra razón fue que Puerto Rico nunca peleó contra la madre patria (España).

- En tiempos coloniales eran tantas las sabandijas que pululaban en Guánica que su bahía era conocida como "Bahía de Mosquitos".

- Los caballos que usó Hernando de Soto en su descubrimiento del Río Mississippi eran caballos de Puerto Rico.

- "El Canal de la Mona es el único canal de Puerto Rico que no tiene programas enlatados". - Emilio E. Huyke

- Luego de la Segunda Guerra Mundial y con sobrantes del ejército, se fundó en Puerto Rico la escuela vocacional más grande del mundo donde más de 3,000 estudiantes aprendían oficios desde cocina hasta mecánica de aviación.

- Los primeros plateros que oficiaron su arte en el Nuevo Mundo lo hicieron en Puerto Rico bajo acta promulgada por el rey de España.

- Puerto Rico tuvo el primer obispo que vino a América, el primer Corregidor de Indias y el primer Juicio de Residencia.

- Para los tiempos de Menéndez Pelayo en Puerto Rico no habían revoluciones, ni una sola guerra civil, ni levantamientos importantes de negros y ni siquiera se había peleado con la Madre Patria; por tal razón el eminente escritor decía: "la pequeña y pobladísima isla de Borinquen, cuya tranquila prosperidad en los tiempos modernos contrasta con el infelicísimo destino de Santo Domingo, pertenece al número de aquellos pueblos afortunados de quien puede decirse que no tienen historia." (Esto es ser feliz).

- Debido a que Puerto Rico es montañoso y de escasa extensión territorial su clima es más benévolo y fresco que el de Cuba y Santo Domingo y menos favorable a la propagación de infecciones y epidemias. Ya personalidades como Bartolomé de las Casas habían notado este hecho.

- El primer gobernador norteamericano en mostrar confianza en la capacidad de los boricuas nombrándolos a puestos altos en su gabinete fue Arthur Yager (nombrado por Woodrow Wilson).

- Era tal el hambre y la pobreza que sufría la isla allá para los años 30 que los jóvenes boricuas se las ingeniaban para mejorar la situación: robaban o vandalizaban buzones del correo, que al ser un crimen federal, el juez los mandaba a un reformatorio en Chillicathe, Ohio, donde se les daba comida, techo, educación, aprendían inglés y un oficio. Las madres de éstos celebraban por todo lo alto como si fuesen ganadores a una beca en West Point. Pasó mucho tiempo antes de que los jueces se dieran cuenta de la "jugadita" y emitieran condenas diferentes.

- Luis Muñoz Rivera no sabía inglés cuando fue elegido Comisionado Residente de Puerto Rico en Washington pero en tan solo un año se autoenseñó a escribirlo y hablarlo con elocuencia.

- La mejor traducción al español del poema The Man and the Hoe (El Hombre y la Azada) de Edwin Markham la hizo Luis Muñoz Marín y aún tal traducción se considera un "clásico". Muñoz y su esposa, Muna Lee, eran vecinos de Edwin.

- Cierta ocasión en que el Dr. Arturo Morales Carrión le enseñó el Fuerte El Morro a un visitante inglés, éste se entristeció porque la vista del magnífico fuerte le recordaba: "uno de los fracasos más grandes de Sir Francis Drake".

- Luis Muñoz Marín regaló en Nueva York un carro viejo que había usado en sus correrías por los estados de la Unión a un joven venezolano aspirante a novelista llamado Rómulo Gallegos. (Mas tarde autor de **Doña Barbara** y presidente de Venezuela).

- Se considera que Puerto Rico es la más democrática de las sociedades latinoamericanas. Ejemplo de ello se ve hasta en los juegos de los niños cuando a tan tierna edad se les oye decir al tomar decisiones: "¡la mayoría manda!".

- "¡Qué país (Puerto Rico) de maravillas!". - Presidente Prado del Perú.

- Se dice que la "Ley de los 500 Acres" es el "Sine Qua Non" de las reformas sociales efectivas.

- Cuando la industria de la piña de Hawaii le negó a Puerto Rico variedades para la siembra en la isla, agrónomos boricuas obtuvieron piñas en México y diseñaron un método de propagación con el que obtenían de ocho a nueve nuevas plantas en vez de dos que se obtenían por los antiguos métodos. Pronto la industria de la piña estuvo bien establecida en la isla.

- Los productos de la primera planta piloto enlatadora de la Isla eran de tan alta calidad que se vendían a precios mayores en Nueva York.

- Se considera que el mejor gobernador norteamericano de Puerto Rico fue Rexford Guy Tugwell a quien se le debe la compleja pero eficiente estructura del gobierno; una de las más beneficiosas socialmente en cualquier parte del mundo.

- El logro más grande de Don Luis Muñoz Marín no fueron las reformas introducidas por su programa "Manos a la Obra"; su logro máximo fue terminar la práctica malsana de la compraventa del voto.

- La Junta de Planificación de Puerto Rico es famosa en el mundo entero por la efectividad de sus operaciones y porque entre otras cosas, evita la duplicidad innecesaria.

- Don Salvador Tió, historiador y famoso autor de Tirabuzones, fue el inventor del vocablo "spanglish" para denotar la españolización del inglés.

- El Hipódromo el Comandante se llama así por estar originalmente localizado cerca del Cerro El Comandante en el barrio San Antón de Carolina.

- El pueblo más grande de Puerto Rico es Arecibo con 83,244 cuerdas y el más pequeño es Cataño con 3,343 cuerdas.

- El municipio de Carolina se llama así porque Don Gaspar Martínez cedió los terrenos para la fundación del pueblo con la condición de que el pueblo llevase el nombre de su hija: Carolina.

- Cabo Rojo se llama así porque en sus costas hay tanto exceso de mineral que sus aguas reflejan un color rojizo.

- Parte de las tierras del municipio de Carolina arropa lo que antes se conocía como Trujillo Bajo.

- El nombre del pueblo de Adjuntas proviene de que su extensión territorial era conocida como "las tierras Adjuntas al Valle de Illescas".

- Tanto Arecibo como Barceloneta tienen playas de arenas negras. Esto es así porque sus arenas tienen un alto contenido de hierro.

- Algunas de las cascadas del municipio de Aguas Buenas tienen aguas carbonatadas.

- En una farmacia del pueblo de Añasco (Farmacia Brau) se vendían morcillas. Sí, así mismo: morcillas de comer de arroz y masa.

- La Hacienda Santa Cruz del pueblo de Bayamón y el Hato del Rey (Hato Rey) eran propiedad del rey de España.

- La popular opereta La Viuda Alegre hizo su estreno en el Nuevo Mundo en Ponce, Puerto Rico.

- Los muchos curiosos y noveleros que se acercaban a escuchar las primeras transmisiones radiales de la isla se persignaban pues creían que aquellas voces que salían por las bocinas eran "cosa del diablo" y "trabajos de brujería".

- Narciso y "Pepito" Figueroa participaron musicalmente frente al Rey de España, Alfonso XIII, y a Primo de Rivera en la inauguración del primer programa de la radio en España.

- Puerto Rico tiene un corazón: Orocovis y es donde se hace el más sabroso dulce de naranjas del mundo y las más sabrosas longanizas.

- En Peñuelas hay un Monumento al Soldado Desconocido.

- Puerto Rico fue el quinto país del mundo en tener una estación radial y el tercero del Hemisferio Occidental; incluso antes que Washington, D.C. "esta es WKAQ en San Juan, capital de Puerto Rico, la Isla del Encanto y donde se produce el mejor café" - fueron las primeras palabras que surcaron las ondas radiales.

- "Siempre he pensado que Puerto Rico tiene cosas extraordinarias: su clima tropical es de enorme atracción turística, hay magníficos hoteles y playas y las personas son muy amables; además la isla representa un ejemplo para países mayores en tamaño y mucho más ricos en recursos naturales" - George Silver (artículo Experiencias Inolvidables en Puerto Rico - Selecciones del Readers Digest de Agosto 1964)

- Puerto Rico está entre los primeros 10 distritos de 93 que operan las fiscalías en cuanto a dinero confiscado y depositado en la National Asset Forfiture Fund. De encontrarse los supuestos 42 millones del narco-tesoro de Vega Baja se rompería el record. De éstas confiscaciones salen fondos para la construcción de cárceles y compra de equipo para la policía.

- Como para 1550 el oro se había agotado en la isla, muchos colonos decidieron abandonarla e irse a países como Perú, desde donde se oían historias de inmensas riquezas. ¡La emigración fue tan severa que para que la isla no quedara despoblada, emigrar se consideraba un crimen que en muchos casos se castigaba con la amputación de una pierna!

- En unas importantes maniobras militares llevadas a cabo en 1950 (PORTEX) y contra todos los pronósticos, el Regimiento 65 de Infantería repelió un simulacro de invasión a Vieques venciendo al "enemigo" la Tercera División de Infantería, una de las unidades norteamericanas más condecorada de ambas Guerras Mundiales.

- En la ciudad de Burgos, España, el 8 de noviembre de 1511 el Rey Fernando El Católico otorgó un escudo de armas que convirtió la isla en la primera colonia española en tener un escudo y la única en mantenerlo hasta nuestros días tras la caída del imperio español.

- La Diócesis de San Juan, creada en 1511 por el Papa Julio II, además de servir a la isla de Puerto Rico e islas adyacentes tenía jurisdicción hasta el sur del Río Amazonas.

- Juan Garrido, un negro libre nacido en Angola y cristianizado en Sevilla, fue el primer negro en arribar a Puerto Rico con Juan Ponce de León y probablemente el primer negro en pisar el suelo de lo que ahora se conoce como Estados Unidos. Acompañó a Hernán Cortés a México y fue el primer negro en plantar trigo en aquella región.

- Entre los altos dignatarios que han dormido en la habitación de huéspedes de La Fortaleza, se encuentran el Presidente Kennedy y su esposa Jackeline Bouvier, la reina de Inglaterra Isabel II y su esposo el príncipe consorte Felipe, la reina Juliana de Holanda, el aviador Charles Lindberg, Theodore Roosevelt, la princesa Eulalia de España, Herbert Hoover, Lyndon Johnson, Richard Nixon, José Figueres y Daniel Oduber de Costa Rica, los monarcas españoles Juan Carlos de Borbón y la reina Sofía de Grecia y el Presidente Franklyn Delano Roosevelt quien dijo tras visitar Jájome Alto que le gustó tanto la isla que con gusto la visitaría todos los años.

- "Albizu Campos es un ejemplo de la América todavía irredenta pero indómita" - Palabras de Ernesto "Che" Guevara

- La ciudad de Ponce no fue nombrada así en honor del conquistador Juan Ponce de León sino en honor de su biznieto: Juan Ponce de León y Loayza.

- El estudio más abarcador sobre la cultura taína y sus ancestros en las antillas se hace en Puerto Rico por el Centro de Estudios Arqueológicos que lleva ya 16 años." - palabras de Ivonne Marganíz

- Vieques tiene la distinción de ser el único pedazo de tierra boricua que según la historia pisó el libertador Simón Bolívar. En la Plaza de Isabel II se erigió una estatua en su honor.

- Los Compontes, período de represión, encarcelamiento, torturas y flagelación con cadenas y fuetes llevadas a cabo en 1887 por el gobernador Romualdo Palacios contra los patriotas boricuas obtuvo su curioso nombre de la palabra "componte" (de componer) o sea algo así como "o te compones (te arreglas) o te componemos". Romualdo Palacios pensaba que reprimir los intentos de liberación de los patriotas era lo mejor para la isla, o sea que le convenía más estar unida a España que separada de ella. Aunque mal recordado en nuestra historia Romualdo se enamoró de la belleza del pueblo de Aibonito y le llevó tantos adelantos que se erigió una estatua en su honor en la plaza y se le nombró: "hijo predilecto".

- La renovación de las murallas del Viejo San Juan tomó 8 años y ha sido catalogada como la más costosa y abarcadora de cualquier país latinoamericano.

- Los puertorriqueños se alinearon contra los bonapartistas y combatieron junto a los españoles destacándose el capitán de navío Ramón Power y Giralt héroe de la Batalla de Palo Hincado el 8 de junio de 1809 en Santo Domingo, factor importante en el triunfo de los españoles contra los franceses. No en balde un barrio de Barranquitas, de donde provienen mis ancestros, lleva por nombre: Barrio Palo Hincado.

- El gobernador de Puerto Rico Don Enrique Sotomayor fue también gobernador de Panamá donde se le recuerda con cariño como "El Gobernador Santo" por la vida virtuosa que llevó. Don Enrique era descendiente del rey de España San Fernando.

- La Ley Foraker daba a los españoles y extranjeros viviendo en la isla la ciudadanía norteamericana pero no así a los nativos o criollos a los que consideraba "ciudadanos de

Puerto Rico", sin embargo, tal ciudadanía era académica pues siendo la isla una colonia carecía de personalidad jurídica ante las naciones del mundo.

- "El fenómeno de Puerto Rico es el de un pueblo que unido a otro de firmes aspiraciones a vivir bajo el orden constitucional ha sido insólito en la historia de occidente. Unico desde la Carta Magna que fue el paso inicial de los anglosajones hacia la división de los poderes y de los fueros ibéricos. Pero lo más trascendental ha sido que pocos, si alguno, alcanzaron como Puerto Rico tal sistema democrático sin usar lanzas o tiros." - palabras de Luis A. Ferré

- En Europa se consumen mangoes de Puerto Rico donde se aprecia su calidad y sabor. "Tropimango", empresa boricua, produce las variedades Haden, Kent, Palmer, Edward, Tommy Atkins, Irvin y Katte.

- El Doctor Néstor Latorre inventa y patentiza una almohada contra ronquidos que se fabrica en Tennessee.

- Borinquen Lithographers - Seleccionados por una importante casa de cosméticos de Nueva York para preparar la publicidad de sus productos a ser introducidos en países tales como Rusia, Yugoslavia, Polonia y Checoslovaquia.

- Porcentualmente más puertorriqueños son dueños de sus casas y de sus autos que sus contrapartes en Estados Unidos. ¡Con lo pequeña que es esta isla en el renglón de dueños de autos hace el número 6 en todo el mundo!

- Lalín Leather Shop de Puerto Nuevo hace sillas de montar de cuero labrado que son consideradas hoy día como piezas de colección.

- El novedoso, ultramoderno y sofisticado sistema de comunicación interagencial de emergencia adquirido por la Autoridad de Comunicaciones para el Servicio de Bomberos de Puerto Rico es pionero en todo Estados Unidos.

- En Puerto Rico se fabrican los condones o profilácticos más caros y de mejor calidad del mundo. La Schmidt Products Corporation de Humacao fabrica condones del intestino ciego de ovejas especialmente criadas en Nueva Zelandia y Australia que producen los condones de mayor sensibilidad del mundo y que se venden a $28 dólares la docena en comparación a los $14 dólares la docena de los sintéticos.

- Ana María O'Neill llevó a su facultad y a la Universidad de Puerto Rico a la primera línea de la visión filosófica de la actividad comercial al crear el curso de Etica Comercial (una filosofía para la libre empresa) adelantándose así por 20 años a la universidad que se considera pionera en esta área en Estados Unidos: Columbia en Nueva York. El libro que escribió para este curso mereció el premio único en un certamen de ética comercial auspiciado por la Northwestern University en 1938.

- El código Negro era tan severo que se dice fue escrito con sangre y no con tinta. Ejemplos: 1) Se le aplicaba la pena de muerte a cualquier esclavo negro que atacara a un blanco. Si el negro era un hombre libre se le castigaba cortándole una mano. 2) 5 años de prisión al negro que insultara a un blanco. 3) 25 azotes y 15 días de prisión al negro que peleara con otro negro. 4) 200 azotes y multa en dinero por robo.

- El primer pianista oficial en orquesta alguna en Estados Unidos fue el puertorriqueño Jesús María Sanromá quien fue Pianista Oficial de la Orquesta de Boston por 20 años.

- Silvia del Villard (1928-1990) fue una de las máximas intérpretes de la poesía afro-antillana.

- Wilfredo de Glanz (boricua) concertino (primer violín) de la Orquesta Sinfónica de Rochester cambió su violín Stradivarius, valorado en $600,000 por un violín construido por el boricua Agapito Acosta. Un violín de este maestro boricua cuesta alrededor de $3,000 y se venden como pan caliente pues se calcula que su valor subirá después de su muerte a alturas insospechadas por la calidad de construcción y sonido del instrumento.

- Se cree que la primera universidad del Nuevo Mundo fue la Universidad de Estudios Generales de Santo Tomás de Aquino fundada en San Juan en 1523.

- El documental "El Santero" ganó el premio como: "El Mejor Documental de Estados Unidos" en 1979 y representó la nación en la famosa exposición de Cannes. El actor es Don Zoilo Cajigas, decano de santeros de la isla nacido en 1875.

- El ganador al Oscar de Mejor Actor en 1950 fue el boricua José Ferrer, quien aunque era considerado el "underdog" ganó contra figuras como William Holden, James Steward y Spencer Tracy. Ferrer obtuvo el Oscar por su estupenda interpretación de Cyrano de Bergerac.

- Javier Pérez, de 18 años, compitiendo contra más de 600 candidatos, ganó el título de Mejor Modelo del Año (categoría Jr. 1989) en una competencia en Nueva York del International Talent and Model. La Academia de Modelaje D'Rose ganó un total de 82 premios ese año. Javier trabajará en España.

- El Festival Arpa de Oro que se celebra en Puerto Rico es el único festival de América Latina que se dedica a divulgar los grandes valores de la música sacra. La orquesta del festival la componen 20 profesores de música.

- Marta Istomin Casals (viuda de Pablo Casals) recibe la Cruz Oficial de la Orden de Mérito de la República Federal de Alemania por sus servicios sobresalientes en el campo de las artes. Marta llegó a ser administradora del Kennedy Center for the Performing of Arts de Nueva York.

- La poetisa y educadora de Toa Baja, Teresina Salgado Rodríguez, fundó una editorial en Venezuela llamada Maracay Gráfico y fue la primera poetisa que salió fuera del país en una gira remunerada para ofrecer recitales en Suramérica y las Antillas. La Nordyke Publishing Company de Hollywood editó una composición suya en música titulada "Springtime in Louisiana".

- El afamado trío mejicano Los Panchos tuvo como primera voz a tres boricuas a saber: Hernando Avilés, Julito Rodríguez y Johnny Albino, quien laboró 11 años con el trio y muchos creen fue su mejor voz.

- En el Teatro Nacional de Argentina hay una tarja de bronce dedicada al boricua Antonio Paoli, el Rey de los Tenores.

- El compositor Ferdie Grofe dedicó su hermoso "Concierto en Re Menor para Piano y Orquesta" al famoso pianista boricua Jesús María Sanromá.

- "Chino" Santos de Cayey, maraquero de la Orquesta de Xavier Cougat, estaba considerado el mejor maraquero del mundo.

- El libro Ronda de Niños de la Doctora Angeles Pastor, publicado en 1949, recibió en Nueva York el primer premio por el mejor libro mecánicamente preparado y el mejor libro escrito en español para niños.

- La tesis doctoral que sobre el poeta renacentista Garcilazo de la Vega hizo la boricua Margot Arce de Vázquez, representó una investigación tan certera e innovadora que una prestigiosa revista de filología española publicó el trabajo de ésta, hasta entonces, desconocida intelectual, que se insertó de súbito en las filas de los críticos destacados de la filología española.

- La novela de René Marqués *La Víspera del Hombre* recibió en Nueva York el prestigioso Premio William Faulkner.

- Rodolfo Morciglio, pintor y caricaturista natural de Guánica, expone dos dibujos suyos: "La Ceiba de Ponce" y "La Fuente de los Leones" en la Casa Blanca, Washington, D. C. Los dibujos fueron adquiridos por ayudantes del Presidente Bush.

- El primer *Diccionario Parlante*, del mundo es desarrollado por la Biblioteca para Ciegos y Físicamente Impedidos de Puerto Rico.

- El "Special Order System" o pedido de libros directo a los distribuidores o editoriales de "The Book Store" del Viejo San Juan es el más grande en el área del Caribe con un acceso a más de 170,000 títulos disponibles.

- El estudioso español Rafael Lapesa considera que el libro del aiboniteño Doctor Manuel Alvarez Nazario llamado *Historia de la Lengua Española en Puerto Rico*, es la primera historia total del español hablado y escrito en cualquier país latinoamericano.

- El poema "Frivolidad" de la barranquiteña Mercedes Negrón Muñoz, mejor conocida como "Clara Lair", está considerado el mejor poema femenino escrito sobre tal tema en toda la literatura latinoamericana.

- La universidad privada de mayor matrícula y crecimiento en toda Centro, Suramérica y El Caribe es la Universidad Interamericana de Puerto Rico, cuya matrícula sobrepasa los 45,000 estudiantes.

- Expertos muralistas creen que el mejor mural del pintor mejicano Rufino Tamayo es el "Prometeo" que se exhibe en la Biblioteca José M. Lázaro de la Universidad de Puerto Rico.

- Construida en 1532 la Iglesia de San José en el Viejo San Juan es, según los críticos, la más antigua y valiosa estructura de estilo gótico antiguo de Las Américas.

- El Museo de Arte de Ponce está considerado el más importante del área Centro América y El Caribe y tiene una de las más grandes colecciones de el Ticiano (Titian) y pinturas del arte Pre-Rafaelita.

- María Rosa Vidal, primera arpista de Puerto Rico, formó parte del afamado grupo de siete arpas francés llamado "Septour" que se presentaba en y fuera del país. Las cartas y recuerdos de su maestra, la afamada Henriette Renie las donó al depositorio de la Sociedad Americana del Arpa en la Biblioteca del Congreso en Washington, D. C.

- El furor que causó el trío Los Panchos con nuestro Johnny Albino en Japón fue tan grande que pronto comenzaron a surgir panchos japoneses.

- Nuestro Daniel Santos fue el primer vocalista de la Orquesta de Xavier Cougat cuando esta se desempeñaba en el fastuoso Hotel Waldorf Astoria de Nueva York.

- Puerto Rico es el país que más egresados de universidades tiene en el mundo a base de proporción entre la población y el total de egresados de universidades. ¿Ha notado por ejemplo que muchos abogados hay en la isla? sobrepasan los 13,000.

- "Puerto Rico tiene los mejores guitarristas del área del Caribe y cuidao; en la isla hay guitarristas de jazz virtuosos que superan a los mejicanos." - palabras del maestro Federico Cordero.

- ¿Quién recuerda al compositor de "En mi viejo San Juan"? todos recordamos a "Su Excelencia" Noel Estrada. ¿Su Excelencia? Sí, esto se explica que al ser condecorado con la Medalla de la Orden de Isabel la Católica tenía el honor y privilegio de ser llamado como tal. Noel compuso más de 600 canciones. La medalla fue instituida por Fernando VII en 1815.

- Jorge García, atleta de pista y campo de Puerto Rico, gana la Medalla de Oro del Péntalo en los Juegos Centroamericanos y del Caribe de 1966 superando a los grandes favoritos: los cubanos.

- El equipo de baloncesto femenino BIDI gana el Campeonato Mundial BIDI en Louisiana, USA.

- Uno de los padrinos pioneros del "jogging" en Estados Unidos lo es un puertorriqueño de 75 años de nombre Alberto Arroyo quien lleva más de 55 años recorriendo las pistas del Parque Central de Nueva York.

- El único jugador en la historia de grandes ligas que se ha robado el "home plate" dos veces en un mismo juego es un boricua de nombre: Víctor Pellot. Pellot es considerado también uno de los mejores inicialistas (primera base) del deporte.

- Una playa de Islas Canarias lleva el nombre de Puerto Rico honrando así a nuestra isla. Las operadoras de información de España se halan los cabellos pues no saben si cuando un turista pide: "dame Puerto Rico" se refieren a la playa o a nuestra isla.

- Muchos de los esclavos liberados por el doctor Ramón Emeterio Betances en la pila bautismal por el pago de $25 adoptaron el apellido "Betances", y algunos de ellos como el sargento Ramón Betances y Leandro Betances lucharon y murieron combatiendo por la libertad de Cuba.
- Santiago R. Palmer, primer Gran Maestro de la masonería boricua, abría las puertas de su casa a tantos amigos y menesterosos necesitados a comer y reposar que su residencia era conocida como: "El Hotel Palmer".

- La antigua calle Dejarillo de La Habana Vieja lleva hoy día el nombre de Lola Rodríguez de Tió, pues la poetisa vivió allí por muchos años y allí murió a la edad de 81.

- Durante el bombardeo de la ciudad de San Juan (Guerra Hispanoamericana) una bala disparada por el cañón de un barco norteamericano atravesó cinco puertas que estaban abiertas del Asilo de Beneficencia, lastimó una religiosa, penetró la capilla y se detuvo sin estallar ante la imagen de la virgen.

- Juan Ramón Burgos, un ex-policía naguabeño de 33 años de edad, fue exaltado al Salón de la Fama Mundial de las Artes Marciales con sede en Akron, Ohio con el grado de

"SIJO" (Fundador de Sistema). Burgos posee una escuela en Naguabo donde enseña el estilo Shien Tao Shu (Espada-Camino-Mano). Ostenta además el título de Sigung (Maestro de Maestros). ¡Qué bárbaro!

- En 1987 los Cerveceros de Milwaukee de las Grandes Ligas del Beisbol sorprenden al comenzar ganando 13 juegos consecutivos. Como parte de esta hazaña el "pitcher" boricua Juanchi Nieves lanzó un juego sin hits ni carreras contra los Orioles del Baltimore.

- Debido a lo agreste de nuestros montes se le enseñó a nuestros caballos a caminar dando trotes cortos y acompasados y así mantener al jinete cómodamente sentado en la silla sin dar golpes: de ahí nació un deporte genuinamente boricua: el deporte de Paso Fino.

- Junior Cordero, "Jockey por Excelencia", ganó el Kentucky Derby tres veces y el premio Eclipse (Mejor Jinete) dos veces. Su famosa caída y remonta de un pura sangre al galope es parte del video de introducción del programa "Wide World of Sports".

- "Esta tierra (Puerto Rico) es la mejor que hay en el mundo para los negros, mujeres y hombres viejos que por gran maravilla se ve cuando uno de este género muere." - Licenciado Suazo de Santo Domingo en 1518 comentando sobre la longevidad de los boricuas.

- Los plátanos y guineos traídos de la Gran Canaria, España, al Nuevo Mundo se aclimataron y reprodujeron en tan grandes cantidades que confundieron a sabios como el alemán Alejandro Humbold y a nuestro sabio José Julián Acosta quienes los creían nativos de nuestra tierra; realmente son originarios de Africa.

- El pseudónimo de la poetisa barranquiteña Mercedes Negrón Muñoz, "Clara Lair", no se lo puso porque quisiera parecer "americuchi" en tiempos en que la educación en las escuelas se daba en inglés obligado, sino porque Mercedes tenía un profesor norteamericano que por alguna razón, o porque Mercedes le recordaba a alguien quien dejó atrás, la llamaba: "My Clara". Al maestro le gustaba pasar largos ratos leyendo y estudiando en una cobacha semi-escondida entre bejucales y matorrales a la cual él se refería como: "my lair" (mi cueva). Al morir, Mercedes quien había desarrollado simpatía por el maestro, en su honor adoptó el pseudónimo de "Clara Lair".

- Con 6,000 millones de kilovatios, -hora Puerto Rico es el tercer país más grande de Latinoamérica en producción de energía eléctrica luego de Brasil y Argentina (hay que recordar que Brasil es más grande que Estados Unidos sin Alaska y que Argentina es cinco veces más grande que el estado de Texas.

- Allá para 1850 para los esclavos que caían en la cárcel la estadía era un "paseo". Allí obtenían comida, servicios médicos y mejor trato que los esclavos que trabajaban en las plantaciones quienes trabajaban siete días a la semana, madrugaban durante la zafra y recibían mayores castigos que éstos. Así pues, eran muchos los esclavos que cometían crímenes menores como robar gallinas para que los enviaran a pasarse unas "vacaciones" al presidio. Por tal razón, algunas autoridades pedían que a los esclavos fugitivos capturados y acusados de dirigir revueltas no se les enviase de vuelta a la cárcel sino que se les fusilase.

- El "Te Deum" que los revolucionarios de Lares obligaron dar al padre José Vega tras el Grito de Lares no era un

"Te Deum" oficial, sino un "Te Deum" aguado. Según el Padre testificó (para salvar su pellejo): "no tuve exposición de su excelsa Majestad, ni prendí las 14 velas del rito, ni coloqué sillas, ni hice invitación como hice en los otros".

- Es una ironía que el pirata Roberto Cofresí, quien fuera fusilado junto a diez compañeros detrás de la iglesia San José, fuera apresado en el litoral de Ponce llamado: "Bahía Boca Infierno".

- El prejuicio racial que el doctor José Celso Barbosa sufrió en Puerto Rico en su intento de revalidar su título de la Universidad de Ann Arbor (Michigan) fue atroz: un miembro del tribunal examinador se negó a ponerse la toga para examinar "un negro", la prueba la hicieron super difícil adrede y para colmo le condujeron a un cementerio para que determinara de qué había muerto un cadáver.

- Eran tantas las personas que se presentaron a oír el discurso en defensa de la lengua española que daría José de Diego en la Casa de Representantes que la multitud tuvo que mudarse al Teatro Municipal (hoy Teatro Tapia). El discurso del adalid duró siete horas, no en balde se conoce a De Diego como: "El Caballero de la Raza y del Idioma".

- Se inicia en el Puerto Rico el cultivo de una variedad de batata por el Colegio de Artes y Agricultura de Mayagüez que será usada como alimento sideral en los futuros viajes de la NASA.

- El primer semanario en Español publicado en Nueva York fue el semanario boricua *El Caribe*.

- 91.2% de los 43,434 boricuas que participaron en la Guerra de Corea eran voluntarios.

- La población católica china de Puerto Rico tiene un capellán: Monseñor Tomás Su.

- El Padre Antonio de Santa Ana (cubano) fue el historiador de los Padres Jesuitas de Puerto Rico y falleció en aire de santidad en Casa Manresa de Aibonito. El Padre Antonio era nieto del legendario General Antonio López de Santa Ana quien derrotó a los americanos en la famosa Batalla de El Alamo donde murieron Davy Crockett y Jim Bowie.

- Cuando el Arzobispo Luis Aponte Martínez tomó posesión de la Diócesis de la Catedral de San Juan se le hizo entrega de un corderito blanco como símbolo de Puerto Rico y su Arquidiócesis.

- La familia patriarcal boricua extendida hasta el compadrazgo y los vecinos y la ayuda mutua que se prestan unos a otros en caso de emergencia ha sido llamado: "The Puertorrican Social Security Plan".

- La paciencia del boricua hacia el prójimo es proverbial: antes de la confrontación violenta el boricua trata de resolver sus conflictos "a la buena de Dios" y si esto no funciona acude a la resistencia pacífica de la no-cooperación a través de su famosa: "Peleíta Monga".

- Nuestro primer gobernador Juan Ponce de León fue el primer español en pisar tierra en lo que hoy es Estados Unidos y por ende el primer hombre blanco en hacerlo en todo el continente de norte y suramérica.

- "Siendo (Puerto Rico) frente y vanguardia de todas mis Indias Occidentales y respecto de sus consecuencias la más apreciable de ellas y codiciada de mis enemigos" - palabras de Rey de España Felipe IV

- Nuestros indios Taínos eran ingeniosos: ataban una rémora (pez que se adhiere a otros de mayor tamaño como los tiburones y comen de las sobras que dejan) a la punta de una soga o cabuya y así pescaban tortugas de gran tamaño.

- El gran cronista Gonzalo Fernández de Oviedo consideraba (1535) que la Bahía de Guánica era una de las mejores del mundo.

- Muchos creen que nuestros indios Taínos no usaban plumas en su cabeza como los indios norteamericanos; la realidad es que sí las usaban pero sólo para la guerra.

- Es una ironía que aunque España fue uno de los primeros países en reconocer la nueva república norteamericana, cien años después en 1898, esa nueva república llamada Estados Unidos le declarara la guerra quitándole de paso sus últimas colonias: Islas Filipinas, Cuba y Puerto Rico. Como dice el dicho: "cría cuervos..."

- Los boricuas son la minoría dominante en seis estados: Nueva York, 59%; New Jersey, 50%; Massachussetts, 54%; Connecticut, 71%; Delaware, 50% y Pennsylvania, 60%.

- Tomó 32 años de batallas legales para que por fin el Congreso Americano pasara una resolución cambiando el nombre de la isla de "Porto Rico" al correcto de Puerto Rico.

- El gobernador español Juan Martínez Plowes gobernó la isla escasamente un mes, de febrero 14 de 1873 a marzo 25 de 1873, pero le cupo la suerte y el gran honor de firmar uno de los documentos más importantes y trascendentales de Puerto Rico: la Proclama de la Abolición de la Esclavitud.

- Las últimas banderas españolas que ondearon sobre El Morro y el Viejo San Juan están en el Museo Militar de Madrid llevadas allí en una caja de cedro por el último gobernador español de la isla, el General Manuel Macías y Casado.

- El gobernador norteamericano de Puerto Rico Theodore Roosevelt Jr. (1929-1932) era hijo del 25avo. presidente de Estados Unidos del mismo nombre. Con grado de Brigadier General, fue el primer general en desembarcar en las playas de Normandía, en la Segunda Guerra Mundial, donde demostró un alto grado de sensatez, valentía e improvisación al dirigir sus tropas en el asalto inicial. Murió allí de un ataque al corazón tras diez días de lucha y póstumamente se le otorgó la Medalla de Honor del Congreso. Por su compenetración con el campesino boricua fue llamado cariñosamente: "El Jíbaro de la Fortaleza".

- Se cree que la única cueva del mundo que puede compararse al sistema de cavernas del Río Camuy es la dramática Cueva Skocjanske Jame de Trieste, Yugoslavia.

- El señor Edgardo Nieves de San Sebastián, tiene un "hobby" raro: colecciona árboles. Tiene sembrados más de 1,500 árboles como ausubo y majú.

- Entre los amigos de Luis Muñoz Marín en Nueva York se encontraban los poetas Edwin Markham, Carl Sandburg, Archibald Mcleish, el famoso torero Juan Belmonte y los famosos exploradores Hubbert Wilkins y Vilhjalmur Stefanson.

- Se dice que el revolucionario arecibeño Francisco "Pachín" Marín fue quien sugirió el diseño de la actual bandera puertorriqueña cuando imaginó la bandera cubana con los colores invertidos.

- *The journal of Agriculture of the University of Puerto Rico* cumple en 1992 75 años de publicación ininterrumpida dedicada a publicación de nuevos descubrimientos en la agricultura, lo que la convierte en la revista más antigua de las publicadas en inglés en América Latina.

- Debido a su posición geográfica y al Radar Inosférico de Arecibo, la NASA elige a la isla para llevar a cabo la "Operación Coquí" que, consiste en lanzar sondas para estudiar la dinámica de la inósfera en el área ecuatorial. Se llevaron a cabo 8 lanzamientos y descargas con el propósito de crear auroras boreales artificiales y establecer la interacción solar terrestre.

- El Doctor Ariel Lugo, especialista en bosques tropicales, director del Instituto para el estudio de los bosques tropicales del Servicio Forestal Federal y uno de los pocos expertos del mundo en estudiar la dinámica de la relación entre el recalentamiento de la atmósfera y su efecto en la reforestación de bosques tropicales.

- "Puerto Rico está entre los primeros países del mundo en las estadísticas que registran menos muertes infantiles y maternas y en longevidad". - Doctor José Román de Jesús (Presidente de la Asociación Médica)

- La Isla de Mona es una reserva ecológica tan grande que en ella se han identificado 270 especies de peces, alrededor de 600 especies de plantas, y 700 especies de aves; 133 especies de plantas y animales son autóctonas de la isla como la iguana de la roca (reptil nacional de

Puerto Rico). En sus playas se han identificado 125 especies diferentes de caracoles. En las islas de Mona y Monito se asientan las más grandes acumulaciones de nidos de aves del Caribe Oriental y alcanza tal grado de quietud los parajes que miles de pichones permanecen en sus nidos prácticamente seguros sin que nada ni nadie los moleste.

- Rebekah Colberg, burlando la seguridad impuesta en las Olimpiadas de Berlín de 1936, logró un apretón de manos y un autógrafo de un personaje llamado: Adolfo Hitler.

- Puerto Rico tiene un "Paul Revere": Pablo Rivera, un joven de tan solo 16 años, fue el Capitán de Caballería del grupo de patriotas que tomó armas en el Grito de Lares. Tras la derrota fue enviado en una loca carrera a caballo a llevar las malas nuevas al resto de los patriotas. Con un nombre tan similar al del patriota norteamericano y una carrera desesperada a caballo, Pablo Rivera ha sido llamado: "El Paul Revere Boricua".

- Nuestro Ramón Power Giralt está enterrado en Cádiz junto a 29 Diputados a Cortes que murieron víctimas de una epidemia de fiebre amarilla en 1813. La tumba es un monumento a la sensible pérdida de los diputados.

- Nuestro maestro Rafael Cordero era tan humilde que en muchas ocasiones rehusó posar para un retrato que quería pintarle un amigo suyo (Francisco Oller) y solo cedió a la presión cuando Oller le prometió no exhibirlo hasta después de su muerte. No en balde es llamado: "El Santo Laico de Puerto Rico".

- Antes de ser convertida en museo, Casa Blanca, la pasada residencia de la familia Ponce de León, era la casa más antigua de América en uso continuo como residencia.

- Charles Chauncy Emerson, hermano del famoso escritor y filósofo Ralph Waldo Emerson, vivió en Puerto Rico y escribió una carta a su hermano donde exponía el haber quedado impresionado por la cortesía y calor humano que demostraban los boricuas. Decía que muy bien los norteamericanos deberían aprender buenas maneras de nosotros: "to recommend ourselves to one anothers regard by a more frank and cordial address".

- Hay indicios, no negados por el supuesto compositor de La Borinqueña, don Félix Astol (Catalán), que la música fue compuesta por el gran escritor Don Ricardo Palma inspirado en un antiguo aire musical peruano de origen Inca. Difundida por hispanoamérica en Perú se toca como canción, en Cuba como habanera, en Brasil como canción de cuna, en Haití se bailaba como merengue, en Chile como charanga y en Borinquen como danza.

- Miguel Henriquez, el corso boricua, era tan temido que el propio gobernador de Puerto Rico y el presidente de la audiencia de Santo Domingo no se atrevían a contradecirlo.

- El esfuerzo que se hizo en Puerto Rico para promover la siembra y el enlatado de la piña fue tan exitoso que hubo que construir otra planta enlatadora a un costo de $4.000.000 que en su tiempo era de las más modernas y avanzadas del mundo.

- Técnicos boricuas han encontrado y experimentado con una variedad de semilla de café que madura bajo el sol y no necesita la sombra de costosos árboles.

- En su tiempo, la Bayamón Tobacco Company era una de las fábricas más grandes del mundo dedicada a la fabricación de cigarros.

- Catesby Jones fue quien introdujo en la isla lo que motivó a Cristóbal Colón hacer sus viajes de descubrimiento: la pimienta de la india. La planta se aclimató en nuestra tierra produciendo frutos de alta calidad.

- Las ganancias que reporta el Hotel Caribe Hilton (100% de ocupación anual) lo hacen una de las propiedades más rentables del mundo.

- Fueron tantas las pavonas y arbustos que sembró el gobernador norteamericano Blanton Winship, tratando de hacer lucir la isla más bella para atraer turistas (se le olvidó construir hoteles), que fue bautizado por los jíbaros: "El Beautician de La Fortaleza".

- "Considero que la isla tiene por mucho el gobierno más consistentemente honesto de todo el Hemisferio Occidental." - palabras de Earl Parker Hanson (1960)

- Santiago Iglesias Pantín, un humilde carpintero español con escasa instrucción, fue encarcelado en El Morro por instruir a los boricuas sobre sus derechos laborales. Durante la Guerra Hispanoamericana una bala de cañón disparada por la flota del Almirante Sampson penetró la celda donde éste se hallaba preso. El hueco que dejó en la pared sirvió para que Santiago escapara y siguiera con su labor redentora por los derechos de la clase trabajadora del país.

- La fábrica International Latex de Puerto Rico representaba para su dueño A. M. Spanel la mejor administrada y la de más rendimiento de las que tenía en diferentes partes del mundo.

- Según un oficial del Departamento del Trabajo la razón de porqué mafiosos como Jimmy Hoffa no pudieron tener agarre en las uniones obreras de Puerto Rico se debe a que nuestras uniones, aunque débiles económicamente, son ciertamente serias y honestas y de ahí proviene su fuerza.

- La primera película en estreno mundial en ser exhibida dentro de un avión en vuelo fue la producción boricua "La Guagua Aérea" quien también rompió récord de permanencia en Plaza las Américas con siete meses.

- El Puerto Rico moderno es una de varias sociedades (Queenland, Australia por ejemplo) que han demostrado que una sociedad tropical puede combatir sus problemas de salubridad mejorando su clima social con resultados excelentes; por lo tanto el término "Medicina Tropical" es una falacia, debemos decir mejor: "medicina mundial de alto o bajo nivel de vida".

- Juana Díaz es el único pueblo de Puerto Rico que tiene nombre y apellido.

- El nombre antiguo de Ciales era Lacy en honor de un general español llamado Luis de Lacy. Pero como Lacy traicionó al Rey Fernando VII se le cambió el nombre al pueblo.

- El mejor tabaco de la isla se cosechaba en Comerío y era de tan buena calidad que se consumía en Europa y especialmente en Cuba que de por sí era famosa por su tabaco. De hecho, muchos soldados de las tropas norteamericanas que invadieron Puerto Rico durante la Guerra Hispanoamericana eran sureños, conocedores del buen tabaco, y al probar el tabaco hilado de la isla lo consideraron superior al suyo llevándoselo por yardas al regresar.

- El pueblo de Florida, es el único pueblo de la isla que no tiene puentes. El único río llamado "Río Encantado" es subterráneo y corre por debajo de la plaza.

- Un hijo de Manuel A. Alonso, (autor de *El gíbaro*), llamado Rafael Alonso peleó y murió en la manigua cubana en la Guerra de Independencia de la hermana república.

- El café que fue de tanta fama y provecho para Puerto Rico está en deuda con un francés: el capitán de navío Declieux. Declieux traía tres arbustos de café en su barco y dos de ellos perecieron por falta de agua; el tercero sobrevivió gracias a que el capitán compartía su ración de agua con el arbolito. Sembrado en Martinica pronto dio semillas que fueron traídas a Puerto Rico, lo que dio pie a un producto que llegó a ser considerado el mejor del mundo.

- La biblioteca personal del Licenciado Ramón Cancel Negrón tenía más de 4,000 volúmenes de poesía.

- La biblioteca de Don Genaro Cautiño Insúa de Guayama fue catalogada tiempo atrás como la mejor biblioteca personal del Caribe. Su casa es hoy un museo del Instituto de Cultura.

- "Mientras hay países como Brasil que están siendo deforestados, Puerto Rico tiene ya para 1995 cincuenta años de experiencia en reforestación de sus bosques tropicales" - Luis Rivera (Tazónomo o "District Ranger")

- Por su posición estratégica los ingleses quisieron cambiarle a España el Peñón de Gibraltar por Puerto Rico. España les pidió además tierras en la Florida pero al fin decidieron que Puerto Rico era muy valioso para cambiarlo.

- Es raro ver un verdadero negro en Puerto Rico fuera de Loíza Aldea, ya que todas las razas se mezclaron, así pues, cuando una funcionaria norteamericana empleada por nuestro gobierno se quejó a su jefe puertorriqueño, de que no habían negros en su oficina y que deberían hacer algo para equiparar el empleo de las diversas razas su jefe le dijo: "Mire a su alrededor y dígame si ve alguno de estos empleados, incluyéndome a mí, que en Estados Unidos no hubiese sido considerado un negro".

- La misma bula que concedía a Juan Ponce de León el título de Capitán de Mar y Tierra con jurisdicción en todas las islas de Barlovento desde Puerto Rico hasta Dominica cedía al obispo de Puerto Rico (Alonso Manso) la misma extensión pontificia diocesana.

- Vieques tuvo un gobernador inglés (invasor) llamado: Abraham Welles.

- La Calle de la Victoria de Añasco lleva dicho nombre porque en dicho sitio los residentes derrotaron un fuerte contingente de piratas franceses. El nombre de la calle perdura hasta nuestros días.

- El primer periodista puertorriqueño Don José de Andino y Amézquita era descendiente del célebre Capitán Don Juan de Amézquita (que se distinguió en la defensa del Morro contra el ataque holandés de Balduino Henrico) y nieto del gobernador español Don Gaspar de Andino.

- "Poeta admirable, agudo filósofo, excelentísimo jurisconsulto, profundo teólogo, creador grande y cortesano político". - palabras de Góngora sobre nuestro primer poeta Francisco de Ayerra y Santamaría

- Algunas mujeres taínas, con su piel cobriza, su largo cabello negro, ojos oblicuos y estatura mediana, eran extraordinariamente hermosas.

- Cuando Juan Ponce de León llegó a colonizar la isla se sorprendió de encontrar caballos salvajes pastando en los montes. Los nobles brutos fueron introducidos por Vicente Yañez Pinzón. Estos caballos, ayudaron a Don Juan en la conquista de la isla.

- Era tal la rivalidad por el boato y el lujo de las mujeres del siglo 16 en la isla que se tuvieron que adoptar medidas para restringir sus ansias; así pues se requería un permiso especial para usar trajes de seda.

- El periodista boricua José Pablo Morales era tan precoz que a los 11 años de edad, aún en pantalones cortos, era maestro de sus nueve hermanos y de los esclavos de la hacienda "Los Cocos" propiedad de su padre. A los 15 era consejero de sus amigos y vecinos quienes le consultaban sus dificultades.

- Juan Morel Campos fue director musical de la Compañía de Zarzuelas Española Bernard y Abella.

- Un gran porcentaje del arroz que consumía el pueblo de Haití salía de los sembradíos del valle de Lajas de Puerto Rico.

- Los murales del pintor Ramón Frade en la Iglesia Parroquial de Cayey le valieron un premio y reconocimiento papal: Medalla Benemerenti del Vaticano.

- Los $7,200,000 que el gobierno gastó en la construcción del Hotel Caribe Hilton, que muchos vaticinaron sería un fracaso y hoy día es una mina de oro, es la misma cantidad (en número, no en valor real) que Estados Unidos pagó a Rusia por un "pedazo de hielo" llamado Alaska que luego dio ricos pozos de petróleo.

- La piña pan de azúcar (cayenalisa) del pueblo de Florida es la más dulce del mundo.

- El tercer río subterráneo más caudaloso del mundo es el Río Camuy que creó las famosas cavernas.

- El mármol crema (Botichino) de Juana Díaz está considerado uno de los cinco mejores del mundo.

- Es curioso que la fundación del pueblo de Lares coincide con el nacimiento de Ramón Emeterio Betances (1827).

- El museo de historia natural del doctor Agustín Stahl Stamn contenía 2,300 especies clasificadas.

- "Las mujeres son las más hermosas de Las Indias, honestas, virtuosas, muy trabajadoras y de tan lindo juicio que los gobernadores Don Enrique y Don Iñigo decían que todos los hombres prudentes habían de venir a casarse en Puerto Rico y era ordinario decir: "para casarse en Puerto Rico". - palabras de Fray Diego de Torres Vargas (1590-1649).

- 15 de julio de 1997 se da a conocer un estudio que demuestra que proporcionalmente Puerto Rico compra más discos de música que ningún otro país de mayor población en el mundo.

- La única escultura taína de oro macizo de que se tenga conocimiento en Puerto Rico tenía la forma de una rana.

- Las razas indígenas a la llegada de Colón tenían un alto concepto de sí mismos al hacerse llamar: "Taínos", o sea: buenos y nobles, no caníbales. Los indios de las islas adyacentes se hacían llamar "Caribes", o sea: bravos y osados.

- Allá para 1920 se creía que solo los afeminados usaban reloj pulsera en Nueva York, así pues, muchos boricuas que emigraban a la gran urbe en barcos lanzaban sus relojes de pulsera al mar antes de llegar a la ciudad.

- La única ocasión en la historia del beisbol de Grandes Ligas en que dos hermanos ganan títulos consecutivos como "El Más Valioso del Juego de Estrellas" fue lograda por dos boricuas: los hermanos Sandy Alomar en 1997 y Roberto Alomar en 1998.

- Aunque el Registro Demográfico se instituyó en Puerto Rico en 1885 mucha gente, especialmente de los campos, tardó en aceptar la obligación de inscribir a los recién nacidos. Así pues, hay evidencia que en algunos años el número de niños bautizados sobrepasaba por mucho el número de los nacidos.

- Uno de los héroes de la historia venezolana es un negro esclavo puertorriqueño de San Juan que llevado a Venezuela inició una revuelta de esclavos y llegó a ser conocido como "el Rey Miguel". Fundó un pueblo con todo e iglesia y reinó hasta que fue muerto por los españoles en combate.

- Antonio Mirabal, poeta y dramaturgo ponceño, autor de *Cantinflas en Puerto Rico*, tenía cuatro hijos varones a los que nombró: Marco Antonio, Marco Tulio, Marco Aurelio y Marco Polo.

- Muchas de las obras musicales de José Ignacio Quintón están perdidas, pues Quintón acostumbraba regalar en los bailes las copias de las piezas a las señoritas sin dejar alguna de archivo.

- Nuestros indios Taínos desconocían el concepto de propiedad privada. Así como el agua y la luz eran propiedad de todos, así todo lo demás; por lo tanto, en el idioma taíno no existían palabras como "tuyo" y "mío".

- El humorista puertorriqueño Ignacio Guasp Vergara era verdaderamente talentoso para la comedia y la sátira; entre sus obras se encuentra: *Diccionario de la Lengua Mechada, Republic of Tropicaliente, Mi amor es un chorizo,* y *Lo que el viento nos dejó.* Decía de él el nobel Jacinto Benavente: "Es tan ameno, tan diverso en sus temas al par que gracioso, profundo y siempre interesante".

- Por la Orden General #71 del 31 de mayo de 1899 se establece en Puerto Rico la ley del "Habeus Corpus" convirtiendo la isla en el primer país latinoamericano en aprobar medida tan importante.

- La antigua pena española de cargar pesadas cadenas en las manos, cuellos y cinturas y las pesadas bolas de hierro que cargaban los presos cuando salían a laborar fuera de la prisión fue abolida por el gobernador norteamericano General Guy V. Henry quien la consideraba denigrante e infamante.

- Allá para el siglo 19 existían entre los partidos políticos de la isla los llamados Liberales, los Conservadores y los "Patos" o sea los que nadaban entre dos aguas.

- La tienda Penny's más grande del mundo está en Plaza las Américas.

- La Puerto Rico Telephone Company es la primera en el Caribe, Centro y Sur América y hace la número doce en importancia en todo Estados Unidos. Su red es 100% digital.

- En el renglón de la tasa de intereses hipotecarios, comparado a los 50 estados de la unión americana, el mercado de Puerto

Rico es el más estable dando así confianza a los inversionistas (nov. 1994).

- Puerto Rico está en la lista de las 20 naciones más progresistas del mundo junto con Japón.

- De todos los estados y territorios de Estados Unidos, Puerto Rico hace el segundo puesto en la lista de mayor viviendas públicas vendidas mediante la ley 5H a ciudadanos privados.

- La industria lechera de Puerto Rico, bajo su sistema de auto-reglamentación, prohibió el uso de antibióticos en la leche con castigos severos para los violadores en 1987, cinco años antes de que lo hiciera Estados Unidos en 1992.

- El plan de salud Cruz Azul (Blue Shield) de mayor crecimiento en toda la nación americana, en término de contratos y matrícula en los últimos 10 años es el de Puerto Rico, el cual cubre más de 600,000 puertorriqueños.

- La fábrica Hanes Men's Wear Inc. de Puerto Rico fabrica el 100% de toda su ropa interior blanca que vende en Estados Unidos.

- El Puerto de San Juan está considerado entre los mejores del mundo por su estratégica posición y aunque de entrada difícil, sus aguas son profundas y seguras. El puerto ofrece tentadores incentivos a las líneas de cruceros para hacer sus negocios desde aquí. Según la Asociación Americana de Puertos el Puerto de San Juan se ha convertido en el número uno del mundo con cruceros base superando los de Miami, Cañaveral y Everglades con 22 (1990).

- Los colonizadores españoles se referían a las montañas donde vivían indios cimarrones fugitivos con el curioso nombre de: "montañas indieras".

- Aunque Culebra es mucho más pequeña que la isla Mona está poblada, mientras Mona permanece desierta. Su monte más alto, de 646 pies de altura, tiene el curioso nombre de "Monte Resaca".

- Puerto Rico es el tope de volcanes submarinos ya extintos. En Luquillo hay evidencias de un volcán prehistórico que quedó sepultado bajo el nivel del mar.

- Por si no lo sabía, aunque Puerto Rico es conocido como "El País de los Ríos" no hay lagos naturales. Lo que usted conoce como lagos son realmente embalses o represas artificiales como el Lago Dos Bocas y el Lago Carite creadas por el hombre para producir energía eléctrica y abastos de agua para Acueductos. El cuerpo natural de agua dulce más grande de la isla es la Laguna Tortuguero.

- El nombre más raro para río alguno en Puerto Rico lo lleva un río al oeste de Yauco que lleva el curioso nombre de "Río Loco" y es parte del sistema de regadío del Valle de Lajas.

- Al helecho gigante Zyathea Arborea que crece hasta 30 pies se le llama el "Arbol Paradoja" pues no tiene flores, frutas ni semillas.

- En Puerto Rico sí hay culebras venenosas: La "Alsophis Portorricensis" de tres pies de largo tiene glándulas venenosas cuya picada es peligrosa para un niño pequeño.

- Solo seis de las doscientos cuarenta especies de árboles que crecen en el Yunque crecen también en Estados Unidos, el resto son especies nativas.

- El Bosque Seco de Guánica, reserva natural reconocida por

las Naciones Unidas, está considerado como el mejor representante a nivel mundial de un bosque seco subtropical según ambientalistas y científicos.

- Por primera vez en la historia de las Grandes Ligas del beisbol dos boricuas acaparan el título "Jugador Más Valioso de la Post-temporada: Javier López en la Liga Nacional y Bernabé "Bernie" Williams en la Liga Americana. Javier terminó con promedio de .520.

- En el año 1996 se celebró en la isla el Campeonato Mundial de Gimnasia.

- Junior Cordero, el único jockey en ganar el Premio Eclipse en dos ocasiones consecutivas (1982-1983), batió el récord de Nueva York al ganar cinco victorias consecutivas que hizo primera plana en el New York Times. Cordero fue elevado al Salón de la Fama en Pimplico en 1983.

- Hasta 1994 nuestros compatriotas Roberto Clemente y Orlando "Peruchín" Cepeda han sido los únicos en ser votados unánimemente "Jugador Más Valioso" de la Liga Nacional.

- Charlie Pasarell ganó el "United States Intercollegiate Tennis Champion" de la Universidad de California. Fue nombrado "Mejor Tenista Aficionado de los Estados Unidos".

- La revista *Sport* comenta sobre el destacado receptor de Grandes Ligas Benito Santiago considerado por ellos como uno de los mejores diez de la historia: "Benito es el receptor de mejor brazo de las Grandes Ligas. Desde Johnny Bench no se veía un brazo como el de Benito. Su brazo no es una pistola, es un rifle; puede disparar desde cualquier ángulo y tiene una precisión increíble aún tirando de rodillas".

- Por si usted no lo había captado, el que un gobernador tuviera "facultades omnímodas" quería decir que sin tener en cuenta leyes, constitución, ni derechos humanos, el gobernador era dueño de tu vida y propiedades con facultades que se acostumbraba reconocer en lo militar a los jefes de plazas sitiadas por el enemigo, o los capitanes de barcos quienes son prácticamente pequeños dioses de su pequeño mundo.

- Puerto Rico fue el primer país del Nuevo Mundo donde el estado se echaba sobre sí la responsabilidad de educar al pueblo y declarar obligatoria por ley la integración racial en las escuelas. Esto se hizo bajo el gobierno de Don Miguel de Muesas. Las dos medidas estaban consideradas muy adelantadas a su tiempo.

- Nuestra cantante Carmita Jiménez llenó a capacidad el coliseo de Lima (100,000 personas), se hicieron muñecas con su nombre y ha recibido todos los premios que se le pueden otorgar a un artista en el Perú siendo seleccionada para representar la música del Perú en festivales del Brasil.

- El cuarteto boricua "The Four Amigos" (de Felipe Rodríguez) cantó en el "Ed Sullivan Show" y hacía bandas sonoras para Elvis Presley. Elvis se maravillaba de la habilidad de Miguelito Alcaide en la Guitarra.

- La primera vez en la historia que se graba una ópera completa fue cuando nuestro Antonio Paoli grabó *I Pagliaci* (yo payaso) de León Calvallo. A Paoli le cupo el honor de ser contratado para inaugurar el famoso Teatro Colón de Buenos Aires, Argentina.

- Puerto Rico ha contribuido al tesoro del idioma español con más de 1,200 palabras que son exclusivamente suyas, es decir, que no se usan con otro sentido en ningún otro país hispano. Ejemplo: "jaiba", "ñangotao", "pitiyanqui", "sínsora y "jurutungo" (para medir distancias).

- Buddy Holly (Charles Hardin) pionero y famoso director de un grupo de música "rock and roll" se casó con la boricua María Helena Santiago, quien era secretaria de la casa disquera Ross Turner, auspiciadora de Holly.

- El Rey de la Marcha, John Phillip Sousa, dirigió en Ponce, Puerto Rico la Orquesta del Ejército cuando se recibió el nuevo gobernador Theodore Roosevelt Jr., quien arribó en el buque "Carolina".

- La actriz y bailarina boricua Olga San Juan, nacida en 1929, hizo varias películas en Hollywood donde era conocida como: "La Pimienta Puertorriqueña".

- Una de las composiciones de Isaac Albeniz la dedicó a la pianista boricua Ana Otero "La Artista de América" como la llamaba Rubén Darío.

- "Ninguna ardiente bala de las de Puerto Rico se perdía... al fin el villano sale en vano vacío, lleno de dolor y heridas" - palabras del "Fénix de los Ingenios" Lope de Vega y Carpio en su obra *La Dragontea* haciendo referencia al fracaso de Sir Francis Drake en tomar nuestra isla.

- En las nominaciones republicanas de 1988 en Estados Unidos le cupo el honor a la representación de Puerto Rico lidereada por Don Luis Ferré de nominar a George Bush candidato presidencial al otorgarle la totalidad de sus votos.

- "Es de las mejores que hay en las indias aunque existen palacios de los virreyes de Perú y Méjico porque aunque en fábrica y aposento puedan excederle, en sitio nunca podrían igualársele por estar en la bahía y entrada del puerto en un brazo de mar en la eminencia de unas peñas colocada en tal disposición que se compiten lo agradable y lo fuerte porque también tiene debajo corredores que caen en el brazo de mar cual plataforma con artillería y puertas de un lado y otro con pista de arboledas e isleta como se podría pintar en el país más vistoso de Flandes", crónica de 1646 a 1647 de Don Diego de Torres Vargas sobre La Fortaleza.

- En tributo a la celebración del descubrimiento del Nuevo Mundo, las 16 cuadras históricas del Viejo San Juan comprenden hoy día "Sitio de Herencia Cultural Mundial" (World Cultural Heritage Site).

- En su libro *Puerto Rico's Fighting 65 US Infantry*, William Harris, quien comandó la unidad, hace un relato poderoso de cómo este regimiento de boricuas durante los años claves del '49 al '51 se articuló como entidad, se dio a sí misma un nombre: "Los Borinqueneers" desplegó una actividad intensa en el campo de batalla y sin lugar a dudas se convirtió en la mejor unidad de combate del escenario coreano.

- "Cayó en la tumba, pobre, con las manos sobre el pecho y en la frente la luz inmortal... nunca fue tan lejos en Puerto Rico la libertad que Baldorioty no fuese más lejos". - palabras de José Martí a la muerte de nuestro Román Baldorioty de Castro.

- "Yo soy un Lord inglés y como tal tengo que estar a favor de la posición del gobierno inglés en este asunto, pero no sería honesto conmigo mismo si no dijera que el discurso que dio el señor Albizu Campos es el mejor discurso sobre el derecho que tiene Irlanda a su independencia que he oído en mi vida" - palabras del aristócrata inglés: Lord Milner.

- Culebra Villas, en Culebra, tiene un alumbrado especialmente diseñado para no interferir con el anidaje de las tortugas en la playa; o sea es un hotel eco-turístico.

- Antes de que Estados Unidos introdujera la Prohibición en su Constitución, Puerto Rico ya tenía una medida al efecto prohibiendo la fabricación de bebidas alcohólicas.

- Era tal el miedo que se apoderó de los españoles tras perder sus colonias que en las únicas dos colonias caribeñas restantes, Cuba y Puerto Rico, la vida y las actividades de los criollos quedó rígidamente controlada. El colmo del ridículo se dio en Puerto Rico, donde el gobernador López de Baños prohibió hasta que se volaran chiringas.

- El obispo Trespalacios (1789) se quejaba que las mujeres en Puerto Rico no se llamasen simplemente María y prohibió añadiciones como: Del Carmen, Del Pilar, De La Concepción y otros.

- El primer gobernador de colonia alguna española en reconocer la autoridad de la junta rebelde española y desobedecer al Rey José I ("Pepe Botellas"), hermano de Napoleón, fue el gobernador de Puerto Rico, Toribio Montes.

- Los premios de aproximación de la lotería presente datan desde el primer sorteo celebrado en 1814.

- Varios pueblos de la isla tienen no uno, sino dos santos patrones como Río Piedras que tiene la Virgen del Pilar y a San Juan Nepomuceno.

- Puerto Rico es un verdadero "Melting Pot" donde todas las razas se mezclaron aún contra las advertencias de prelados españoles que advertían: "conservar sin mezcla la poca sangre blanca del país" y obispos amonestaban a sus sacerdotes a que se juntasen solo con "gente de bien". ¡Ejem!

- Tras la exitosa defensa de la isla luego de el ataque inglés de 1797, muchos niños fueron bautizados "Ramón" en honor del héroe del momento: el gobernador Ramón de Castro.

- Era tal la diferencia entre los llamados "blanquitos" y los pobres campesinos que una ordenanza municipal de San Germán (1735) decía: "que en venideros no se permita tener casas en dicha plaza a las personas inferiores en calidad por ser dicho lugar para las primeras familias lo mismo en la calle principal de la villa y los que hoy las tuvieran no las vendan a semejantes personas de baja esfera so pena de diez ducados".

- Mientras la vida en la ciudad de San Juan era extremadamente reglamentada, el jíbaro de las montañas vivía despreocupado, sin instrucción, sin atajos a su moral, ni rémora en sus intereses y era tal la desconfianza en las autoridades que era común oírles decir: "¡me cago en la estampa del gobierno!"

- "En manos de los ingleses sería un paraíso en la tierra (Puerto Rico), pero los presentes habitantes son demonios mismos" - palabras de un inglés luego de caer prisionero de corsarios boricuas.

- Puerto Rico es el primer país del mundo, seguido de Rusia y China, en ofrecer el servicio de "Home Phone": un teléfono portátil que, sin cablería, se conecta al servicio eléctrico y ¡presto! hay comunicación instantánea.

- La primera iglesia que se construyó fuera de las murallas de San Juan fue la Iglesia de San Mateo de Cangrejos en Cantera que fue luego el Convento de las Carmelitas Descalzas.

- La única Escuela de Planificación de Latinoamérica está en Puerto Rico donde vienen estudiantes de muchos países hermanos.

- Un puertorriqueño ostenta el record de "el período más largo antes de ser llevado a juicio" con 30 meses y ese fue el señor Filiberto Ojeda, supuesto líder de los "Macheteros", quien no obtuvo el beneficio constitucional a un "speedy trial".

- Por si no lo sabía el viejo caudillo de Santo Domingo, Joaquín Balaguer, es descendiente de boricuas (de los Balaguer de la isla).

- Puerto Rico es el tercer país del mundo que más médicos tiene en proporción a su población.

- La única iglesia protestante a la cual se le permitió abrir puertas, durante el predominio español en la isla, que favorecía la católica, fue a la Iglesia Anglicana Santísima Trinidad en Ponce (1873) y fue traída en secciones en un buque desde Inglaterra.

- Ya para 1970 la isla había dejado de ser el "paraíso de mano de obra barata" que la caracterizó en la década de los años del 40 al 60 para convertirse en una de las fuerzas laborales mejor adiestradas y pagadas de América Latina.

- Lo que hoy conocemos como la Calle Fortaleza del Viejo San Juan antes se conocía como "Allen Street" en honor del primer gobernador civil norteamericano de la isla Charles H. Allen.

- La palabra "bucanero" (pirata) es de origen taíno. Los piratas adoptaron el método de preservar la carne de nuestros indios cortándola en trozos, secándola y ahumándola en parrillas de ramas verdes donde adquiría un excelente sabor y un apetitoso color dorado. El sitio donde se ahumaba la carne era llamado por nuestros indios: "bucan" y de ahí el origen de la palabra: "bucanero".

- Es una extraña coincidencia que las vistas del Cerro Maravilla comenzaran un 23 de febrero, mismo día en que se cumplían 45 años del asesinato del jefe de la policía Coronel Francis Riggs.

- El presidente Franklin Delano Roosevelt llegó a llamar a Don Luis Muñoz Marín: "Premier" (Primer Ministro) aunque tal título no existe aquí ni en Estados Unidos.

- En 1942 durante la Segunda Guerra Mundial Puerto Rico donó $20,000 para comprar un avión para la Fuerza Real Aérea Británica y que llevaba el nombre: "The Spirit of Puerto Rico".

- Francisco Dávila Concepción, un policía valiente que patrullaba solo las calles del Viejo San Juan a pie manteniendo la ley y el orden a como diera lugar, era conocido como "Cara de Palo" inspirando luego un famoso seis cayeyano popularizado por "Davilita".

- Con más de 1,500 cursillos (1 por semana) y con más de 87,000 participantes en una población de tan solo 4 millones el Programa de los Cursillos de Cristiandad de la Iglesia Católica, Diócesis de San Juan de Puerto Rico, es el más grande de su clase en el mundo.

- Venezuela y Puerto Rico son los únicos países Latinoamericanos que en navidades dan "asaltos" como tal, o sea, se despiertan los "asaltados" a altas horas de la noche para "asaltarlos" con música.

- La canción navideña "Dios Bendiga el Santo Nombre de Jesús" tiene la peculiaridad de que es la única canción navideña que menciona a Jesús que en vez de ser alegre es triste y aún así gusta mucho.

- La llamada "raspa" que se usa para tocar el güiro tiene un nombre propio más raro aún: "El Puyero".

- Orlando Rodríguez, actor boricua, tenía la extraña habilidad de cantar canciones virando al revés las sílabas de las palabras. ¿Cómo lo hacía?, no lo sé.

- La famosa píldora anticonceptiva conocida simplemente como "The Pill" fue probada por primera vez en Puerto Rico en el otoño de 1956 por los doctores Gregory Pincus, C.M. Chang y Ramón Celso García. Las pruebas fueron un completo éxito ayudando a millares de familias en el mundo a planificar sus familias.

- Con un 88% de niños vacunados en 1998 Puerto Rico obtiene el mayor porcentaje de niños vacunados de toda la nación norteamericana.

- Debido a que se estudiaron y se tomaron en consideración todas las leyes anti-pornográficas de los 50 estados, la Ley Anti-Pornográfica de Puerto Rico de 1973 es la más severa, completa y razonada de toda la nación americana.

- Los primeros boricuas que participaron en unas olimpiadas (Londres 1948) desfilaron portando el escudo de Puerto Rico y no la bandera. La bandera fue adoptada y hecha oficial en 1952 por el Estado Libre Asociado.

- Angelita Lind "El Angel de Puerto Rico" ha sido la única atleta en la historia de la Liga Atlética Inter-Universitaria en ganar los 800 metros lisos en cuatro años consecutivos mejorando la marca en cada ocasión.

- Rebeka Colberg Campeona Nacional de Tenis de Puerto Rico por 14 años fue la fundadora en la isla del movimiento social llamado "Girl Scouts".

- La Iglesia Parroquial de Guayama tiene dimensiones de catedral. Sucede que los planos de la iglesia fueron a parar a Santo Domingo donde sería construida una catedral cuyos planos fueron a parar a Guayama. La "catedral" está construida a semejanza de la Catedral de Notre Dame con un doble campanario y está dedicada a San Antonio de Padua.

- El primer prostíbulo de América, con la bendición de la corona española, se estableció en Puerto Rico.

- Dos quintas partes de la Isla de Cabras fueron hechas por la mano del hombre con el sistema de dragado y relleno.

- En tiempos antiguos se consideraba que si una fiesta no terminaba a palo, puño y bofetá la fiesta era un fracaso. A falta de radio y televisión era la forma que la gente tenía de qué hablar y bochinchar hasta la próxima fiesta.

- Debido al cruce de las razas blanca, negra e india; Puerto Rico es el único lugar del Caribe donde el negro es minoría.

- El detective Benancio Rivera, conocido como "El Hombre de las Mil Caras" por los muchos disfraces que usaba en la solución de innumerables crímenes, llegó a ser tan famoso que recibía cartas de felicitación del Presidente Harry S. Truman.

- El coronel de la Policía Insular, el norteamericano Francis Riggs, quien fue asesinado por los nacionalistas Hiram Rosado y Elías Beauchamp, fue quien introdujo en Puerto Rico los "Boys Scouts" (niños escuchas).

- Los boricuas Teniente Ernesto Ulises Díaz y el Teniente Coronel Enrique Molina Enríquez de Guánica pelearon en la guerra de Cuba junto a Maceo y son considerados héroes nacionales de Cuba por Fidel Castro.

- El mismo día en que el Papa Juan Pablo II visitó Puerto Rico murió el famoso pianista boricua Jesús María Sanromá.

- Antiguamente, los caballos usados por la policía montada de la isla tenían nombre y placa. ¡wow!

- Tras la exitosa captura del Monte Kelly contra fuerzas chinas y norcoreanas (Guerra de Corea) el Regimiento 65 de Infantería levantó la bandera de Puerto Rico en el tope de la loma haciendo creer al enemigo que una nueva nación se había incorporado a las Naciones Unidas.

- Alfonso Cuín, de Añasco, tiene el record del policía de más edad de ingreso en el cuerpo de la policía: ingresó al cuerpo a los 63 años y laboró por 17 años, o sea, hasta los 80 años de edad.

- El Doctor Antonio J. González, economista y candidato a gobernador de Puerto Rico por el Partido Unión Puertorriqueña (PUP) fue un prisionero de los nazis en la Segunda Guerra Mundial.

- El nombre por el cual se conoce a Sor Isolina Ferré en su Orden de las Siervas Misioneras de la Caridad es Sister Thomas Marie.

- Para la década de 1980 a 1990 con 121 estaciones de radio, Puerto Rico es el país que más estaciones de radio tiene por milla cuadrada del mundo.

- La palabra "Barbecue" no es un anglicismo pues proviene del vocablo taíno barbacoa.

- En algunas alcaldías de Estados Unidos y Méjico al alcalde de un pueblo se le llama por la palabra taína: "cacique".

- Se dice que el pueblo de Villalba se llama así en honor del Duque de Alba, quien llegó a visitar el pueblo. Se conocía como Villa del Duque de Alba acortándose luego a Villalba y ha sido el único pueblo de la isla que fue fundado por la iniciativa de un norteamericano: Mr. Walker McJones.

- El Emisario Submarino de Ponce, sistema de distribución de aguas servidas a una profundidad de 400 pies (de 1,227 pies de largo en tierra y 19,000 bajo las aguas del Mar Caribe) de la Autoridad de Acueductos, es el único de su clase en América y el segundo más profundo en el mundo; el primero está en Rusia.

- Nuestro gran cantante Tito Rodríguez se casó con una descendiente de japoneses y su casa en el Condado es de arquitectura nipona. Murió de leucemia en el Nueva York Medical Hospital en la misma habitación en que falleció Rodolfo Valentino.

- Por si usted no lo sabía, en Puerto Rico había coyotes, venados y jabalíes; no en circos, ni zoológicos, sino en el patio de una casa. Fueron traídos a la isla por J. Will Harris, fundador de la Universidad Interamericana. Yo conocí una señora que por mascota tenía una leona. Al crecer la donó al Parque de las Ciencias de Bayamón.

- El "Karsk Country" o serie de mogotes de piedras caliza de Arecibo se consideran mucho más impresionantes y geológicamente importantes que el famoso "Karsk Country" de Checoslovaquia.

- "El que vive de odios se embrutece", hermosas palabras de Pedro Albizu Campos.

- La mejor despedida y homenaje que se le hizo en el funeral a Doña Felisa Rincón de Gautier (Doña Fela) la hizo una humilde anciana que al verla en el ataud exclamó: ¡qué linda eres!

- Cuando los puertorriqueños se quieren unir para resolver un problema no hay problema que se les resista." - palabras del juez Juan R. Torruellas

- La carretera frente al comedor de enlistados de la base naval Roosevelt Roads llamado "Anchor Inn" es en bajada y le daba tantos problemas de pavimentación a los constructores militares llamados "Sea Bees" por los constantes cráteres y grietas que se formaban, que al final tuvieron que recurrir a ingenieros boricuas con experiencia trabajando declives para corregir los problemas de construcción.

- El segundo programa HUD (Housing Urban Development) más grande de toda la nación americana es el programa HUD de Puerto Rico.

- Antes de que llegaran a Puerto Rico los programas "Head Start" en la isla ya existían las "Escuelitas Maternales" fundadas por Felisa Rincón de Gautier.

- La Ley 40 de Puerto Rico que prohibe fumar en edificios públicos es mucho más severa que leyes similares que prohiben fumar en estados de la unión americana.

108

- "El Tribunal Supremo de Puerto Rico ve proporcionalmente 10 veces más casos que el Tribunal Supremo de Estados Unidos." - Miguel Hernández Agosto

- Uno de los mejores cortadores de diamantes del mundo es un boricua. Cortar diamantes es un arte dificilísimo, pues hay que dar el golpe exacto, de lo contrario la joya termina convertida en polvo. Hay que tener buena vista, pulso, nervio y valor.

- Durante la Guerra del Golfo Pérsico (1991) la única unidad médica de Guardia Nacional en toda la nación que logró desplegar todo su equipo y atender pacientes (mayormente prisioneros de guerra iraquíes) fue la Unidad 201 de Puerto Rico. Todos los pacientes, incluyendo los gravemente heridos, recuperaron bajo el cuido de los médicos boricuas que en muchos casos laboraron hasta 24 horas.

- El millón de dólares que se recaudó en la isla para ayudar a la hermana República de Méjico tras un fuerte terremoto sirvió para reconstruir y mejorar la Escuela Técnica #2 (Corregidora de Querétaro) y el Centro de Estudios Tecnológicos y de Servicio (LETIS), quienes fueron rebautizados "Puerto Rico" en honor de la isla.

- El plan de seguridad que llevó a cabo el coronel de la policía Jorge L. Collazo durante los Juegos Panamericanos celebrados en Puerto Rico fue tan eficiente que fue invitado por la ciudad de Los Angeles para formar parte del equipo que formuló los planes de seguridad de las olimpiadas celebradas en dicha ciudad.

- Nathan Leopold, que junto a Richard Loeb protagonizó el llamado "crimen del siglo" (secuestro y asesinato de Bobby Franks de 15 años buscando una emoción fuerte), fue salvado de la silla eléctrica por el famoso abogado Clarence Darrow. Con un IQ de 210 pasó 33 años en prisión donde aprendió 12 idiomas. Al ser liberado aceptó un trabajo de técnico de laboratorio en Puerto Rico con The Church of the Brethem (por 10 dólares mensuales). Se graduó Master de Medicina Social en la UPR. Se casó con una viuda puertorriqueña y visitaba el Hospital del Niño vestido de Rey Mago. Murió en San Juan en 1971 a los 66 años de edad convencido de que Dios le había perdonado su crimen. Donó sus órganos y la córnea de sus ojos fueron transplantados a una boricua. Su caso se menciona por los que abogan la eliminación de la pena de muerte.

- Un portafirma hecho en maderas de Puerto Rico elaborado por el insigne artesano boricua de Quebradillas, don Ramón del Pilar fue regalado al Presidente Ronald Reagan por don Manuel de la Rosa y lleva la siguiente inscripción: "May this signature sign all the deeds that will preserve our liberty." El portafirma dejó tan impresionado al mandatario que éste lo conservaba en la oficina oval de la Casa Blanca.

- Albizu Campos fue escogido por el Presidente Woodrow Wilson para representar a la Universidad de Harvard en el Congreso Mundial de la Paz en Versalles, Francia y luego hacer un viaje de buena voluntad por las grandes universidades de Europa.

- Arturo Morales Carrión - Ayudante del Secretario de Estado de Estados Unidos para Asuntos de Latinoamérica.

- El famoso Ferrocarril Transandino fue bautizado con el nombre de Eugenio María de Hostos, quién había propuesto su construcción.

- Tras visitar los mogotes de Arecibo un espeleólogo norteamericano dijo: "Son los montes más lindos que he visto.

110

Cuando sea viejo quiero meterme en ellos y perderme ahí para siempre."

- La secuencia de 21 fotos de la caída mortal del famoso alambrista Karl Wallenda en El Condado (1978) tomadas por Gary Williams del Nuevo Día dieron la vuelta al mundo apareciendo en las portadas de los periódicos.

- En proporción Puerto Rico es el mayor consumidor del mundo de tintes rubios para cabellos, de licores fuertes y de autos Mercedes Benz.

- "Este es uno de los sistemas subterráneos más impresionantes y hermosos que he visitado; refleja lo hermoso y pintoresco de los seres humanos que viven sobre ellos. La gente de esta isla es maravillosa". - palabras de la cartógrafa y espeleóloga norteamericana Pat Cambesis, fundadora del "Cave Research Foundation" sobre el sistema de cuevas del Río Camuy.

- "He visitado muchos rincones de este planeta, aunque siempre vuelvo enamorado al sistema de cuevas del Río Encantado. Puerto Rico atesora uno de los sistemas de cuevas más maravillosos del mundo." - Kevin Downey (espeleólogo norteamericano)

- Se creía por los investigadores del Caribe que los yacimientos ceramistas han tenido tradicionalmente muy pocas herramientas de piedras lascadas hasta que en 1983 el arqueólogo boricua, Ortiz Aguilú, descubre un yacimiento en Chicoide De Bois-Neuf en Haití. Un lugar amplio en tamaño y artefactos de cerámica tardío en fecha y con un complejo de piedra lascada de un grupo agro-alfarero tardío (taíno).

- Cuando José Ignacio Quintón tocaba en el bazar de música Lasa el profesor alemán de música Henrich Bern llegó a creer que era algún músico europeo por la calidad interpretativa con que Quintón ejecutaba las piezas. Bern catalogaba la obra maestra de Quintón Cuarteto de Cuerdas en Re Mayor: "tan buena como las de Beethoven" y Pablo Casals pidió desde Francia copia de la obra.

- Tras el cambio de soberanía, la concesión a la isla de la ciudadanía americana y la declaración de Puerto Rico como territorio, las autoridades norteamericanas tuvieron que prohibir la emigración de los naturales de Islas Vírgenes que estaban inundando nuestro lar.

- Allá para fines del siglo 19 era fácil distinguir a un barranquiteño pues eran los únicos que al despedirse decían: "adiós, adiós".

- Es una ironía que un hijo boricua fue quien abolió y cerró el Instituto de Segunda Enseñanza donde laboraba José Julián Acosta y que preparaba las mejores mentes del país y más irónico aún es que llevase el aristocrático título de: Marqués de la Esperanza.

- Un inmenso monolito (roca) en la punta suroeste de la isla de Mona que amenaza con desplomarse en cualquier momento lleva el curioso nombre de: "caigo o no caigo".

- Las primeras naranjas y piñas que se sembraron en la colonia de Virginia provenían de San Germán en Puerto Rico, recolectadas por Sir Walter Raleigh, fundador de la colonia, quien había hecho escala en la Mona.

- "El café de Puerto Rico es muy apreciado por los extranjeros, pues lo mezclan con los de Asia y toma su mismo olor y sabor, por estas circunstancias lo prefieren al de otras islas, lo solicitan con ansia y se puede decir que se llevan toda la cosecha de la isla." -Fray Iñigo Abad

- Gloria Tristani, boricua, es directora del FCC (Federal Comunications Commission).

- El boricua Bartolomé Tarrazona, quien combatió en la manigua cubana en la guerra de independencia de Cuba, contaba tan solo 15 años y ostentaba el rango de subteniente.

- Patricia Tió y Rodríguez, hija de Lola Rodríguez de Tió, fue la primera mujer boricua en graduarse en la Universidad de la Habana (1893) con título de Doctora en Filosofía y Letras.

- La Escuela de Educación de la Universidad de la Habana lleva el nombre de un boricua: Alfredo M. Agüayo, maestro de tres generaciones.

- Margot Arce de Vázquez llamaba al Colegio de Abogados: "La Conciencia Moral de Puerto Rico".

- El gobernador inglés de Sotavento Walter Hamilton escribía en 1715 a Inglaterra que Vieques (llamada Crab Island por los ingleses) era: "la mejor de las Islas Vírgenes".

- Con 35 carreras impulsadas en el mes de abril de 1998 Juan "Igor" González impone una nueva marca en Grandes Ligas al superar las 34 de Tino Martínez.

- José A. Rodríguez, boricua, gana el título Maestro del Año del Condado de Broward, Florida, U.S.A. Primer latinoamericano en ganar tal título compitiendo contra más de 12,000 candidatos.

- Felipe Rodríguez "La Voz" fue el primer artista boricua en cantar en el famoso Ed Sullivan Show, el primero en ganar un disco de oro, el primero en cantar el himno boricua en el Madison Square Garden y posee un record de venta de discos aún no superado en Nueva York.

- La espectacular actuación de rock boricua de Frank Ferrer en el festival de rock "Mar y Sol" de Vega Baja, le valió un contrato disquero con Atlantic Records.

- El mejor redondel para peleas de gallo en el mundo es el Coliseo Gallístico de Isla Verde con vista sin obstrucción desde cualquier asiento acojinado y con aire acondicionado.

- El poema de Julia de Burgos: *España no caerás* es lectura obligada en las reuniones de españoles republicanos exilados por toda América luego de su derrota tras la Guerra Civil de 1936.

- La única canción popular que escribió el maestro Pablo Casals "Ven a mí" la escribió para la cantante boricua Ruth Fernández.

- El padre de la famosa actriz Rita Hayworth llamada "The Red Bombshell" fue el boricua Sabino Tomás Gómez (1905-1971) actor en Hollywood que hablaba sin acento el inglés y fue maestro de baile de Rita Moreno.

- Rafael Hernández llegó a escribir una zarzuela llamada *Cofresí* con letra de Luis Palés Matos.

- Fernán Caballero, pseudónimo de Cecilia Bohr de Faber (1796-1877), autora de la famosa novela *La Gaviota*, se casó tres veces y tres veces enviudó. Doblaba la edad de su tercer esposo. Fernán Caballero vivió en Puerto Rico donde murió su segundo marido el Capitán de Granaderos, Antonio Plannel Bardají.

114

- El Doctor Ramón Fernández Medina, psiquiatra, es autor de una famosa novela psicológica escrita en inglés titulada: *Horrors of the mind.*

- "Somos personas eficientes con un estilo de trabajo práctico y sintético. Nuestra capacidad de trabajo es grande, al igual que nuestra eficiencia y así lo reconocen los españoles". - palabras de Angélica Fernández, traductora y fotógrafa boricua que trabaja en España.

- Nuestro Jaime Benitez fue quien recogió del Rey Gustavo de Suecia el Premio Nobel de Literatura de Juan Ramón Jiménez que se hallaba convaleciendo en Puerto Rico.

- *La muchacha de las bragas de oro* del boricua Aponte Ledee fue estrenada por la Sinfónica de Baltimore. Es una obra compacta pero retadora que hizo que la orquesta se luciera en el festival del American Composers Showcase.

- "El joven y vibrante Ballet Concierto de Puerto Rico es muchas compañías en una; desde el ballet clásico hasta el ballet con temas hispanos ésta compañía baila como si cada función fuera su última llena de pasión y drama". - The Buffalo News.

- No hay ningún estado de la unión que tenga un instituto de cultura ni leyes que rijan tan estrictamente el ordenamiento y preservación de sitios históricos como Puerto Rico. La legislación estatal en Estados Unidos referente a la preservación de sitios históricos es casi nula, no así en nuestra isla.

- Alexandra Sole Chiroldes única niña representante del Hemisferio Occidental que servirá junto con otros nueve niños de países como España, Hungría, Finlandia, Francia e Israel en el certamen de foto-periodismo mundial del World Press Foundation en Holanda.

- La Universidad de Michigan (Ann Arbor) al otorgar un título Doctor Honoris Causa a su ex-discípulo, Doctor José Celso Barbosa, lo convierte en el primer boricua en obtener un título ·"Honoris Causa" de una universidad norteamericana.

- Las poesías de Lola Rodríguez de Tió fueron elogiadas por José Martí y Menéndez Pelayo. Rubén Darío la llamaba "Hija de las Islas" y fue proclamada: "primera poetisa americana".

- El curioso término "al wee-pi-pío" fue inventado por el comediante Ramón Ortiz del Rivero "Diplo" cuando asediado por tantos niños mendicantes y no pudiendo complacerlos a todos les lanzaba monedas al aire para que cada cual recogiera lo que pudiera al "wee-pi-pío".

- "Yo tumbo el árbol y lo descortezo pero manos más hábiles que las mías se encargarán de labrar la madera y darle barniz" - hermosas palabras del maestro Rafael Cordero. Se conoce la calidad del maestro por la calidad de sus discípulos y entre los del Maestro Cordero hallamos un Alejandro Tapia y Rivera, Román Baldorioty de Castro, Segundo Ruiz Belvis, Sotero Figueroa y R. Baldrich.

- Las exposiciones de sus cuadros en Estados Unidos le valieron al boricua Francisco Oller cinco Medallas de Oro.

- El Diccionario de Americanismos del boricua Augusto Malaret está considerado por autoridades alemanas, españolas y francesas como una vasta obra de erudición que prestará valiosos servicios a todos los interesados en la filología española.

- El autor arecibeño José Coll y Bitrapaja está calificado por los especialistas de dicho género como el introductor del "Vaudeville" Francés (zarzuela bufa y de fantasía) en España logrando gran fama en Barcelona.

- José Ferrer, nominado al Oscar de Mejor Actor por su papel del pintor francés Toulouse Lautrec en la película Moulin Rouge (Molino Rojo), tenía que caminar de rodillas para equiparar la corta estatura del pintor por una incapacidad que Lautrec sufrió al caerse cuando niño de un caballo.

- Osvaldo Ríos, destacado cantante y actor de novelas fue votado Actor del Año en España. Confundido como actor venezolano Osvaldo hace valer su orgullo de ser boricua y de haberse criado en Río Piedras.

- El Instituto Miguel de Cervantes de España, que se dedica a velar la pureza del idioma español, hace notar que aunque el vernáculo en Puerto Rico ha estado sometido a una constante agresión del idioma inglés tras la ocupación norteamericana de Puerto Rico desde 1898, el español que se habla en Puerto Rico es bastante puro. En otras palabras, que la isla ha mantenido una batalla por mantener incólume su idioma vernáculo que es el estandarte de su patria y la sangre de su espíritu.

- El popular gobernador de Nueva York, Mario Cuomo, pasó su luna de miel... ¿en dónde? ¡Pues en Puerto Rico, por supuesto!

- "Puerto Rico es la plataforma de discos más importante de latinoamérica. Cualquier disco en español que tenga éxito de ventas en la isla se catapulta al resto del continente hispanoamericano". - palabras del cantante Nano Cabrera

- Blanca Zárraga, boricua, organiza importantes festivales de tunas en España, Europa y Suramérica.

- Puerto Rico fue considerado, antes que Florida, para establecimiento aquí del Mundo Mágico de Disney World.

- La digitalización del millón de fotos del desaparecido periódico El Mundo para su uso por generaciones venideras será una de las colecciones digitalizadas más grandes del mundo.

- Tito Puente, primer músico en introducir el solo de timbal y el uso del vibráfono en la música antillana.

- Jimmy Smits, de madre boricua, hizo el papel del detective Víctor Sifuentes en la serie L.A. Law y compartió el papel principal en la película "Old Gringo" con Jane Fonda y Gregory Peck.

- Yamil Borges, de San Lorenzo, hizo papeles en Miami Vice, Fame, y de Diana Morales en la famosa película "A Chorus Line" tras competir con más de 3,000 bailarines.

- Virginia López, cantante estrella en Méjico y recordada por la canción que dice: "cariñito azucarado que sabe a bombón" es una boricua conocida como: "La Voz de la Ternura".

- Richard Guy, boricua, conocido como "El Hacedor de Reinas" es el portador de las franquicias de Miss Texas y Miss California.

- El actor boricua José Ferrer fue seleccionado como: "la persona con la mejor dicción en el idioma inglés en toda la nación norteamericana". ¡Qué le parece boricua!

- Chayanne, primer boricua en aparecer en la portada de *Playgirl*.

- La famosa pintura de Muñoz Marín del boricua Francisco Rodón fue comprada en 100,000 dólares por un grupo de cubanos exilados y donada a la Fundación Muñoz Marín en agradecimiento por el asilo que se les dio en la isla.

- El poeta de Aguas Buenas Víctor Hernández Cruz ha sido coronado "Campeón Peso Completo de la Poesía" en Taos, Nuevo Méjico. Ha sido invitado a leer su poesía en los 50 estados incluyendo Alaska y Hawaii y aparece entre los doce poetas principales americanos becados por la fundación Guggenheim. Es profesor en Berkeley, San Francisco State College y en Leheman's College.

- Sixto Febus, de Corozal, fue discípulo de Picasso y ha pintado retratos del Presidente Kennedy y su esposa Jackeline Bouvier, al Presidente Lyndon Johnson, al Presidente Joaquín Balaguer y a la actriz Joan Crawford. Ha realizado restauraciones en los museos más famosos del mundo y en Londres pintó a la Reina Isabel y bailó con ella en la boda de la princesa Margarita.

- Paco López, dibujante animador de cintas ganó el primer premio en el Cuarto Festival de Cine Latinoamericano con su cinta *Crónicas del Caribe* en la Habana, Cuba. Su cinta *Ligia Elena* gana el primer premio de corto metraje en el Latino Film Festival de Nueva York. Paco es creador de los muñequitos Bimbo, Cinthia Azul, Granito Sello Rojo, Chester Cheetah, Conejito de Quick, Punchi de Hawaiian Punch, Frito Bandido, Andarín de la ACCA y Pollito Picú.

- Aunque algunos alegan que fue Johnny Rodríguez y su Trío se cree que el primer trío en cantar a tres voces fue el Trío Vegabajeño. Antes los tríos cantaban a dos voces.

119

- Una de las revistas literarias más antiguas de Las Américas es la *Revista Sin Nombre* (antes *Asomante*) y lo que la hace más admirable aún es que era sostenida económicamente por subscripción popular, no por gobierno ni universidad alguna. Su fundadora, Nilita Vientós Gastón fue la primera mujer abogado en trabajar en el Departamento de Justicia, presidenta por 15 años del Ateneo Puertorriqueño y su libro: *Introducción a Henry James* fue el primer libro escrito en español sobre este importante novelista. Su verdadero nombre era Petronila; su abuela la llamaba de niña: "Nilita".

- Según dicen los "ticos" Puerto Rico es el "marido" de Costa Rica.

- En Vieques se fabrica una curiosa bebida hecha de ron blanco y quenepa llamada "bilí".

- La rumba cubana más famosa del mundo la compuso un boricua: "Cachita" de Rafael Hernández fue incluida por Emilio Grenet en su antología de la música popular cubana de 1939.

- El único gran éxito internacional del famoso Trío Los Panchos en 1953 fue "No Me Quieras Tanto" de Rafael Hernández.

- María de las Mercedes Barbudo (1773-1849), quien vivió en la calle San Sebastián, del Viejo San Juan, es conocida como: "la primera independentista"; era amiga del General Valero y está enterrada en la Catedral de Caracas junto a Simón Bolívar.

- Nuestra Fiesta del Día de Reyes es un día oficial en la capital de Connecticut: Hartford.

120

- Benito de Jesús (integrante del Trío Vegabajeño) fue el primer compositor latinoamericano en ganar el premio "ASCAP Life Achievement Award".

- La hermana del maestro Rafael Cordero, Celestina Cordero, fue la primera mujer en América en establecer una escuela para esclavos (1802).

- El purasangre Camarero ha sido el único caballo en el mundo en ser enterrado tres veces: hipódromos: Quintana, El Comandante y El Nuevo Comandante.

- La caja donde enterraron al purasangre "The Kid" costó en 1958 $8,000; con $5,000 se podía comprar en ese tiempo una casa en Puerto Rico.

- Puerto Rico -seleccionado como sede del Baloncesto Pre-Olímpico de 1999 superando así a Brasil y Canadá.

- Rebeka Colberg, la atleta olímpica boricua apodada "La Rajiera" por su dinamismo y pequeña estatura, era descendiente del pirata Roberto Cofresí por su madre: Providencia Cabrera y Ramírez de Arellano.

- Beatriz Fernández Ferrer "Gigi" - la primera mujer nacida en Puerto Rico en ganar una medalla de oro olímpica (Tennis Dobles) Barcelona 1992.

- Alfonso Capestany, un actor boricua, llegó a ser "Primer Actor" en Madrid, España.

- Dave Valentín, nacido en 1954, (flautista) está considerado uno de los mejores exponentes del jazz moderno en el mundo.

- El equipo de natación de Round Hill establece un record

mundial al ganar 20 campeonatos nacionales de natación consecutivos.

- Según expertos, la mejor crítica sobre el *Hamlet* de Shakespeare la hizo el boricua Eugenio María de Hostos. Un inglés la plagió haciéndola pasar por suya pero se descubrió la falsedad.

- La ciudad de San Juan despunta dentro de las capitales de Iberoamérica como uno de los centros históricos de mayor coherencia estructural en el hemisferio americano.

- El Doctor Agustín Stahl fue el primer médico boricua en operar una mujer en los ovarios.

- Juan Tizol, un boricua, fue el primer trombón de las famosas orquestas de "Duke" Ellington y de Harry James. "Duke" presenció una orquesta de boricuas que tocaban en Washington D. C. en 1925 y quedó fascinado al ver la facilidad con que los integrantes cambiaban de trombón a flauta y saxofón. Contrató a Juan como trombonista y arreglista. Siendo Juan de la raza blanca fue el primer blanco en integrar una orquesta de negros en Estados Unidos. Tizol fue el compositor de la famosa canción: "Caravan".

- Porque su uso era tenido como seña de radicalismo político, el gobernador español de la isla, Capitán General Don Santiago Méndez Vigo, conde de Santa Cruz, decretó que todo boricua debía de afeitarse el bigote so pena de cárcel.

- El gobernador español de Puerto Rico, Don Juan Prim y Pratts, conde de Reus, menospreciaba la capacidad del criollo boricua al punto de decir que para gobernar la isla bastaba un látigo y un violín.

- El canónigo don Rufo Manuel Fernández (Padre Rufo), quien durante 12 años enseñó a los boricuas cátedras de física y química era tan recto en su ejemplo propio y enseñanza que prefería que sus discípulos murieran de hambre antes de cometer una mala acción (robo).

- Nuestro José Julián Acosta fue discípulo del sabio Alejandro Humboldt. Experto en matemáticas y economías era uno de los pocos hispanoamericanos de su tiempo que, como Alberdi en la Argentina, llegó a comprender la dinámica del sistema económico de la libre empresa.

- Ramón Ortiz del Rivero "Diplo" jugó pelota profesional (siore) con los Senadores de San Juan. Ramón obtuvo su curioso apodo "Diplo" de un medicante que pedía limosna con tanto tacto que era conocido como "diplomacia".

- La única estatua ecuestre (a caballo) que existe en Puerto Rico es la del General Valero en Fajardo.

- Luis Felipe "Fred" Carrasquillo ganó el primer lugar en las competencias entre 37 trombonistas de varias partes de Europa y Estados Unidos celebradas en España y pasó a ser el primer trombón de la Sinfónica de Madrid. También obtuvo el primer lugar en las competencias del Seminario Internacional de Música que se celebró en Umeha, Suecia.

- El 24 de octubre de 1974 fue declarado por la ciudad de Miami como Día de José A. Balseiro, quien fuera profesor universitario de dicha ciudad por 21 años. "Su Excelencia" José A. Balseiro recipiente de la Orden de Isabel la Católica y de varios doctorados honorarios está considerado como el primer crítico que reconoció el valor de la obra novelística de Don Miguel de Unamuno a quien conoció personalmente además de tener trato con León Felipe,

123

Leopoldo Alias Clarín y "Azorín". Balseiro fue el primero en reconocer los valores de la obra *La Regenta* de Clarín.

- El Coro de la Universidad de Puerto Rico fundado en 1936 por Augusto Rodríguez es el más antiguo de su clase en América Latina. Ha dado recitales en muchas partes del mundo incluyendo recitales en el famoso Carneige Hall (1953) en tiempos en que se necesitaba clase y categoría para presentarse en tal foro.

- El joven Eddie Vega de Yabucoa ganó el certamen nacional "Star Search" en Estados Unidos y colaborará en videos con Barry Manilow, Linda Kristal y The New Kids on the Block.

- El Coro de Niños de San Juan, fundado y dirigido por Eddy Lucio, ha llenado de orgullo a Puerto Rico al lograr lo que se creía hasta entonces imposible: compartir el escenario con los legendarios Niños Cantores de Vienna.

- Angel Crespo, profesor y poeta del Recinto de Mayagüez de la Universidad de Puerto Rico, aunque nacido en Puerto Real, España, ha residido por 15 años en Puerto Rico. Ha sido honrado con una nominación al Premio Príncipe de Asturias. Escribió lo que muchos creen es la más bella traducción de *La divina comedia* de Dante: con ritmo y rima.

- José Julián Acosta era tan genial que ya a los 18 años de edad era profesor en colegios privados. Se licenció en físico-matemáticas de Madrid y dio conferencias en Londres, París y Berlín.

- Mucha de la ropa que usaron las tropas de la Unión durante la Guerra Civil Norteamericana estaba confeccionada con algodón boricua. Debido al conflicto el algodón del sur no llegaba a los norteños.

124

- Por un despacho (provisión real) del Rey Fernando El Católico de 1510 nombrando a Juan Ponce de León capitán, juez y gobernador de la isla de Puerto Rico se establece por primera vez en América el gobierno político de los indios con preeminencia del poder judicial.

- Juan Prim y Pratts una de las figuras más destacadas de la política de su tiempo en España, que entre otras cosas, provocó la caída de Espartero y la propia Reina Isabel II, fue Presidente del Consejo de Ministros, Capitán General de los Ejércitos Nacionales y patrocinador de la dinastía de Amadeo de Saboya. Murió asesinado en la Calle del Turco. Fue gobernador de la isla de 1847 a 1848. Entre sus logros inauguró el Servicio de Lanchas de Cataño.

- Gobernador de las Islas Vírgenes por dos términos: el boricua Juan Luis de Vieques.

- "Y me quedé sin verlo, solo, mire... con que tristeza, en la mole de esa cárcel donde tenemos al primer puertorriqueño y a lo mejor al primer hispanoamericano" - palabras de Gabriela Mistral luego de que se le negara visitar en la prisión de Atlanta a Don Pedro Albizu Campos.

- Don Benito Pérez Galdós, el famoso autor de *Marianela* y los *Episodios Nacionales* representó en las Cortes de Alfonso XIII, y por pedido de Práxedes Mateo Sagasta, al "Acta de Guayama" (Puerto Rico).

- Común defensa a la inversa: cuando el 12 de mayo de 1975 las fuerzas navales camboyanas capturaron el barco mercante boricua "El Mayagüez" en el Golfo de Tailandia el Presidente Gerald Ford lo llamó: "un acto de piratería: y ordenó a los "marines" atacar la isla Tang donde se tenía secuestrado el barco. En el rescate 18 "marines" fueron

125

reportados muertos o desaparecidos; todos los boricuas fueron liberados.

- Giovanni Hidalgo, considerado el mejor percusionista del mundo, es profesor de percusión del Berkeley School of Music y ha tocado con músicos como "Dizzy" Gillespie, Chano Pozo, Paquito D'Rivera y Mongo Santamaría.

- El exterior del casino de Puerto Rico en San Juan refleja la arquitectura de los tiempos de Luis XIV de Francia. Su cúpula está hecha de cobre y su lámpara-candelabro mide 12 pies de alto.

- En 1963 en el Restaurant Barrachina del Viejo San Juan Don Miguel Ramos Portas Mingot inventa la famosa bebida piña colada que se ha hecho famosa en el mundo entero.

- La creación de la Administración de Compensaciones por Accidentes de Automóviles (ACCA) que opera en Puerto Rico ha interesado a los gobiernos de Estados Unidos, Bélgica, Francia, Inglaterra y Japón en ver como este concepto de unificar la legislación relacionada con el pago de compensación por accidentes de automóviles sin culpa o negligencia opera en la isla donde ha sido efectiva.

- El juego familiar educativo de mesa "Game of the World" fue inventado por el boricua Eric Torres.

- Doña Aida Valcárcel de Gurabo posee una de las colecciones más grandes del mundo de nacimientos navideños con 105. De varios países y materiales como pajilla, mazapán, cristal soplado, cerámica, higuera, "papier mache", lladró, madera, etc.

- Julio Marrero Núñez, graduado de Yale, es además de cuentista, jefe de la División de la Sección de Historia del

Servicio Nacional de Parques del Departamento del Interior de Estados Unidos.

- Salvador Agrón ("el Hombre del Paraguas" o "The Capeman"), protagonizó junto a "Drácula" un asesinato por lo que fue incluido en la lista de los más buscados del FBI. Tras muchos años de cárcel se graduó con cuatro bachilleratos y se reformó siendo prisionero modelo dedicando el resto de su vida a ayudar a sus congéneres. Una película sobre su vida fue programada por el famoso canta-autor Paul Simon y actuada por el salsero Marc Anthony. La obra teatral de Broadway "The Capeman" con participación de Ednita Nazario está basada en su vida.

- El hermoso madrigal que escribió Lola Rodríguez de Tió tras la muerte de su esposo titulado: *A mi esposo ausente* ha sido considerado por la crítica literaria como de los mejores madrigales amorosos de su época.

- La costa norte de la isla de Mona tiene arenas blancas como la nieve. Isla creada por los efectos volcánicos sus aguas cercanas son insondables, peligrosas y traicioneras al punto que su extremo oriental es conocido como "cabo de las tempestades".

- José "Pepito" Figueroa fue primer violín del Radio City Music Hall de New York.

- Sixto Febus, de Corozal, campeón mundial de mecanografía.

- "...Llegamos a vista de otra isla llamada "Burenquen"... esta isla es muy hermosa y fértil al parecer ... todas son muy hermosas (las Antillas)... es de muy buena tierra: pero ésta me pareció mejor a todas (Borinquen) - palabras del doctor Diego Alvarez Chanca (compañero de Cristóbal Colón).

- Nuestra madera guayacán es tan dura y resistente que sufre menos desgaste que el acero.

- Tras haber servido más de diez años en la lucha por la independencia de la hermana república de Cuba el general boricua de Mayagüez Juan Rius Rivera tenía el derecho, si quería, de aspirar a ser presidente de la república cubana.

- En 1546 el Obispo Rodrigo de Bastidas visitó la isla de la Mona; después de cuatro siglos se estima que la pequeña isla no ha sido visitada ni siquiera por un cura en funciones.

- La casa-museo donde vivió Luis Muñoz Rivera en Barranquitas, no se asemeja a lo que realmente era cuando la vivió el patricio. Era una humilde choza cubierta de yaguas como eran la mayoría de las viviendas del Barranquitas de 1880. Fue alquilada por el padre de Muñoz Rivera (Muñoz Barrios) en lo que se construía su vivienda formal que con el tiempo se convertiría en el Hotel Torrecillas.

- Bolívar Pagán, quien fuera comisionado de Puerto Rico en Washington, era yerno de Santiago Iglesias Pantín.

- Para colmo de los trabajadores boricuas además de los malestares que causaba la Libreta de Jornaleros se crearon "Juntas de Vagos": cualquier jornalero que no estuviese trabajando era forzado a trabajar de gratis en obras públicas.

- A mediados del siglo 17 la población de Puerto Rico era tan escasa que se nombró gobernador de la isla a un canario, don Juan Fernández Franco de Medina, por el simple hecho de traer 20 familias canarias para ayudar a poblar la isla.

- Aunque otras islas de las antillas como Barbados y Santa Cruz estaban mucho más pobladas que Puerto Rico las fortificaciones inglesas, francesas, danesas y holandesas nunca tuvieron la magneficencia masiva de las fortificaciones boricuas. El fuerte de Christiansted en Santa Cruz, por ejemplo, con sus delgadas paredes no hubiese resistido el embate de un fuerte cañoneo.

- El servicio postal de Estados Unidos conmemora con una edición especial de sellos el natalicio de nuestro gobernador Luis Muñoz Marín y el astro Roberto Clemente. Una segunda edición de Roberto Clemente establece un record para figuras del beisbol.

- Europa fumaba antes del descubrimiento del Nuevo Mundo pero hierbas como hashish. El tabaco de nuestros indios taínos llegó a popularizarse tanto que el Papa Urbano VIII tuvo que prohibir que se fumara dentro de las iglesias.

- "Los puertorriqueños indudablemente están mejor preparados que el pueblo de Méjico y las colonias de Centro y Sur América cuando estas declararon su independencia. Los puertorriqueños cometerán errores pero no fomentarán revoluciones o insurrecciones. Aprenderán el arte de gobernar por la única forma posible: permitiendo que se les dé la responsabilidad". - Comisionado Henry Caroll en informe al Presidente McKinley.

- En el siglo 19 los curas de los pueblos hacían el papel de párroco, policía, juez, médico, trabajador social, consejero y embajador de buena voluntad. Por lo general, eran los

129

más cultos y por eso se decía de los arrogantes: "ése todavía no se ha topado con el cura de su pueblo".

- Estudiantes del colegio de arquitectura de Puerto Rico someten a la NASA en Houston, Texas, el diseño de un módulo lunar donde vivirían seis astronautas por 45 días. Sometieron un video, croquis y maquetas.

- Adolfo Figueroa Viñas, astrofísico arecibeño adscrito a la NASA, es de uno de los científicos asignados a estudiar la mancha obscura del planeta Neptuno.

- Cuatro ingenieros boricuas participaron en el diseño del brazo mecánico de los transbordadores de la NASA.

- El radio telescopio de Arecibo está catalogado por el libro *People's Almanac* como: "La monstruosa maquinaria de 1,000 pies de diámetro de Arecibo, Puerto Rico capaz de recibir señales de radio de cualquier facilidad similar en nuestra galaxia (la vía láctea)."

- El curso de electrónica aplicada a las comunicaciones de 160 horas desarrollado por Eddie Delgado Santana de la PRTC no tiene igual aún en Estados Unidos. Ninguna compañía de teléfonos ha podido desarrollar un curso tan abarcador, profundo, práctico y efectivo para sus empleados.

- El Doctor Isaac González Martínez adquirió fama internacional en 1904 cuando descubrió la causa de la enfermedad llamada Bilharzia, cuyos huevecillos observó en heces fecales encontrando los gérmenes en las venas mesentéricas de algunos cadáveres a los que había practicado la autopsia. Fue el fundador de la Liga Puertorriqueña Contra el Cáncer y el Hospital Oncológico, el cual lleva hoy su nombre.

- El boricua Fermín Tangüis salvó la industria algodonera del Perú al desarrollar una variedad de fibra larga y resistente a las plagas.

- La tesis doctoral sobre disentería del doctor Agustín Stahl le valió un diploma de honor del rey de Bavaria.

- El boricua Doctor Julio Henna fundó en Nueva York el French Hospital para ayudar a los emigrantes franceses pobres y lo dirigió sin paga por más de 50 años lo que le mereció ser condecorado con la Medalla Legión de Honor del gobierno francés.

- El primer municipio que se fundó en el siglo 20 en Puerto Rico fue Jayuya en 1911.

- Rebekah Colberg fue la primera mujer boricua en cruzar a nado el estrecho entre Cabo Rojo y la Isla de Ratones.

- La investigación sobre el diagnóstico y cura de la anemia endémica que hizo el Doctor Bailey K. Ashford en Puerto Rico sirvió luego para controlar un brote de esa enfermedad en el sur de Estados Unidos.

- "Discovery 500" un vehículo impulsado por energía solar, diseñado por estudiantes del recinto universitario de Mayagüez, ganó 41 premios en el Sunrayces 1993 de Iowa y obtuvo el premio de rendimiento económico pues a pesar de su bajo costo ($20,000) culminó la carrera de siete días sin desperfectos mecánicos (principal categoría de la carrera).

- Fernando Kafy - campeón de "cruisin" de la competencia internacional de vela de las islas británicas. Unico entre 96 participantes que completó todos los tramos entre las islas. El también boricua Kiko Dalmau fue campeón de este evento en los años 1981 y 1983.

- Puerto Rico gana el campeonato de Centro Basket 1993 en Ponce derrotando al poderoso equipo de Cuba y terminando invicto.

- ¡Juan Terín Pizarro posee el record de más ponchados en un juego de serie de campeonato de beisbol del caribe con 17!

- El hipódromo El Comandante se coloca cuarto en importancia de todo Estados Unidos detrás de hipódromos como Acueduct, Preakness y Belmont.

- Decía Leroy R. "Satchel" Page, primer *pitcher* negro de las mayores, que el único bateador al que no le pudo descifrar su estilo de bateo fue al boricua Francisco "Pancho" Coimbre. "No había forma de lanzarle, cualquier bola que le tiraba me la bateaba" - decía la maravilla negra. No en balde: "Pancho" Coimbre solo se ponchó un total de 20 veces en toda su carrera de pelotero.

- María Eugenia Santori - Gana medalla de bronce en las olimpiadas de ajedrez mundial celebradas en Moscú, Rusia.

- Puerto Rico - Campeón de Beisbol del Caribe 1995.

- El tabloncillo o piso de madera de la cancha de baloncesto del Coliseo Rubén Rodríguez de Bayamón está considerado el mejor tabloncillo de toda Latinoamérica y el tercero mejor de Estados Unidos.

- El industrial ponceño José "Joe" Ferré expandió sus actividades a Centro y Suramérica y fue un adelantado moderno en la Florida donde desarrolló empresas que aún hoy son pilares de la industria de la construcción en ese estado.

- La campaña "Rompa la cadena del SIDA" fue premiada por segundo año consecutivo con el "Angel Award" que otorga la American Advertising Corporation. El premio reconoce los mejores anuncios de servicio público de la nación americana.

- La oficina más grande de American Airlines fuera de Estados Unidos es la oficina de reservaciones del caribe en San Juan, Puerto Rico.

- Considerado uno de los más fascinantes bares del hemisferio es el bar "Palm Court" del Hotel San Juan de Isla Verde. Realmente son tres bares en uno: el Chico bar, el Wine and Cheese bar y el Oval bar. El "yellow bird" es una bebida exclusiva de sus "bartenders".

- Nuestra Rebeka Colberg formó parte del equipo de lacrosse (precursor del fútbol) de Westcester University que terminó invicto en el campeonato nacional norteamericano. Le ofrecieron un puesto en el "All American" femenino, fue estrella del equipo de hockey de la Universidad de Columbia y terminó campeona del Club de Tennis Hispano de Nueva York en mayo de 1959.

- La combinación en dobles de la boricua Beatriz "Gigi" Fernández y la rusa Natalia Zvereva han ganado 9 títulos de Grand Slam y 24 títulos de campeonatos dobles.

- En Puerto Rico se siembran semillas frescas de arroz que luego son transportadas y resembradas en el estado de Texas.

- Un boricua enseña Esperanto (primer intento de un idioma universal) a los miembros de las Naciones Unidas.

- El gran escritor Argentino Jorge Luis Borges creía que nuestro coquí era un ave y así lo hace constar en una de sus novelas.

- Es curioso que si usted suma las letras del nombre Roberto Clemente Walker totalizan 21 y es el número que Roberto usaba en su uniforme con los Piratas de Pittsburg.

- José Enrique Rivera, del Barrio Nuevo de Bayamón, se le otorga por la NASA el Premio "Snoopy" al detectar un escape de gas en un tanque de combustible de un transbordador que hubiese causado daños indecibles de haber explotado.

- Debido a su posición geográfica Puerto Rico será la primera posesión norteamericana que recibirá el nuevo milenio cuando amanezca el 1 de enero del año 2001.

- La famosa canción de amor de la película de Hollywood El Zorro fue cantada por nuestro Marc Anthony.

- Nuestro Peruchín Cepeda fue el primer latinoamericano en batear 40 jonrones e impulsar 140 carreras.

- Una de las pocas mujeres en no aceptar la imposición de la ciudadanía americana en la isla fue la madre de la escritora Piri Fernández de Lewis.

- "Recuerden el ideal" - últimas palabras de José de Diego antes de fallecer víctima de la diabetes y de la amputación de una de sus piernas.

- Nuestro Roberto Clemente nunca permitió que la prensa norteamericana se refiriese a él como "Bob Walker" (Walker era su segundo apellido y resultaba más fácil a los norteamericanos pronunciarlo).

- El coquí macho y la hembra cantan de forma diferente: el macho canta "coquí" y la hembra "co-coquí".

- Nuestra Angelita Lind ganó medalla de oro en los Juegos Centroamericanos y del Caribe celebrados en Cuba (1982) al ganar los 1500 metros con nueva marca de 4:25-94, rompió la marca nacional de Austin, Texas al ganar los 800 metros con 2:01-53 y llegó a clasificar sexta entre las 16 mejores del mundo en pista y campo.

- Un boricua descubrió un error en el famoso teorema de Pitágora.

- El primer soldado en morir en la Guerra del Golfo en Irak fue un soldado boricua.

- En el pueblo de Barranquitas, monjas fabrican vino y hostias de consagrar que se usan en Ciudad Vaticano.

- "Es uno de los lugares más bellos que he visto en el mundo entero" - Palabras del industrial japonés Takeshi Segigushi, presidente de DSA Internacional, empresa que planea construir un mega-resort en Costa Dorada, Isabela. El complejo planea tener tres campos de golf diseñados por Arnold Palmer, Jack Nicklaus y el boricua "Chi-Chi" Rodríguez.

- Costa Rica basa su economía en todo tipo de cooperativas como de consumo, de crédito, de ahorro, etc. Esta forma de progreso la aprendió de Puerto Rico al enviar emisarios a la isla para que vieran en la marcha el funcionamiento de las cooperativas.

- La persona responsable en entusiasmar al pelotero boricua Peruchín Cepeda en la filosofía budista fue la cantante norteamericana Tina Turner.

- El FBI otorgó a Sor Isolina Ferré un premio en reconocimiento a su labor en la Playa de Ponce que ha logrado bajar la incidencia criminal en el área.

- El Juez boricua Juan R. Torruellas es director de apelaciones del Primer Circuito de Apelaciones de Boston, Massachusetts.

- Luis Quintana, de Añasco, vicealcalde de Newark, capital de New Jersey por 8 años bajo la administración de James Sharpe.

- El himno de Puerto Rico se cree es el único que canta a la belleza de la isla y no a acciones de guerra ni rugir de cañón como los de Méjico y Estados Unidos.

- Uno de los cantantes principales de los famosos Chavales de España era un boricua.

- El famoso caballo de carreras Camarero estableció tres récords de pista y empató una. Fue el primer caballo pura sangre del Nuevo Mundo en ganar una triple corona invicto y segundo en el mundo en conseguir tal hazaña (el primero fue un caballo inglés). Cuatro antepasados de Camarero ganaron triple corona y dos ganaron dos patas de la triple corona.

- "The World's Greatest Entertainer" Sammy Davis Jr., nacido en Harlem, es descendiente de boricuas por su madre Elvira Sánchez y tiene una hermana llamada Ramona.

- Una pareja de bailarines boricuas coreografiaron los bailes de John Travolta en la película "Saturday Night Fever".

- El italiano Gino Ponti, editor del San Juan Star, le dio la

136

vuelta a pie a Puerto Rico el 23 de agosto de 1978. Le tomó 17 días y 3 horas.

- La noche que Lucecita Benítez ganó el Festival Oti de Méjico cantando la canción "Génesis" vestía una indumentaria con pantalones "bell bottom" inspirado en el libro *El Principito* de Antoine de Exupèry y el peinado corto que lucía era inspirado en la famosa modelo "Twiggy".

- El compositor Esteban Taronjí era tan excéntrico que pidió que al morir su tumba fuera pintada de negro.

- María Magda O'Keefe - Vicealcaldesa de Paterson, New Jersey.

- Louis Núñez - Director de la Comisión de Derechos Civiles Estadounidense por 10 años.

- Joseph Vas (de madre quebradillense y padre portugués) - Alcalde de la ciudad de Perth Amboy.

- Miriam Santos - Tesorera de la ciudad de Chicago.

- Lola Rodríguez de Tió fue la primera mujer en publicar un libro en Puerto Rico: un volumen de sus poesías.

- La meritoria labor que hizo Doña Felisa Rincón con los pobres de la capital le valió que el Cardenal Francis Spellman le condecorara con la Medalla La Gran Cruz de la Orden Ecuestre del Santo Sepulcro de Jerusalén, honor con el que fue investida en la Catedral de San Patricio, Nueva York.

- Ramón Emeterio Betances fundó la Unión Latinoamericana y el Hospital Latinoamericano de París. Fue ministro plenipotenciario de la República Dominicana donde se propuso que la Constitución fuese enmendada para permitir que Betances fuese presidente de la hermana república.

- El Obispo de Puerto Rico y Arzobispo de Santo Domingo, Fray Nicolás Ramos murió en olor de santidad.

- Miguel de Henríquez, un humilde zapatero, era uno de los más temidos y respetados piratas o corsarios del caribe; Barba Negra le temía. Su poderosa flota fue utilizada por el rey de España, quien le hizo caballero, para desalojar a los ingleses de Santa Cruz.

- Un huracán salvó a San Juan de una invasión inglesa en 1678 dirigida por el Conde de Estren, al destruir toda la escuadra inglesa emplazada frente a la ciudad.

- La más grande concentración de la historia de buques escuelas en un solo puerto (29) fue en San Juan durante la Gran Regata Colón 1992. Puerto Rico fue el único país latinoamericano en acoger a los veleros y San Juan el primer puerto que tocaron las réplicas de la Santa María, la Pinta y la Niña. Un total de 43 países, incluyendo Rusia, se dieron cita en el Puerto de San Juan. El velero de Puerto Rico "Crissy" fue el primero de su clase en arribar a las Islas Canarias.

- Juan Figueroa, de Ciales, fue el primer boricua en convertirse en representante del estado de Connecticut.

- Olga A. Méndez - Primera mujer boricua e hispana electa a una legislatura estatal en Estados Unidos: senadora - Nueva York (1978).

- Fernando Flores - Por más de 12 años presidente del condado del Bronx, New York.

138

- Ninfa Segarra - Vicealcaldesa de New York bajo el mandato de Rudolph Giuliani.

- Benjamín Ramos - Vicealcalde de Filadelfia.

- La tumba del primer gobernador militar de la isla de Vieques, Mr. Teófilo J. J. Leguillou y su familia, ha sido incluida en el Registro Nacional de Lugares Históricos de Estados Unidos al igual que El Fortín, La Casa del Francés y el Faro de Vieques.

- Uno de los teóricos tácticos más famosos del mundo, el almirante Alfred T. Mahan, consideraba a Puerto Rico como la llave de seguridad del caribe y por lo tanto de la costa este de la nación.

- Francisco Díaz (Pepe) Sargento de Milicias, con tan solo 20 milicianos y 50 presidiarios hizo huir una avanzada de 300 soldados ingleses arrasando las posiciones británicas durante el frustrado ataque inglés comandado por Sir Henry Harvey en abril de 1797. (Era: "el hombre más valiente que el rey de España tenía").

- En la isla de Mona en Playa Sardinera aún se encuentran los restos de una aldea taína que fue visitada por Cristóbal Colón y Juan Ponce de León.

- Luis Guinot - Embajador de Estados Unidos en Costa Rica (administración George Bush).

- Julita Rivera de Vincenti, nuestra Secretaria del Trabajo, era amiga personal del Presidente George Bush, organizó la primera victoria de Bush en unas primarias (Puerto Rico) y fue nombrada por éste: Delegada Alterna de Estados Unidos en las Naciones Unidas.

- El capitán Diego Hernández (rango equivalente a coronel en la Marina) era el capitán más joven de la Marina a la edad de 41 años y luego el contra-almirante más joven (dos estrellas). Fue el primer oficial de la Marina ascendido al rango de comodoro (una estrella, usado mayormente en tiempos de guerra) después de la Segunda Guerra Mundial. Fue comandante en jefe de las fuerzas navales en el Caribe y más luego, de todo el comando sur. Fue comandante del gigantesco portaviones USS Kennedy. Derribado tres veces sobre Vietnam regresó a las líneas amigas. Obtuvo diez "air medals" y la "distinguish service cross". Es hijo de un educador de Río Piedras. En 1993 comandó todos los satélites de defensa que sirven a la nación americana desde Colorado Springs.

- Angel L. Guerra de 16 años (Sabana Grande) gana el premio de la Feria Científica Internacional celebrada en Texas (mayo 1986) con su investigación del brécol y el cáncer y fue invitado de honor en la entrega de los Premios Nobel de Estocolmo, Suecia. El joven ganó compitiendo contra 86 candidatos de todas partes del mundo.

- Se reconoce mundialmente que fue en Puerto Rico donde por primera vez se logró enlatar leche de coco. Lo hizo el señor López con azúcar y de ahí el famoso nombre de: "Coco López". Esto refuerza la teoría de que fue en la isla donde se mezcló la primera piña colada.

- Un pequeño batracio (no cualifica como sapo ni rana pues no tiene membranas en las patas) llamado coquí es nativo únicamente de Puerto Rico. Su canto metálico se oye de noche y ha pasado a ser símbolo de la identidad puertorriqueña. Washington Llorens fue el que introdujo el nombre de coquí en el Diccionario de la Real de la Lengua Española y lo introdujo apropiadamente como: "batracio".

140

- En un proyecto que se realiza por científicos boricuas y de varias partes del mundo en el Yunque se busca obtener datos conducentes a elaborar un plan de manejo de bosques tropicales de alcance mundial.

- El salón de actividades del Senado de Puerto Rico tiene un nombre funesto: "Salón de los Muertos". La razón es que en tal lugar se honran las personalidades importantes fallecidas en cuerpo presente.

- Uno de los hospitales más grandes de Estados Unidos (Newark, New Jersey) que fue designado por el Pentágono para recibir soldados heridos en la guerra del Golfo Pérsico tiene como director al boricua Dr. Eric Muñoz.

- Compitiendo contra numerosos candidatos se le otorga por el secretario auxiliar de salud de Estados Unidos James Mason un importante premio a José Juan "Chejuan" García, Presidente de los Hogares Crea, reconociendo su labor.

- David Rivera de Moca recibe el máximo galardón que otorga el programa nacional 4H: El "4H Presidential Award" en competencia estatal y nacional (enero 1994).

- Un cohete espacial "topaz" (construido por científicos rusos y norteamericanos) lanzado en 1995 y dirigido por el ingeniero boricua Dr. Nestor Ortiz, Director de Energía Nuclear, proveerá de energía nuclear a las futuras bases espaciales y también para detoxificar las aguas de Puerto Rico.

- Antonia Coello de Novello, pediatra de Fajardo, nombrada al puesto más alto que halla ocupado boricua, mujer o hispana alguna en el servicio federal al ser designada Cirujana General de la nación, con rango de Vice-Almirante (Tres Estrellas) convirtiéndose en la mujer de más alto rango en las fuerzas armadas y jefa de más de 6,500 empleados de la salud pública.

- Rebeka Colberg gana medalla de oro en Juegos Centroamericanos y del Caribe (1938), estableciendo récords de disco con 27.81 metros y jabalina con 30.25 metros.

- La palabra "chayote" en el idioma nahuatl: "chaiotl" se cree fue copiada de nuestros indios taínos de su palabra: tsa-o-te o ta-yo-te.

- Don Aurelio Tió, historiador de Puerto Rico, descubrió un error en el lema oficial del escudo de la isla. No es: "Juan es su nombre" sino debería ser: "Juan sea su nombre".

- El poeta Luis Lloréns Torres fue quien bautizó a Vieques "Isla Nena".

- La más antigua de las academias de Puerto Rico es la Academia de la Historia fundada por Vicente Geigel Polanco en 1934.

- Juan González - El avezado lengua español que conocía el idioma de los indios taínos, se pintaba como ellos y bailaba en sus areytos llegando a conocer sus planes era familia de Juan Ponce de León; su nombre completo era: Juan González y Ponce de León.

- Se sabe que el cacique Agüeybaná no solo gobernaba Borinquen, sino también la población indígena de Santo Domingo y que operaban allí los caciques boricuas Caonabo y Guarionex.

- Parte del mueblario del fastuoso Palacio de Versalles, Francia fue hecho con madera de los bosques de Puerto Rico, tales como el cedro y el aceitillo.

- Puerto Rico es el único país del mundo que aunque no tiene ser jurídico internacional (o sea, no es reconocido como nación "per se") si tiene un delegado apostólico en la iglesia católica.

- Puerto Rico es la única región de Estados Unidos donde se puede registrar una corporación con todos sus trámites en tan solo un día.

- Aunque en los últimos 4 desfiles de los boricuas en Nueva York (1994-1998) se ha logrado reunir más de 9 millones de almas no se han registrado sucesos violentos ni desagradables a pesar de la inmensa muchedumbre que se da en esos eventos.

- Según el Doctor James Horton, Puerto Rico era parte de la isla perdida de Altea del complejo de la supuesta hundida Atlántida, razón que explicaría la gran incidencia de avistamientos de OVNIS.

- La palabra taína huracán se usa hasta en Japón.

- Borinquen fue uno, si acaso el más importante centro de actividad política y militar de los indios caribe. A ellos se debe el uso del arco y flecha, el uso de grandes canoas, así como el uso de estimulantes y medicinas para prácticas mágico-religiosas.

- La primera mujer en cantar con una orquesta de hombres en Puerto Rico fue Ruth Fernández (con Mingo's Whoopee Kids).

- Jason Borshow, boricua, gana el primer premio en una competencia internacional de geografía celebrado en Estados Unidos.

- El libro: *El violín - 200 pasos en su construcción* del boricua

143

Agapito Acosta lo convierte en el primer latinoamericano en publicar en español un libro sobre la fabricación del rey de los instrumentos musicales.

- El verdugo asignado por sorteo para colgar los reos Arocho y Clemente (últimos en morir en la horca) renunció a su puesto el mismo día de su elección.

- Los restos del hombre más antiguo de Puerto Rico se calcula tienen 4,000 años (carbón 14) y es de Vieques: (hombre de Puerto Ferro).

- José M. Portela - Primer boricua en obtener rango de general de la reserva aérea de Estados Unidos.

- Federico Maldonado del Cuarteto Mayarí, era el padre de Richie Ray.

- A la Calle del Cristo en el Viejo San Juan se le cambió el nombre tiempo atrás a: calle Arthur McArthur en honor del padre del general Douglas McArthur.
- La primera estación FM en Puerto Rico no se fundó en San Juan sino en Mayagüez: WORA FM.

- La primera ofrenda floral oficial de un gobernador depositada frente al busto de un líder independentista (Eugenio María de Hostos) era de Roberto Sánchez Vilella. Fue colocada frente al busto del prócer en la UPR por Juan Manuel García Passalacqua (1966).

- Puerto Rico es el único país latinoamericano que tiene a dos peloteros en el Salón de la Fama en Cooperstown: Clemente y Cepeda.

- Samuel Elliot Morrison, un experto en la vida y los viajes de Cristóbal Colón de Harvard, constantemente mencionaba en su libro *Southern Voyages (1492-1616)* a nuestro Aurelio Tió como una autoridad en la materia.

- Puerto Rico es el más grande productor y exportador de gallos de pelea en el mundo. Más de 2,500 gallos se exportan anualmente hacia Estados Unidos y Sur América.

- Con la canción "Vive la vida loca" nuestro cantante Ricky Martin hace historia al ocupar el puesto #1 en la revista Billboard.

- Carelis Gautier Peraza, de tan solo 17 años, ganó un concurso por el cual sus pinturas serán expuestas durante un año en las galerías del Congreso de Estados Unidos. El tema de sus pinturas es la belleza del paisaje boricua.

- En un programa radial de Nueva York nuestro Tito Puente derrotó a Pérez Prado por aclamación popular ganando el título de "El Rey".

- Para 1998 habían 19 boricuas en las grandes ligas que ganaban más de un millón de dólares por temporada.

- La más veloz de las carabelas de Cristóbal Colón era la Pinta y quizás fuese la razón por la que Martín Alonso Pinzón se separó de la flotilla en el norte de Cuba por 46 días para buscar oro en la isla que los indígenas llamaban "banaque" o según se cree "boriken" o sea que probablemente Martin Alonso Pinzón y no Cristóbal Colón fue el descubridor de Borinquen.

- La Academia de la Historia de Puerto Rico fue co-fundadora de la Asociación Iberoamericana de Academias de la Historia.

- Según el clérigo Juan Ponce de León y el bachiller Antonio de Santa Clara, allá para 1582 la bahía de Guánica estaba considerada el mayor puerto que había en todas las Indias.

- La cuota más baja del mundo que se paga en cualquier unión obrera es la cuota de sólo 7 dólares mensuales de la UIA (Unión Independiente de Acueductos). Aún hay más: cuando un unionado se retira se le pagan 15 años de cuotas en un cheque como despedida feliz.

- Si la medida es buena o no, se discute, lo cierto es que ningún estado de la unión otorga tanto tiempo como Puerto Rico a los arrendadores de viviendas antes de ser desahuciados por los arrendatarios. Puerto Rico otorga hasta diez meses y el estado de la Florida por ejemplo, sólo días antes de lanzar sus propiedades a la calle.

- Elpidio Collazo es probablemente el mejor artesano del mundo. Talla en madera aves con tal detalle y precisión que parecen vivas.

- Rafael Pérez Perry, fundador del Canal 11, era tan genial en electrónica que modificaba equipos y los mejoraba haciendo inventos al punto que los fabricantes enviaban técnicos a la isla para aprender de Don Rafa.

- Quizás por desidia, por anemia, porque consideraban el trabajo cosa de esclavos, por pura vagancia, porque se conformaban con poco o porque los productos se perdían al no encontrar compradores, lo cierto es que nuestros primeros campesinos no cultivaban la tierra. Propensos a fortunas rápidas con los malos ejemplos de algunos que hicieron fortunas en el contrabando y la piratería se inclinaron a este ejercicio haciéndose buenos marinos pero pésimos labradores.

146

- Tanto Don Aurelio Tió como su padre y abuelo fueron alcaldes de San Germán.

- Según algunos: porque se enamoró de sus bellos paisajes y su excelente clima fresco, otros: por estar más cerca de los núcleos de patriotas que operaban en el área, lo cierto es que en los 30 días que vivió allí el gobernador español Romualdo Palacios convirtió al pueblo de Aibonito en capital de Puerto Rico.

- El Teniente Coronel Enrique Molina Enriquez de Guánica, quien combatió en Cuba al lado de José Maceo (hermano del "titán de bronce" Antonio Maceo) fue Cónsul de Cuba (su patria de adopción) en Puerto Rico (su patria de nacimiento), lo que se considera un caso único en la historia de la diplomacia mundial.

- El coquí común, netamente boricua, fue llevado a Santo Domingo donde no sobrevivió, pero es curioso que prosperó y canta en la isla de Mona, pedazo de tierra boricua cerca de Santo Domingo.

- Ningún pelotero de Nicaragua, ni siquiera en pequeñas ligas, puede llevar en su uniforme el número 21, ya que Roberto Clemente lo usaba cuando jugaba con los Piratas del Pittsburg. Roberto murió tratando de llevar ayuda tras un terremoto que devastó el país. Todos los peloteros llevan el número 21 pequeñito en la manga de la camisa en recuerdo y honor al astro boricua.

- El primer mapa catastral de Puerto Rico (basado en fotografías aéreas) fue hecho por Don Aurelio Tió.

- Cuando el astro de la canción mejicana Jorge Negrete visitó el pueblo de Barranquitas para depositar una ofrenda floral en la tumba de Luis Muñoz Rivera, fueron tantas las mujeres que por verlo olvidaron apagar las estufas que por la tarde cundía por todo el pueblo un fuerte olor a habichuelas quemadas.

- El bailarín y coreógrafo Joseph Rivera de Ponce, conocido en la farándula como Roberto D'Alicia, llevó su arte a los espectáculos televisivos más famosos de Estados Unidos, tales como: the Ed Sullivan, Milton Berle y Steve Allen Shows.

- Rebeka Colberg tradujo al español las reglas del baloncesto femenino para hispanoamérica y en las canchas reales de Suecia jugó con el entrenador del Rey Gustavo Adolfo.

- "No vendas tu tierra al extraño por más que te pague bien..." Estas palabras del poeta Virgilio Dávila parece no calaron hondo en el alma de José de Diego, quien estaba de acuerdo con que los campesinos vendiesen sus parcelas; dijo de Diego: "Se ha dicho que los puertorriqueños cometen un acto anti-patriótico que al vender su tierra venden la patria. Yo creo que ese argumento es un gran error. Con ello se beneficia al país que así ve surgir grandes empresas que traen capitales a la isla que hacen que el movimiento de producción sea cada vez mayor". Según la lógica del "speaker": "La tierra, el concepto de la patria, sería siempre nuestra, siempre puertorriqueña, no importa quién la posea". A esto podemos decir que aún Aristóteles cometía errores de juicio.

- El general norteamericano Nelson Miles, quien comandó la flota norteamericana que invadió a Puerto Rico durante la Guerra Hispanoamericana, fue quien aceptó la rendición del jefe apache Chiricagua llamado Gerónimo, ayudó a terminar la resistencia de Toro Sentado (Sitting Bull) y la del jefe de los Nez-Perce: Chief Joseph.

148

- Las Naciones Unidas otorga al boricua Germán Seda Soto la Medalla de las Naciones Unidas y lo nombra: "Guardián de los niños kosovares".

- El creador del pegajoso ritmo bailable "boogaloo" que contagió al mundo fue Pete "El Conde" Rodríguez.

- Juana Colón, una negra analfabeta que trabajaba en la industria del tabaco, fue tan destacada en el movimiento laboral de su época que era apodada: "Juana de Arco".

- Uno de los mejores comentaristas de noticias internacionales del mundo era un boricua llamado José Arnaldo Meyner. Sus reportajes y comentarios sobre la Segunda Guerra Mundial eran considerados: sobrios, informados y bien reales.

- Era tal la fama que nuestro cantante Daniel Santos tenía en Colombia que era conocido allí como: "El Jefe".

- Era tal la fama que el cantante ecuatoriano Julio Jaramillo alcanzó con la canción "El Juramento", de nuestro compositor Benito de Jesús, que fue conocido por toda América como: "Mr. Juramento".

- El Presidente Clinton otorga la Medalla de la Libertad a Sor Isolina Ferré. La más alta condecoración dada a un civil hizo de Sor Isolina y su hermano Don Luis A. Ferré los únicos hermanos en recibir tan honrosa distinción. Con la inclusión de Antonia Pantoja, fundadora de ASPIRA, son tres los boricuas condecorados.

- De las siete lagunas fosforescentes que hay en el mundo, Puerto Rico tiene cuatro y tres de ellas están en Vieques.

- Es curioso que un nacionalista arrestado durante la revuelta del '50 y que se convirtió en testigo del pueblo (chota) llevase el apodo de "Tato Orejota".

- Entre avenidas, parques, edificios públicos y otros alrededor de 125 lugares en el mundo llevan el nombre de Roberto Clemente, el astro boricua.

- Con 144 la diócesis de San Juan es la que más diáconos tiene en el mundo.

- Ya para 1999 Puerto Rico es el país latinoamericano que más usa los servicios del internet siendo las mujeres el sector de más alto crecimiento.

- ¡Sorpréndase! El único mamífero nativo que queda en Puerto Rico y que aún no se ha extinguido es: el murciélago.

- Hay evidencia que en Puerto Rico existieron perezosos o lirones (sloths) que llegaban a pesar 50 libras.

- El pasillo subterráneo con agua del Río Encantado de 18 kilómetros de largo es el pasillo subterráneo atravesable por un hombre sin canoa más largo del mundo.

- La Avenida Winston Churchill de El Señorial en Cupey no se llama así en honor del estadista británico Sir Winston Churchill, sino en honor del escritor norteamericano del mismo nombre: Winston Churchill, quien nació en St. Louis, Missouri (1873-1947).

- Bernabé "Bernie" Williams - Unico hombre en la historia del beisbol en batear 2 jonrones "walk-off" (jonrón ganador de juegos) en semi-finales de campeonato de división.

150

- El caso González Vs. Williams de 1903 es catalogado como uno de los casos más importantes vistos por el Tribunal Supremo de Estados Unidos en el siglo 20. (Trata sobre una boricua arrestada en Estados Unidos como: "inmigrante ilegal".)

- Por si usted no lo sabía, el verdadero nombre de Tito Puente no es Roberto, sino: Ernest Anthony Puente Jr. y el 20 de noviembre de 1998 fue incluido en el Salón Internacional de la Fama del Jazz Mundial. Su madre le llamaba "Ernestito" y de ahí el "Tito".

- El receptor boricua Eliseo Rodríguez fue quien recibió el cuarto juego perfecto que lanzó el fabuloso Nolan Ryan.

- Mapy Cortés, la primera "vedette" boricua, filmó una película con la famosa pelirroja Lucille Ball, llamada "Seven Days Leave". Es la madre de "Mapita" Cortés quien se casó con el famoso cantante mejicano Lucho Gatica y quien es a su vez madre del cantante mejicano Felipe Gatica.

- En virtud de la Carta Autonómica Puerto Rico era miembro de la Unión Postal Internacional y tenía su propia moneda y estampillas postales.

- Puerto Rico es uno de los países más saludables de América y se precia de contar con el privilegio histórico de haber puesto en vigor la primera ley de salud pública en el Nuevo Mundo.

- Allá en los primeros 36 años de ocupación norteamericana Puerto Rico contaba con un balance comercial a su favor de 550,000 millones en oro. Si tal balance estuviese en las arcas de un banco nacional en la isla Puerto Rico hubiese sido el cuarto poder económico en el mundo para ese tiempo superado sólo por Francia, Estados Unidos e Inglaterra.

- El primer gran fruto producido por la Ciudad Deportiva Roberto Clemente ha sido el gran pelotero de grandes ligas, Rubén "El Indio" Sierra.

- El destacado declamador español llamado Enrique Segundo lleva 30 años viviendo en Puerto Rico. Llamado en su nativa España: "El Puertorriqueño", es famoso por su declamación de: *Luna sobre el Condado*.

- La diócesis más grande de Puerto Rico no es la de San Juan sino la diócesis de Caguas que incluye a Vieques.

- Con un 90% para 1987 Puerto Rico está entre los primeros países de latinoamérica en alfabetización.

- Puerto Rico tuvo el honor de ser representado en un simposio de salud mundial por el sabio cubano Carlos J. Finley, descubridor del agente causante de la fiebre amarilla: el mosquito.

- El coquí dorado, una de las 16 especies de coquí en la isla está en peligro de extinción. Es el único coquí que no nace por huevo, sino por parto y por lo tanto no pasa por la etapa de renacuajo.

- Tras el paso del huracán Georges por la isla se pudo comprobar que nuestras especies nativas de árboles tales como la ceiba, guayacán, tabonuco y capá prieto lograron resistir la furia de los vientos; no así las especies extranjeras llamadas exóticas, quienes fueron barridas.

- El llamado segundo himno de la República Dominicana lo compuso nuestro Rafael Hernández, se llama

152

Quisquella y comienza diciendo: "Quisquella la tierra de mis amores...".

- Considerando su escaso territorio y teniendo en cuenta tanto católicos como protestantes proporcionalmente Puerto Rico es el país que más iglesias o templos tiene en el mundo.

- El boricua Bernabé "Bernie" Williams es el único hombre en la historia del beisbol de Grandes Ligas en ganar en un mismo año un campeonato de bateo, un guante de oro y una sortija de campeón de Serie Mundial (Yankees 1998).

- Manuel Acevedo Serrano de Arecibo, educador y suegro del comediante Yoyo Boing, ha sido uno de los pocos extranjeros en ganar la condecoración más alta del gobierno de la República Dominicana: Medalla Duarte, Sánchez y Mella otorgada por Joaquín Balaguer. Hoy día un liceo de Santo Domingo lleva su nombre.

- Quizás usted no lo sepa pero el hermoso árbol de navidad que usted exhibe en su casa no viene de Canadá ni de Estados Unidos, sino de la finca Santa Rosa de Lima de Barranquitas, Puerto Rico.

- Se cree que en la incorporación del municipio de Lares la firma de dos "principales" eran los nombres españoles adoptados en el bautismo de dos caciques taínos, uno de los cuales donó las tierras donde se fundó el pueblo en medio de lo que se cree fuera una "indiera".

- ¡Asómbrese! La costumbre de celebrar la Navidad comiendo lechón asado nos viene tan solo desde 1950. Antes de esa fecha los boricuas, como el resto de latinoamérica, comían pavo para celebrar el nacimiento de Jesús; y nuestra celebración tradicional del Día de Reyes tan solo se hizo oficial por ley allá para 1930.

- Juan "Igor" González - Primer latinoamericano en la historia de las Ligas Mayores en ser votado "jugador más valioso" en años consecutivos (1997 - 1998 Liga Americana).

- Miguel Angel García Méndez, quien por muchos años lideró el Partido Estadista Republicano (PER) era tan genial que entró a la Universidad de Puerto Rico a los 15 años y ya a los 20 era abogado. Se necesitó de una dispensa especial para que siendo un menor pudiese practicar la profesión. A los 30 fue presidente de la Cámara de Representantes y se le considera uno de los mejores oradores de la isla.

- Los libretos de "El Tremendo Hotel" donde participaba Ramón del Rivero "Diplo" fueron encuadernados por otro ilustre: el declamador Juan Boria.

- El primer día de las madres en la isla se celebró en Yauco en 1915.

- La persona que descubrió las dotes de poeta de Luis Muñoz Marín fue José de Diego.

- Aaron Pryor, boxeador que derrotó al "flaco explosivo" el nica Alexis Argüello forzándolo al retiro y quitándole su corona, dejó su adicción a las drogas y cambió su dieta y forma de vida por los consejos que recibió del naturópata boricua Norman González Chacón.

- Tammy, la popular cantante de la nueva ola allá por los años 70, es hoy día la cantante operática Tamara Escribano y ha cantado en el Metropolitan Opera House.

- Luis Muñoz Marín dio a conocer al mundo, mucho antes que Don Federico de Onis, a la poetisa nobel chilena Gabriela Mistral, Juana de Ibarborou y Alfonsina Storni.

- Se estima que la voz masculina más bella y privilegiada que haya hecho de galán en la radio boricua la tenía el locutor Manuel Pérez Durán.

- El legendario músico norteamericano Karl Tjader, uno de los grandes del jazz, le dedicó una canción a Orlando "Peruchín" Cepeda llamada "Viva Cepeda".

- Playa Brava en Culebra, es la segunda localización en importancia en todo Estados Unidos en el anidaje del "leatherneck turtle" (llamada por nosotros "tinglar").

- Se dice que el gobernador español Juan Prim y Pratts fue removido de su cargo por haber mandado a fusilar a "El Águila" (un ladrón que le había robado su caballo) sin el debido procedimiento de ley.

- Esparcidos por las heces fecales de aves y animales, en tiempos de antaño los guayabales salvajes crecían tan rápido que era casi imposible sembrar pastos en espacios abiertos y eran considerados por los agricultores una verdadera "plaga".

- EL bosque tropical de el Yunque es el único "rain forest" de Estados Unidos y está considerado uno de los más importantes del mundo.

- Víctor Rojas, un humilde pescador que arriesgó su vida más de 200 veces para salvar náufragos en las costas de Arecibo, obtuvo del gobierno británico una medalla de oro en 1853 tras salvar a todos los tripulantes del "James Power". El gobierno español le concedió la Cruz de María Luisa y tras salvar los náufragos de la goleta el Adriano se le concedió la Cruz del Mérito Naval Español.

- Felipe Birriel, el Gigante de Carolina de ocho pies de estatura, fue votado "El hombre más alto del mundo" en una competencia oficial en Washington, D. C. Felipe obtuvo también el título de "El hombre más viejo más alto del mundo" pues tenía más de 60 años y los gigantes tienden a no vivir mucho.

- El boricua Alonso Ramírez, nacido en 1662, consiguió la inaudita hazaña de darle la vuelta al mundo viajando vía Cuba, Méjico, Islas Filipinas (donde fue hecho prisionero de los ingleses), Japón, Brasil, Méjico y de vuelta a Puerto Rico.

- José A. Rojas, al graduarse #25 en una clase de 1003 cadetes en West Point, recibió de manos del Presidente Clinton el "Douglas McArthur Leadership Award".

- El Secretario General de la Comisión de las 21 academias que componen la Real Academia de la Lengua Española es un boricua: El Doctor Humberto Morales.

- Villa Victoria, un conglomerado de edificios en ruinas al sur de Boston, Massachusetts, fue rescatado por boricuas, reconstruidos y convertidos en ciudad modelo.

- La alcaldesa de la capital Felisa Rincón de Gautier amaba tanto a los niños que para regalarles juguetes en Reyes vendió su propia casa.

- Uno de los ingenieros que diseñaron el inmenso oleoducto de Alaska es un boricua.

- El presidente Ronald Reagan selecciona al boricua Manuel de la Rosa delegado especial a la conferencia de la Casa

Blanca que cada diez años recomienda legislación sobre los envejecientes.

- Declaran a San Juan: "Ciudad clave para el tratamiento de drogas" tras competir contra más de 100 ciudades (octubre 1990).

- Con 68 Hogares Crea en Puerto Rico la organización de José Juan (Chejuan) García se han extendido a Centro y Sur América, Islas Vírgenes, España y Estados Unidos.

- El restaurante La Zaragozana del Viejo San Juan ganó el premio "The American International Gourmet Society Golden Plate Award for Distinguished Culinary Excellence".

- Mari Gamundi - medalla de oro en la Decimoquinta Bienal Internacional de cerámica de Faenza, Italia (la meca de la cerámica).

- Angel "Bubo" Gómez - Alcalde honorario de la ciudad de Baton Rouge, Louisiana por su labor al frente de la Cruz Roja Americana (Capítulo de Puerto Rico).

- Héctor Reichard - Vicepresidente del American Bar Association.

- La Academia de la Paz de Milán, Italia, otorga al intelectual bayamonés Juan Ernesto Fonfrías el Premio de La Paz en 1969.

- Se le concede a Eugenio María de Hostos el título "Ciudadano de América" por la VIII Conferencia Panamericana de Lima, Perú (1930).

- Ramón "Monchito" Hernández, de Bayamón, incluido en

el salón de la fama de la "Pennsylvania Volley Ball Association" por sus ejecutorias en el equipo de Penn State (1990-94).

- El verdadero nombre del cantante Tito Rodríguez no era Roberto, sino Pablo Rodríguez Lozada.

- La poetisa aguadillense Baronesa Amalia Ceide se casó con el Barón Maximilian Von Lowenthal y era Presidenta del Círculo Periodístico Indoamericano del Uruguay.

- "La pena por la desaparición de Coll fue tan amplia como la popularidad que disfrutó en vida". - Periódico de Barcelona lamentando la muerte del arecibeño José Coll y Britapaja libretista de zarzuelas en catalán y español destacado en Barcelona.

- "Teresina tiene una vibrante sensibilidad, un rico bagaje lírico y una arrolladora facilidad versificadora. Su métrica, su ritmo, su rima, le vienen en cascadas naturales como si una computadora seleccionara y encajara sus palabras como una filigrana de oro". - Palabras de la crítica colombiana Olga Elena Mattei sobre la poetisa boricua Teresina Salgado Rodríguez.

- Rosie Pérez - Nominada al Oscar de mejor actriz de reparto por su papel en "Carlitos Way" con Al Pacino en el papel principal.

- La película *Linda Sara* de Jacobo Morales gana el premio "Mejor Contribución Artística" en el festival de Trieste, Italia.

- Mari Mater O'Neill - Gana el primer premio de la Tercera Bienal de Pintura celebrado en Cuenca, Ecuador.

- Doña Felisa Rincón de Gautier recibió a través de sus largos años al servicio del pueblo 12 doctorados de distintas universidades.

- Javier de Latorre - Primer premio de composición auspiciado por la International Trumpet Guild.

- "Se tiene buena opinión de los boricuas en España. El boricua que aquí viene tiene cierto nivel cultural y económico, o tienen trabajo o vienen por estudios. Tú nunca ves a un boricua involucrado en asuntos turbios. Nos ganamos la fama de que trabajamos mucho". - Javier Ríos (estudiante de teatro en España)

- Guillermo Figueroa Jr. - Ganó el premio como "Best Young Violinist Alive" (Mejor Violinista Joven Vivo) en una competencia en Estados Unidos. Su técnica en el manejo del arco fue catalogada como "soberbia".

- Nuestro Luis Palés Matos y Fortunato Vizcarrondo, junto con el cubano Nicolás Guillén, son los máximos exponentes de la poesía afroantillana y se han creado un nicho en la historia de la literatura mundial.

- El libro *La poesía popular de Puerto Rico* de María Cadilla de Martínez, editado en Madrid en 1933, es hoy libro de texto obligado en muchas universidades hispanoamericanas. La Academia de la Historia Internacional de Francia le concedió medalla de oro por su etnografía de Puerto Rico y la nombró "Miembro de Honor". Fue honrada con la Orden de San Luis de Francia y honrada por la Universidad de Investigaciones de la India.

- Ganador de varios premios "Grammy" entre ellos "Mejor Cantante del Año" y varios premios "Emmy" el Lareño José Feliciano, aunque ciego, está considerado entre los mejores guitarristas vivos. Su peculiar estilo de cantar imitando a los negros norteamericanos (soul music) le valió el título de "Souled Feliciano".

- La *Misa en la menor* y el *Padre nuestro cantado* son obras del boricua Pedro Escabí.

- El equipo de baile de Puerto Rico gana 32 medallas en el concurso de baile de salón celebrado en Las Vegas, Nevada.

- El escultor boricua Pablo Rubio tuvo el honor de ser escogido entre cien escultores invitados a participar en el parque de exhibición de esculturas más grande del mundo en los Juegos Olímpicos de Seoul, Korea del Sur en 1988.

- "El arte es una parte integrante de una sociedad libre y un artista para poder ser leal consigo mismo ha de sentirse libre. Este es el ejemplo que Pablo Casals nos ha dejado". - Palabras del Presidente Kennedy al definir el significado de la vida y la obra del catalán de madre y esposa boricua.

- El guitarrista clásico cubano Manuel Barrueco, considerado entre los mejores del mundo, graba el concierto para guitarra y orquesta "Tríptico" del boricua Roberto Sierra.

- El cuatro puertorriqueño alcanzó su madurez en el *Concierto para cuatro y orquesta* del maestro Federico Cordero. El maestro Cordero ha logrado los más altos elogios de la crítica europea. Su programa radial ha ganado cuatro premios Intre y es miembro de la prestigiosa "Guitar Foundation of America".

- La Casa del Libro, en el 225 de la Calle del Cristo en el Viejo San Juan, es el único museo de la América Latina dedicado a la historia y el arte de los libros. Con más de 5,000 libros

160

raros su colección de impresos del siglo 15 es la cuarta mejor del hemisferio occidental y posee doce libros incunables (producido en los primeros 50 años de la invención de la imprenta) que son los únicos en existencia en el hemisferio occidental. Tres de los doce son los únicos de su clase en el mundo. Posee una página original de la biblia Gutenberg y dos cédulas reales únicas en el mundo donde los Reyes de España otorgaban a Cristóbal Colón la potestad de hacer los preparativos necesarios para su segundo viaje donde descubrió Puerto Rico.

- El Papa Pablo VI, el Museo Artesanal de Madrid, el Museo de Compostela y el Departamento de la Industria de Madrid poseen tallas del artesano boricua Domingo Orta.

- ¡Qué voces! ¿Con qué los alimentan ustedes? - Palabras de la soprano wagneriana Birgit Nilsson, asombrada del derroche de talento y calidad de sus estudiantes de canto operático de su "Master Class" en el Conservatorio de Puerto Rico (1982). Pues los alimentamos con yuca, yautía y plátanos Sra. Nilsson.

- Era tanta la fama que alcanzó el bolerista José Luis Moneró con la orquesta de Rafael Muñoz, que fue apodado por la crítica: "El príncipe de la antillas".

- "A pocos años de cierre del siglo 20 Puerto Rico se presenta como el crisol de la música popular americana mezclando y confrontando tendencias musicales de polo a polo en nuestra América. Más aún, todas las influencias extranjeras que siguen aumentando con los avances de los medios de comunicación no han sido obstáculos para seguir cosechando música de intérpretes boricuas de la más alta calidad y aceptación en el mundo entero". -Museo de la Música, Ponce, Puerto Rico.

- Además de conocer a Camille Pissarro y a Monet nuestro Francisco Oller era amigo personal de Pablo Cezanne, quien le ayudó a exponer su obra en el famoso Salón de París. Oller fue el primer pintor latinoamericano en incorporar el impresionismo en su pintura.

- La Casa Roig de Humacao diseñada por el arquitecto checo Antonín Nechodoma, fue la primera residencia del siglo 20 en ser incluida en el registro nacional de monumentos históricos.

- Harry Turner, pasado editor del San Juan Star y corresponsal del mismo en Washington, D. C. hizo constar en un diario de la capital norteamericana que consideraba al boricua Fernando Picó como: "El mejor periodista que he conocido en mi vida".

- Justino Díaz - Escogido entre más de 200 candidatos para el papel protagónico en la reapertura del "New York Opera House".

- Jesús María Sanromá fue considerado por la crítica como el mejor pianista vivo después de la muerte de Rubenstein. Se ganó el piano Mason and Hamlin como el alumno más distinguido del New England Conservatory of Music de Boston.

- El San Juan Star gana en 1961 el Pulitzer Prize por editoriales, considerado el más importante de los "Pulitzers".

- Rita Moreno, fajardeña, gana el "Oscar" de mejor actriz de reparto por su papel de Juanita de la película "West Side Story" (1961). Es una de solo cuatro artistas que han ganado el "Grand Slam" o sea: el "Oscar", el "Emmy", el "Grammy" y el "Tony".

162

- Dr. Ventura Barnés Colom - Ornitólogo especializado en el neo-trópico americano y del África Ecuatorial coleccionó más de 1200 aves del Paraguay y raras especies del África Ecuatorial donde descubrió especímenes aún no conocidos por la ciencia y como aguerrido cazador fue el primer boricua en pertenecer al "Explorer's Club", "East African Professional Hunters", "The Shikar Safari International Club", "The American Museum of Natural History" y el "Hunting Hall of Fame Foundation". Parte de su colección de piezas cazadas pueden observarse en el Museo de Ciencia Natural del Parque de las Ciencias de Bayamón.

- Santurce se llama así en honor del Conde Pablo Ubarri (quien era natural de Santurce, un pueblito de Vizcaya al norte de Bilbao, España) por los muchos adelantos que dio al sector. Llamado "El amo de Puerto Rico" Ubarri fundó el primer tranvía entre San Juan y Río Piedras.

- Tanto el dominicano Sammy Sosa como el famoso toletero de los Yankees Paul O'Neill, es tan fanáticos de Roberto Clemente que usan el número 21 en su uniforme (el mismo número que usaba Clemente con los Piratas del Pittsburg).

- El Doctor Bailey K. Ashford renunció a su comisión en el ejército por quedarse a vivir en Puerto Rico. Se casó con una boricua (Margarita López), vio el huracán San Ciriaco y dedicó los últimos años de su vida a curar y prevenir la uncinariasis entre los boricuas. Hoy la avenida principal del Condado lleva su nombre.

- Iván Rodríguez - Votado jugador más valioso de la Liga Americana (1999). Unico ganador de la triple corona: Guante de Oro, Bate de Plata y Jugador más Valioso.

- Lisa Boscarino - Dos medallas de oro en judo en Juegos Panamericanos y Juegos Centro Americanos y del Caribe.

- El arroz con pollo más colosal del mundo (Guinness World Book of Records) se hizo en Aibonito como parte del Festival de las Flores. Se usaron 700 libras de arroz, 90 de jamón, 35 de ajicitos dulces, 100 de pimientos verdes, 30 de ajo, 100 de cebolla y 1,300 libras de pollo. Más de 10,000 personas probaron el arroz.

- Condecorado por el ejército con dos medallas de mérito el bayamonés Miguel Luna salvó en Alemania la vida del niño Lakeith Riddick que se afixiaba por causa de un trauma febril y en Turquía salvó otro niño que se ahogaba. ¡Un verdadero héroe boricua!

- El primer programa transmitido en colores en la televisión de Puerto Rico fue "Bonanza".

- Fray Bartolomé de las Casas, quien hizo una memorable labor en Puerto Rico en defensa de nuestros indios, fue el primer sacerdote ordenado en el Nuevo Mundo.

- "La llave de todas las indias" - Nombre con el cual el emperador Carlos V se refería a la ciudad de San Juan.

- Antonio Maldonado - General jefe de la Misión Militar de Estados Unidos en España.

- "Linda Morena" - "Campeona de Campeones", una yegua negra de paso fino, ganó tres veces la Copa Mundial.

- En 1988 se llevó a cabo en Rincón el World Surfing Competition.

- John "Candy" Candelaria - Apodado "The Candyman" de los Piratas del Pittsburg ponchó a 16 bateadores de "The Red Machine" (entre ellos Pete Rose, Johnny Bench y César Concepción) empatando el record de la Liga Americana en juego de Serie Mundial.

- "Los morenos de Cangrejos han comprado su libertad con el trabajo que realizan... pese a que viven en una región de mangles de arenas hacen provecho de las mejores parcelas y cultivan con buen éxito muchas frutas y vegetales que sirven de alimento a la población de San Juan." -Andre Pierre Ledee (naturalista francés). El pueblo negro de San Mateo de Cangrejos era considerado por los europeos como gente laboriosa y lo tildaban de: "pueblo modelo".

- "Me gustaría tener más como ellos" - Palabras de Douglas Macarthur sobre el 65 de Infantería. Primeros en romper el cerco de los chinos y dar ayuda al "First Marines"; participantes de la batalla de "Pork Chop Hill" por lo que se les llama "Pork Chops" en señal de admiración y respeto; primeros en cruzar y mantener una posición en el río Yalu y por su efectividad en sacar al enemigo de sus escondrijos eran llamados por los norcoreanos: "Los Diablos de la Montaña".

- La soprano boricua Marta Márquez es figura estelar del elenco permanente de los teatros de ópera de Dusseldorf y Duisburg en Alemania.

- De doce coros escogidos, de unos treinta que solicitaron participar, el Coro de Niños de Ponce logra el segundo lugar en la categoría de conjunto de cámara del "Children's Coral Festival" de Des Moines, Iowa.

- El boricua José Luis Moneró llegó a cantar con la famosa orquesta de Xavier Cougat en el famoso restaurant Ciro's de Hollywood, considerado para ese tiempo el mejor restaurant de la nación.

- El dramaturgo boricua Antonio García del Toro - Premio "Letras de Oro" de una asociación española con sede en Washington (Spain 1992) por su obra *La primera dama* la cual compitió contra 350 piezas de otros tantos autores.

- "Puerto Rico, pese a sus dimensiones geográficas, es un semillero de muchos buenos artistas. En prácticamente todos los países que marcan las pautas en la plástica alrededor del mundo, los artistas famosos se encuentran en un nicho inalcanzable para los jóvenes, en contraste, aquí los grandes maestros que han escrito la historia están asequibles a los muchachos que comienzan bien sea en las aulas o en los talleres". - Pablo Rubio (escultor)

- Dos cerámicas de la boricua Aileen Castañeda fueron escogidas para participar en el prestigioso concurso internacional de Faenza, Italia, el cual está considerado: la "Mecca de la Cerámica Artística" (abril 1999).

- La Orquesta Sinfónica de Detroit programa *Sa-si-ma* del compositor boricua Roberto Sierra en sus presentaciones regulares. La obra fue catalogada como "fascinante" por el crítico John Guinn quien considera a Sierra: "un compositor importante y auténtico".

- El poema "Madness of love" de la boricua María Juliana Villafañe, escogido entre 20,000 composiciones, será publicado en la *Antología de poetas americanos* y su "Awaken to a dream", en una grabación de música barroca, será publicada en *The sound of poetry - Best poets of the 90's.*

- Rubén López - Flautista principal de las Sinfónicas de Michigan y Cambridge en Inglaterra.

- Después de estudiar todas las tecnologías del mundo,

166

Costa Rica decide usar el sistema de la "tarjeta inteligente" (ATH) del Banco Popular de Puerto Rico.

- Expertos en música opinan que nuestra danza es la forma musical más completa, compleja y sofisticada de la música ibero-americana.

- La primera composición de nuestro genial Juan Morel Campos la hizo a los 14 años y llevaba el curioso título de "El sopapo".

- Nuestro jockey Eddie Belmonte fue votado por la revista *Look* como: "Uno de los 10 hombres mejor vestidos del mundo".

- La primera canción auténticamente boricua popularizada mundialmente en variaciones de la *Marcha de los jíbaros* de Luis Moreau Gottschalk fue: *Si me dan pasteles*.

- Toribio Rijos - Su magistral manejo de un humilde y sencillo instrumento de percusión le ganó fama mundial y le valió el título de "El rey del güiro".

- Compitiendo contra más de 300 autores del mundo hispánico se le otorga al dramaturgo Roberto Ramos Perea el cotizado premio Tirso de Molina por su obra *Miénteme más*.

- La comunidad cubana de Miami corona al cantante boricua José Feliciano como: "Rey del carnaval cubano". Primera vez en la historia del carnaval que tal título se le otorga a un no-cubano.

- Chita Rivera - Premio Tony (1993) como mejor actriz por su doble papel en Broadway en *El beso de la mujer araña*.

- El Centro Ceremonial de Tibes en Ponce contiene el cementerio más antiguo de las Antillas (cerca 300 D.C.). Se hallaron 187 esqueletos humanos de la cultura igneri.

- El 14 de agosto de 1990 la ciudad de Hollywood, California, incluyó el nombre de Tito Puente en el famoso Paseo de las Estrellas del Hollywood Boulevard.

- La Compañía Ballets de San Juan, fundada en 1954, es la única compañía de ballet latinoamericana autorizada oficialmente para bailar las joyas coreográficas de George Balanchine.

- Ricky Martin - Primer latinoamericano en trabajar en la famosa novela norteamericana "General Hospital".

- Rosie Pérez, de padre aguadillano y madre sanjuanera, gana el "Golden Eagle Award" 1992 como: "Mejor Actriz" por su papel protagónico en "White men can't jump".

- El compositor boricua Braulio Dueño Colón ganó premios en la exposición de Buffalo, New York (1902 y 1914) con dos series de composiciones; entre éstas se destacaron: *El mangó*, *La Tierruca*, *Criolla* y *El Platanar*.

- "Bold Forbes", pura sangre criado y entrenado en Puerto Rico, ganó el Kentucky Derby y el Belmont Stakes conducido por el astro Junior Cordero. Comprado en tan solo $15,000 fue vendido por 4.5 millones.

- Sixto Escobar - Campeón mundial de peso gallo, era considerado "el mejor boxeador libra por libra" nada más y nada menos que por Jack Dempsey.

- "La velocidad de estos caballos es admirable. Ellos no tienen el trote ni el paso inseguro de otros caballos pero cierta forma de caminar con un paso tan rápido que se le hace difícil captar aún para el ojo más aguzado". - palabras del francés Pierre Ledee sobre nuestros caballos de paso fino.

- Eugenio Guerra - Medalla de la Orden Olímpica del Comité Olímpico Internacional.

- Los científicos Evermann y March nombraron un pez raro en honor de un boricua: Agustín Stahl. Su nombre es: "auchenistus Stahli".

- El Centro de Control de Enfermedades Transmisibles de Atlanta Georgia (CDT) coloca a Puerto Rico líder en la lista de mayor vacunación de niños entre los 24 y 36 meses con un total logrado de un 87%.

- El primer mensaje inteligente enviado al espacio por ondas de radar para ver si una civilización inteligente lo capta y contesta fue enviado por el radio telescopio de Arecibo. Se utilizó más de un millón de voltios y se llamó: "The Arecibo Bit".

- Ashie González - Campeona Mundial de Boliche, exaltada al Pabellón de la Fama del Boliche de Estados Unidos (1971), tres décadas en la selección nacional (record mundial), dos campeonatos en juegos panamericanos, 17 campeonatos nacionales y ocho copas en mundiales (cuatro de campeonato de la Federación Mundial de Boliche). Fue invitada a bolear en la Casa Blanca contra el Presidente Richard Nixon.

- La talla de gallos de pelea del utuadense don Esteban Rosado y las máscaras de vejigantes de Don Juan Alindato de Ponce han obtenido fama al ser seleccionadas para el premio "National Heritage Fellowship Award" que otorga el "National Endowment for the Arts".

- El escultor Pablo Rubio exhibe su obra "Carnaval del Caribe" en la colección permanente de la OEA en Washington, D.C.

- Roberto Clemente era el único pelotero que notaban los periodistas que al poncharse no tiraba con rabia el bate al suelo, sino que cuidadosamente lo colocaba en su sitio. Al preguntársele el por qué respondió: "el bate es mi instrumento de trabajo".

- Juan Aragón - Premio Copa Imagen del Southern Photographers of America tras competir contra más de 500 fotógrafos. Dos fotos suyas se exhiben en el pabellón de la Kodak en el Epcot Center.

- José (Pepito) Figueroa y Jaime (Kachiro) Figueroa, hermanos del famoso Quinteto Figueroa, ganaron el codiciado "Premio Pablo Sarasate" de España; Pepito en 1925 y "Kachiro" en 1928. "Kachiro" es el orgulloso dueño de dos violines Stradivarius.

- Gloria Riefkohl - Gana el trofeo "Golden Poet" del concurso "World of Poetry" con su poema "Changes".

- Ivette Rodríguez - Premio "Mejor Intérprete" en el Festival de Viñas del Mar, Chile (1992).

- Tomás López Ramírez - Premio Nacional Biblioteca Gabriel Miró de cuentos en Alicante, España (1970).

- Ana Lydia Vega - Premio Casa de las Américas por su libro *Pasión de historia y otras historias de pasión*.

- El tenor boricua César Hernández Interpreta el papel principal en el estreno en Europa de la ópera "Goya", compuesta por el italiano Giancarlo Menotti en el Festival de Spoleto, Italia (1991).

- La exposición "Santos de palo del hogar puertorriqueño", organizada por el American Folk Art Museum, fue exhibida en el Instituto Smithsoniano de Washington, D. C.

- Héctor Campos Parsi y Rafael Aponte Ledee tienen la distinción de ser nuestros primeros compositores de música clásica que obtienen fama internacional. Sus obras se tocan en importantes festivales, se han grabado fuera de la isla y sus nombres aparecen en las más importantes enciclopedias y libros de referencia del mundo.

- Carlos Raquel Rivera gana la segunda Bienal Interamericana con uno de sus grabados. Carlos es el pintor del famoso cuadro: "La Enchapada" que se exhibe en la UPR.

- Roberto Sierra - Compone la primera ópera boricua del siglo XX: *El mensajero de plata.*

- El guitarrista Julio Fernández del famoso conjunto de jazz Spyro Gyra es un boricua.

- La obra musical de William Ortiz Alvarado goza de gran reputación en la costa noroeste de Estados Unidos. Se caracteriza por sus referencias a la vida de los emigrados puertorriqueños.

- Raymond Torres - Director del Departamento de Música Electrónica del estado de California (San Bernardino).

- Milangie Cruz - Estudiante de la Escuela Superior Agustín Stahl, escogida para el programa "Presidential Classroom

171

1993", como parte de la premiación de estudiantes distinguidos de excelencia académica.

- La Organización Internacional de Refugiados Emigrados nombra al boricua "Chayanne" embajador de su organización en las Naciones Unidas.

- Oscar Mestey Villamil - De Santurce, gana el premio "Mejor Artista" en el salón de la Unesco (1984).

- La película "Lo que le pasó a Santiago", producida por Jacobo Morales, obtiene nominación al Oscar como "Mejor Película Extranjera". La película fue una de las cinco finalistas entre más de 200 candidatas.

- Camen M. Colón, maestra de economía doméstica de Las Piedras, gana el premio: "Nutrasweet Giving it 100% Award of Community Service".

- La canta-autora boricua Maribel Pergola Rivera gana el concurso "Introfesticur" de Curazao (1987).

- Kerlinda Deglaus - Primera mujer boricua directora de orquestas sinfónicas ha dirigido las orquestas de Washington, New York y Houston, Texas. El Salvador la seleccionó para dirigir el Festival de Orquestas Sinfónicas Juveniles de las Américas (1987).

- Rubén de Saavedra, mayagüezano de fama internacional como decorador de interiores ha tenido numerosas reseñas de casas decoradas por él en prestigiosas revistas como *Vogue*, *Architectral Digest*, e *Interior Design*.

- José Fernández, de padres boricuas, dirige como canciller el sistema escolar más grande de la nación americana: el

172

de Nueva York; con 940,000 estudiantes y un presupuesto de 7 mil millones. Es tal la responsabilidad de su cargo que su sueldo es de 195,000 al año. Sus reformas abarcadoras en el sistema le han valido 20 editoriales favorables del "Daily News".

- Rina de Toledo - Prestigiosa soprano boricua con programas en vivo por NBC, CBS y el Carnegie Hall.

- Rafael Figueroa, violoncelista, gana el premio "Gregor Piatigorsky" del New England Conservatory of Music de Boston, el premio "Gina Bachauer" en la celebración del J. S. Bach International Competition en Washington, D. C. y el premio "Jim Sackler". Al ganar el premio "Dvorak" fue escogido para ser el solista de la Orquesta Sinfónica de Indiana.

- En 1945, a petición del editor de "The Annals of the American Academy of Social and Political Sciences", la toalteña Teresina Salgado Rodríguez hace un estudio y crítica de la obra de Wensell Brown: "Dinamite in our doorsteps".

- Daniel Lind Ramos - Primer premio en la competencia del salón internacional "Val D'or" (Valle de Oro) celebrada en Cote D'Azur, Francia con su composición al óleo titulada: *El día del huevo.*

- Rafael Aponte Ledee - Premiado por su excelente ejecutoria en el campo de la composición por la Sociedad Americana de Compositores, Autores y Editores (ASCAP).

- "El revuelo que causó la creación poliartística de Francis Schwartz, catedrático de la UPR por 25 años, en Lisboa, Portugal, fue grande: "Canibal-Caliban" fue uno de los momentos importantes del festival y sin duda alguna es la mejor obra músico-teatral presentada al público portugués hasta ahora" - señalaba la crítica. La obra se usa en cursos en la famosa Julliard School y en el Manhattan School además de ser presentada en Moscú, Rusia.

- Luis Quero Chiesa, de Ponce, Presidente de la Junta de Educación Superior de la ciudad de Nueva York.

- ¡Antonio Paoli cantó el papel principal de Othello 575 veces!

- "Este paso de comedia es uno de los momentos culminantes del espectáculo. La ingeniosa satirización de la cultura y política y el ingenioso ensamblaje de actores y músicos nos sugiere el equivalente puertorriqueño de "Saturday Night Live" - Stephen Holden comentando en el New York Times la presentación de los Rayos Gamma en el Festival Latino de New York (1990).

- El cantante boricua "Chayanne" acudió a la entrega de los premios Grammy como la máxima estrella de la Coca-Cola.

- El pirata inglés Francis Drake falló miserablemente en tratar de capturar el fuerte El Morro; una bala de cañón disparada desde el fuerte dio en la cubierta de su barco insignia el "Golden Hinge", traspasó ésta y dio en la mesa del desayuno matando tres oficiales e hiriendo a Drake, quien huyó asustado. La puntería de los cañoneros del fuerte El Morro era famosa en el mundo entero.

- Antonio Valero, de Fajardo, fue coronel en el ejército español y durante la invasión francesa participó en la defensa de Zaragoza. Fue primer ayudante del estado mayor y comandó el Batallón del Príncipe siendo condecorado por el gobierno mejicano. Con rango de general pasó a las filas de Simón Bolívar y comandó una división con la cual asedió el Callao.

174

- Horacio Rivero - de Ponce, almirante de cuatro estrellas, Vice-jefe de operaciones navales; capturó 16 japoneses con una sub-ametralladora en la Segunda Guerra Mundial; como capitán de un barco (USS Pittsburg) lo salvó de perecer en una tormenta en altamar; tercero en una clase de 463 estudiantes en Annapolis; embajador de Estados Unidos en España (Nixon y Ford). Al retirarse como comandante-jefe de la Sexta Flota en el pacífico todos los barcos dieron vueltas alrededor de su barco insignia; la flota cercana rusa se preguntaba si era una nueva maniobra de guerra; invitados a participar de la despedida de nuestro almirante ponceño se rehusaron.

- "Puerto Rico es extremadamente importante para la defensa del Caribe y del Comando Sur". - General de Cuatro Estrellas George Joulwan.

- Puerto Rico - Sede de la reunión de la COPAL (Conferencia de Organizaciones Políticas de América Latina). Bertrand Aristide (Presidente exilado de Haití) fue el principal orador.

- Ingeniero Tulio Larrinaga - Designado por el presidente Teodoro Roosevelt para asistir a la conferencia panamericana de Brasil (1908 y 1910). Fue el representante de Estados Unidos a las conferencias interparlamentarias de Berlín y Bruselas.

- General Juan Rius Rivera - Nombrado por el presidente de Cuba: Secretario de Hacienda y Ministro Plenipotenciario de la Gobernación, en Centro y Sur América. Se quiso enmendar la constitución de Cuba para que el boricua fuese presidente de la isla hermana.

- El fuerte El Morro nunca fue capturado por ataque marino. Atacado por tierra por George Clifford, Conde de

Cumberland, fue rendido por hambre. A los seis meses los ingleses abandonan la isla atacados por una epidemia de disentería. Clifford por poco pierde su vida al caer de su caballo al caño Martín Penna debido a su magnífica y pesada armadura que hoy puede admirarse en el Museo Metropolitano de Nueva York.

- Maurice Ferré - Alcalde de Miami, Florida por 12 años.

- "Dudo que nuestras bellas de París puedan disputar con las amazonas de Puerto Rico el arte de manejar un caballo con tanta gracia como atrevimiento. La velocidad de los caballos indígenas es admirable, no tienen trote ni el galope ordinario sino una especie de andadura con un precipitado que el ojo más atento no puede seguir el movimiento de sus patas" - André Pierre Ledee (1797)

- El Equipo Nacional de la Confederación de la Liga Central de Beisbol Aficionado (COLICEBA) gana en Estados Unidos el Campeonato Mundial de la Serie Stan Musial.

- "Orlando "Peruchín" Cepeda es el novato más relajado que he visto; batea fuerte para los tres jardines, hace un trabajo encomiable en la defensa de la inicial y es un tormento para cada lanzador" - Willie Mays

- Juan Chi-Chi Rodríguez - exaltado al Salón de la Fama del Golf en Pine Hurst, N. C. sus credenciales dicen" "El jugador de 56 años nativo de Río Piedras, Puerto Rico, es el máximo ganador de premios en efectivo en la gira Senior Masters con $3.8 millones a una considerable distancia del ocupante del segundo lugar Bob Charles cuyos ingresos son de $2.7 millones".

- Ana María Delgado - Premio "Letras de Oro" en Miami, Florida por su novela La mitad de un día.

176

- La última grabación del Buffalo Guitar Cuartet en "New Music for Four Guitars" incluye *Abrazo* del boricua William Ortiz. Dice el American Record Guide: "La verdadera revelación es *Abrazo* del boricua William Ortiz; como composición no se oyó una nota falsa en sus once minutos de duración; la obra ejercita sus músculos rítmicos como ninguna otra en el disco". Y el crítico William Wians de la revista *Fanfare* dice: "*Abrazo* de William Ortiz es la obra más abstracta y más idiomáticamente hispana del álbum".

- El obispo de Puerto Rico, Bernardo de Balbuena, era considerado por las características de su estilo el primer poeta genuinamente americano y su obra fue elogiada nada más y nada menos que por el fénix de los ingenios: Félix Lope de Vega y Carpio.

- Julio C. Arteaga - Maestro de piano, ganó en 1887 el premio "Accesit" y en 1888 el "Premier Prix" de París, Francia. Dio conciertos en las famosas salas: Pleyel, Steinway Hall, Carnegie Hall y Mendelssohn Hall. Profesor de piano superior del German Conservatory of Music fue el organista principal de la catedral de Harrisburg, Pennsylvania.

- Andrés "Andy" Bueso - Doctor Honoris Causa en artes de la Academia Internacional de Arte Contemporáneo en Bélgica.

- Angel Medina Vega - Medalla de oro en el "International Beauty Show" de Nueva York y primer lugar en el "Ladies Fashion Hair by Night" disputándose el premio con afamados estilistas del mundo.

- Si no fuera por una mala decisión de los jueces, aún discutida, el Equipo Nacional de Baloncesto de Puerto Rico hubiera derrotado al poderoso equipo de Estados Unidos en las Olimpiadas de Montreal; perdieron por un solo punto.

- El único hombre en batear dos jonrones en una misma entrada fue el boricua Roberto Clemente, único hombre en ser incluido en el Salón de la Fama sin la espera usual de cinco años por la forma en que murió; ayudando a Nicaragua; segundo hombre en la historia del beisbol en batear de hit en todos los juegos de dos series mundiales; undécimo hombre en batear 3,000 hits; ganador de 12 guantes de oro. Su camisa con el número 21 está al lado del bate de Babe Ruth y de los guantes de boxeo de Joe Louis en el Museo de Historia de Washington, D. C.

- Iván Rodríguez - De los Texas Rangers, se convierte en el segundo "catcher" más joven de la historia de las ligas mayores en obtener un guante de oro.

- Ricardo Villarini - Premio Emmy por su proyecto especial de Univisión.

- Francisco Oller - Discípulo de Madrazo y Courbet, fue nombrado pintor de la cámara real por el rey Amadeo de Saboya de España.

- Tres boricuas ostentan el título de "Miss Universo" a saber: Marisol Malaret (1970), Déborah Carthy Deu (1985) y Dayanara Torres (1993), completan el triunfo de bellezas: Wilnelia Merced - Miss Mundo (1975), Elizabeth Zayas - Miss Maja Internacional (1977), Widaliz López - Miss American Teenayer y Rosalyn Sánchez - Miss American Petite (1994).

- Carlos Delgado - Capitán del equipo "Blue Jays" de Toronto, Canadá.

- Luis Rodríguez Miranda - Compositor, ganó el premio la Lira de Oro de Chicago con su poema musical "A red rose". Fue director de bandas del ejército norteamericano y su concierto de banda en el Aeolian Hall de Nueva York fue felicitado por el estado mayor del "Army".

- Nemesio R. Canales - Graduado con altos honores del Baltimore School of Law recibió dos medallas de oro en 1903.

- El boricua Carlos Baerga repite la hazaña de Roberto Clemente de batear dos jonrones en una misma entrada con una pequeña diferencia: bateó un jonrón a la derecha y otro a la zurda. Otro boricua, Roberto Alomar, repite la misma hazaña siendo los tres boricuas los únicos en lograr tal hazaña en la historia del beisbol.

- Antonino Rocca y el boricua José Miguel Pérez - Campeones mundiales en pareja de la lucha libre. La combinación del fuerte Rocca y el ágil Pérez era sencillamente magistral. Pedro Morales, de Culebra, fue campeón mundial por mucho tiempo y era considerado uno de los más fuertes y ágiles luchadores dentro del ring.

- En dos ocasiones distintas, Puerto Rico ha tenido cinco campeones mundiales de boxeo a la misma vez. Proeza mundial única en la historia del deporte de las narices chatas.

- Wally de Castro - Gana el título de gran campeón de automovilismo "Copa Marlboro" en competencia en Santo Domingo (Categoría Jr.). Primera vez que cae en poder de un extranjero (diciembre 1992).

- "Esta atrevida puertorriqueña supo presentar con clase su voz brillante y extraordinariamente flexible, con un atractivo timbre. Se hizo entender de manera imponente en el exigente "Parlando" del Bret original y jugó con todos los matices de su trágico rol con una enorme presencia escénica elevada y seductiva. Como la música cuya eficacia no se puede pasar

179

por alto, presentó ella su feminidad para conquistar hombres con un encanto imposible de eludir". - Crítica de la prensa alemana sobre la mezzo-soprano boricua Ilka López en su papel protagónico en *Carmen* de Bizet.

- La cantante boricua Celinés (Celi Bee) obtiene un super éxito en el mercado norteamericano con su canción "Macho-man" que trepó los "Top 40". Repite su hazaña con el éxito: "Superman".

- Piri Thomas - Autora del "Best Seller": *Down these mean streets.*

- Con más de 100 formas distintas de cantarlas, Puerto Rico es el país más desarrollado del mundo en el arte de cantar décimas.

- Puerto Rico gana oro al ganar el décimo campeonato Norceca Juvenil de voleyball al derrotar a Méjico y Estados Unidos, lo que le dio el derecho de asistir al campeonato mundial de Malasia en 1995.

- El rey de España, Don Juan Carlos de Borbón, posee un caballo de paso fino de la granja de Don Carmelo Figueroa.

- Wilfredo Benítez - Triple campeón de boxeo que posee el título de: "El hombre más joven en ganar un título de boxeo" (17 años) cuando derrotó al legendario "Kid Pambelé" de Colombia, (Guinness Book of World Records). Entre las víctimas de Wilfredo se encuentra el legendario Roberto "Mano de Piedra" Durán.

- El Equipo Nacional de Gimnasia de Puerto Rico gana en Méjico el título de campeón al alcanzar 7 medallas en el Campeonato Internacional de Gimnasia Centro-Americana (1992).

- Uno de los primeros dibujos científicos de América se hizo en Puerto Rico y es conservado en el archivo de Indias. Fue hecho por Juan Troche y Ponce de León (Ponce de León II) sobre observaciones y mediciones de un eclipse lunar (1585) desde la azotea del Convento de Dominicos.

- El conjunto de petroglifos del caño de los indios en Ceiba, descubiertos por Alphonse Pinart, fueron incluidos por Mallory (1893) en su famoso libro sobre los petroglifos del continente americano.

- Nuestro Jorge Martin está considerado por Gordon Creighton, fundador y dueño de la revista *Flying Saucer Review*; como: "Uno de los más eminentes investigadores de OVNIS de latinoamérica que ha logrado una reputación para sí mismo y ha dejado una marca importante en el estudio de los alienígenos.

- La famosa tirilla "Ripleys believe it or not" publicó la hazaña mundial de la marca que estableció nuestro pura sangre "Camarero": ganar 56 carreras invicto.

- Junio 1999 - Se comienzan en Puerto Rico con mucho éxito las primeras operaciones de transplante de corazón.

- Puerto Rico ha sido llamado por los investigadores de objetos voladores no identificados (OVNIS): "La isla mágica" ya que por siglos ha gozado de una extraña reputación de un tipo de aura enigmática siendo descrita como: "Lugar donde lo misterioso, lo extraño y lo raro se manifiestan".

- Efren Pérez, Rodaldenis Rivera y Antonio Santos ganan el primer torneo de golf de "Paralyzed Veterans of America" con puntuación de 60 bajo par.

- Más de 40 récords mundiales de pesca del marlin azul se

181

han roto en las aguas cercanas a Puerto Rico. En agosto del 2000 Confesor Martínez pesca un marlin que rompe el record nacional al pesar 1,098 libras.

- Puerto Rico, sede de la convención de la USTA (United States Telephone Association) que agrupa 1,324 compañías que brindan servicio de telecomunicaciones en los mercados locales a través de Estados Unidos.

- En la época macartista la lista negra de "The house of un-american activities" contenía los nombres de personajes tales como: Leonard Bernstein, Arthur Miller, Edward G. Robinson, Orson Welles y nuestro José Ferrer.

- El misterioso segundo viaje de Juan Ponce de León lo llevaría hasta la actual Veracruz y la desembocadura del Río Panuco, dato desconocido por los historiadores mejicanos.

- El guanín que usaban los caciques, como símbolo de mando, no era hecho totalmente de oro, sino de una aleación de cobre y oro.

- Las cuatro aves sagradas de los taínos eran: el colibrí, el águila, el pavo y la lechuza.

- El alco o perro mudo domesticado de los taínos, que muchos creen era el coatí, se alimentaba de batata hervida y eran animales comestibles.

- Las hermanitas Aspiroz eran talentosas en el campo musical. Lolita, de 10 años de edad, tocaba las composiciones más difíciles de Lizt, Chopin y Beethoven con una maestría admirable y una limpieza de tonos. Su hermanita María, de 7 años, completó el estudio de solfeo avanzado con notas sobresalientes.

- "Oro de nuestras montañas el oro de esta pluma, orfebre puertorriqueño el artista que interpretó el sentir de nuestros amigos. ¿Cómo no hemos de guardar con unción casi religiosa este objeto simbólico que es un fermento del entusiasmo popular y que es además un trozo de la patria?" - Palabras de Luis Muñoz Rivera cuando se le regaló una pluma decorada con oro boricua.

- Con la gran emigración al Perú (Dios me lleve al Perú) se fue el Sargento Gaspar Flores de San Germán, quien habría de casarse con la limeña María de la Oliva y de cuya unión nació la primera santa canonizada en el Nuevo Mundo: Santa Rosa de Lima.

- Es probable que el primer reloj de sol oficial conocido en las Antillas fuese el instalado en La Fortaleza en 1645.

- Los Senadores de San Juan, representando a Puerto Rico, se coronan campeones de la Serie Mundial del Caribe 1995 derrotando a Santo Domingo 16 a 0 estableciendo una nueva marca.

- Puerto Rico - Sede de la Cumbre de la Transportación de las Américas (Julio 1995).

- La más grande implosión de edificios del mundo ocurrió cuando 17 edificios de la Villa Panamericana, incluyendo el Residencial Orquídeas, fueron derribados por la novel técnica en un área de 25 cuerdas.

- La novela *House on the lagoon*, de Rosario Ferré, fue nominada para el "National Book Award".

- La producción fílmica "Linda Sara", de Jacobo Morales, gana el "Premio del Pueblo" en el Festival de Mar del Plata, Argentina.

- José Semidey Rodríguez - De Utuado, brigadier general del ejército libertador de Cuba.

- La hija del inventor del telégrafo Samuel F. B. Morse, llamada Susan Morse, casó con Edward y vivió más de 40 años en la Hacienda Enriqueta de Arroyo donde la visitó su padre en 1858.

- Se celebra en Puerto Rico (julio 1995) el Congreso Latinoamericano de Psicología que reune a más de 2,500 psicólogos.

- La revista inglesa *Guitar News* dedicó una de sus portadas a nuestro guitarrista: Maestro Federico Cordero.

- Puerto Rico - Medalla de oro en los juegos de baloncesto (Goodwill Games) celebrados en San Petesburgo, Rusia. Derrotando a los poderosos equipos de Rusia y Estados Unidos.

- "Peruchín" Cepeda - Uno de 18 bateadores retirado con más de 300 cuadrangulares (379).

- En las competencias mundiales de uniciclo celebradas en Japón el Equipo Nacional boricua llega entre los primeros lugares.

- El pelotero boricua Juan "Igor" González bateó una bola que elevándose fue a caer espetada en una ranura del "foam pad" que cubre la verja del "center field". Unica vez que sucede esto en la historia del beisbol y que provocó que se hablara de rediseñar la famosa "Wilson-Wilson".

- Beatriz "Gigi" Fernández - Medalla de oro olímpica en tennis dobles junto a Mary Jo Fernández en Barcelona, España 1992.

- El legendario pirata William "captain" Kidd llegó a pisar tierra boricua al desembarcar en isla de Mona.

- La delegación boricua de la Federación de Tae Kwon Do Studio fueron premiados como "El equipo más destacado del certamen del All American Open" uno de los campeonatos más prestigiosos del hemisferio occidental.

- Guillermo "Willie" Hernández de los tigres del Detroit, al salvar 40 de un posible 41 juegos se convierte en el primer boricua en ganar el cotizado premio Cy Young.

- José Peco González, maratonista, fue el primer latinoamericano en cruzar la meta en el maratón de las Olimpiadas de los Angeles, E. U. (1984).

- Cándido Maldonado - Es uno de cinco hombres que han jonroneado por el mismo "center field" del Yanque Stadium a una distancia de 450 pies.

- Al ganar su monta número 7,000 nuestro Angel "Junior" Cordero se convierte en el tercer hombre de la historia del hipismo, junto a Laffite Pincay y Willie Shoemaker, en lograr tal hazaña.

- Víctor Colón - Primer boricua y latinoamericano en ganar una medalla mundial de gimnasia.

- Puerto Rico - Dos medallas de oro en espada (masculino) y florete (femenino) en las XV competencias de esgrima de centroamérica y el caribe (agosto 1994).

- Luis Rivera - Juez de la Corte Suprema del Estado de Colorado (1979).

- Herman Lafontaine - Superintendente de Escuelas de Hartford, Connecticut.

- Se le otorga por el gobierno francés (1956) la medalla de la Legión de Honor al gobernador Luis Muñoz Marín.

- Menudo - El fenómeno musical de integrantes boricuas adquirió fama mundial en el ámbito de la música de los "teeny boopers" o jóvenes pre-adolescentes.

- Roberto Alomar - Campeón bate de la Serie Mundial de Beisbol (1999) con promedio de .474 (9 de 19).

- En 1905 el equipo Atenas de Ponce derrota en partido de beisbol al equipo del crucero Topeka y en 1906 al equipo de los "marines" del barco North Carolina.

- Henry Cotto, "El Turbo", jugando pelota para los marineros de Seattle su promedio de robo de bases fue el mejor de la liga americana con 21 robos en 24 intentos.

- Solo tres catchers en la historia del beisbol de grandes ligas han recibido votos unánimes para "Novato del año" estos son: Carlton Fisk y los boricuas Benito de Jesús y Santos Alomar. Benito fue el primer catcher en la liga nacional en lograr tal distinción. Johny Bench falló en lograrlo en 1968.

- Ramón Emeterio Betances - Se le otorga por el gobierno francés la medalla de la legión de honor tras su actividad febril ayudando a los franceses en una epidemia de cólera.

- Se le otorga permiso a Samuel F. B. Morse para instalar una línea de telégrafo en Puerto Rico el 14 de enero de 1859 convirtiendo a la isla en pionera en el uso del telégrafo en el mundo.

- Con una densidad poblacional de 928 personas por milla cuadrada Puerto Rico es uno de los países más densamente poblados del mundo.

- El Yunque, como creen muchos, no es el monte más alto de Puerto Rico. Este honor cae sobre el Cerro Punta o "Puntita" de Jayuya de 4,390 pies. Con sólo 3,065 pies de altura el Yunque queda detrás de Punta, Rosas, Guilarte, Los Tres Picachos, Maravilla, Doña Juana, Toro y Cuchillas.

- El norteamericano Matías Brugman, quien murió en el Grito de Lares, nació en Nueva Orleans, Louisiana de ascendencia holandesa (de padre de Curazao y madre haitiana) tenía rango de Brigadier General en el Grito de Lares. Vino a Puerto Rico a la edad de 5 años criándose como un auténtico boricua.

- La primera iglesia católica construida en Puerto Rico que mira hacia el norte es la iglesia católica San José de Aibonito y contiene la única imagen del Sagrado Corazón de Jesús que en vez de bendecir con la mano derecha lo hace con la izquierda.

- Martín Cepeda, héroe boricua en la Guerra Hispanoamericana (ataque al Morro), perdió un brazo que le fue arrancado de cuajo por la explosión de una bomba. "¡No se apure mi capitán que aún me queda el otro brazo!" le dijo a su superior que lo miraba aterrado.

- Sergio Cuevas - Profesor universitario electo consejero provincial de la Habana, Cuba.

- El general boricua Rius Rivera fue nombrado por el general Leonard Woods, Secretario de Agricultura, Industria y Comercio de Cuba y llegó a ser gobernador de la Habana.

- El coronel Guillermo Mascaró de Bayamón fue médico del titán de bronce Antonio Maceo, director del Instituto de Santiago de Cuba, Representante a la Cámara por Oriente, Gobernador de Oriente, Secretario de Instrucción Pública, y Ministro Plenipotenciario y extraordinario de Cuba en Méjico.

- En 1956 el Colegio de Agricultura y Artes Mecánicas de Mayagüez regala al zoológico de Washington, D. C. un lagarto gigante o iguana de la isla de Mona.

- Para 1959 se proyectaba importar ciervos de la Florida a la isla de Mona para el deporte de la caza.

- Tomás de Castro, periodista, estaba sin empleo durante la Prohibición y se le ofreció un empleo federal persiguiendo alambiqueros en los mangles del área metro. Devolviendo el arma Tomás dijo: - "Señor, yo no sirvo para perseguir infelices".

- El maestro José Ignacio Quintón escribió la única danza donde se oye el coquí cantando. La danza se llama claro: "El coquí".

- Los piratas del Pittsburg, a sabiendas que Roberto Clemente era hípico, le regalaron para celebrar su hit 3,000 un pura sangre que corrió en las pistas de El Comandante y llevaba el nombre de: "Cuarto Bate".

- "El beisbol de Puerto Rico es, de Latinoamérica, el que más se acerca en calidad al beisbol de Grandes Ligas de Estados Unidos". -Reynaldo "Poto" Paniagua.

- Puerto Rico tiene una princesa de sangre boricua: la famosa actriz de padre boricua Rita Hayworth se casó con Aly Khan (hijo del Aga Khan) y su hija es una princesa: la Princesa Jasmine.

- Bernabé "Bernie" Williams: Campeón Bate de la Liga Americana 1998 con .339 de promedio.

- Ricky Ledee - Campeón Bate de la Serie Mundial 1998. Ricky es uno de solo cuatro bateadores novatos en la historia del beisbol en batear de hit en su primera y segunda oportunidad al bate en una Serie Mundial. Los otros fueron: Bill Terry (1924) Billy Johnson (1943) y Hal Mcrae (1970).

- Al ganar la Serie Mundial de 1999 los Yankees de Nueva York tuvieron a su servicio 3 jugadores boricuas en su novena, o sea, un 33% de sangre boricua: Ricky Ledee, Jorge Posada y Bernabé "Bernie" Williams.

- En Puerto Rico se fabrica el 70% del sirop de Pepsi y Coca Cola y el 100% de la Chinita Fanta que se vende en Estados Unidos.

- Esta pequeña isla de Puerto Rico es el quinto comprador más grande de artículos manufacturados en Estados Unidos y denota lo importante que es el "Commonwealth of Puerto Rico" para la nación americana.

- El café más famoso del mundo fue por mucho tiempo el café de Puerto Rico. Famoso por su aroma y sabor. El Papa en el Vaticano (Pío XII) bebía café boricua y los aristócratas franceses acudían a los cafetines a saborear nuestro grano.

- Dennis Hickey Rivera, de Aibonito, es uno de los más importantes líderes laborales de la nación americana como presidente de la local 1199. La revista "The New Yorker" le dedicó 36 páginas a una semblanza suya. "Me ha demostrado que es un hombre íntegro y de altos principios. Creo que puede convertirse en uno de los más grandes líderes sindicalistas en Estados Unidos". - dice de él el Cardenal O'Connor.

- "El Gobernador", en el Condado, es un restaurante de cinco estrellas.

- El español "puertorriqueñizado" Santiago Iglesias Pantín dirigió un puesto en el movimiento obrero a nivel internacional al ser nombrado secretario de la Federación Laborista Pan-americana con oficina en Washington, D. C.

- Conchita Hernández inventó un zapato cómodo de fácil amarre para niños logrando ventas de un millón. Sus zapatos "no shoes" se venden hasta en Saks' Fifth Avenue de Nueva York.

- En 1804 el café de la Hacienda Gripiñas, hoy en paradero, ganó la medalla de oro de la Feria Louisiana exposition de Saint Louis.

- Se celebra en Puerto Rico, con participación de 45 países, la Segunda Feria Mundial de Madera, Tecnología y Maquinaria (1991).

- Félix Madera - Presidente de toda la cadena hotelera Sonest para Florida y el Caribe.

- Mariví Montalvo - Directora de la agencia de publicidad y relaciones públicas para América Latina de la cadena BBDO de Miami.

- Monarch of the Sea, hasta 1998 el barco crucero más grande del mundo, tiene su base en San Juan, Puerto Rico.

- La primera compañía de teléfonos en latinoamérica y el caribe en instalar una aplicación de pruebas para circuitos especiales (REACT) líneas de data y privadas con capacidad análoga y digital y de análisis de protocolo es la Puerto Rico Telephone Company.

- El aeropuerto Luis Muñoz Marín está en la lista de los 30 aeropuertos más activos de la nación americana. Los cuatro aeropuertos de la isla pasaron inspección y se les otorgó el "Air Carrier Safety Award" de 1993.

- Carlos Hernández, un boricua residente de Brooklyn, lleva una cruzada contra el tráfico de drogas encausando a los niños por el camino del bien. Carlos pagó cara su cruzada perdiendo a su esposa de un balazo en la cabeza pero a pesar de ello continúa su cruzada a brazo partido contra el vicio.

- En sus primeros 7 años en Grandes Ligas nuestro "Peruchín" Cepeda bateó más jonrones que el legendario Hank Aaron logró en el mismo tiempo. Cepeda fue el segundo en la historia en ser nominado unánimemente "novato del año"; el primero lo fue Frank Robinson.

- En el pueblo de Yauco hay un monumento dedicado "al soldado español desconocido".

- Jorge López Albarrán - Catalogado en competencias en Italia como uno de los mejores 15 "bartenders" del mundo. Compitió contra 1,500 "bartenders" de 69 países.

- Al batear 5 jonrones en dos juegos consecutivos (3 y 2) el toletero boricua Edgar Martínez empata una marca de Grandes Ligas.

- De nombre Liznette, una boricua, ayudó a la NASA (National Space Administration) a resolver el problema de encontrar una forma de inyectar soluciones o medicamentos a los astronautas por jeringuilla en un ambiente de 0 gravedad.

- Las ramas del arbolito de mangle caen a tierra, se arraigan en ella y producen nuevos tallos que a su vez implantan sus flexibles ramas en el limo, estas ramas-raíces casi siempre están cubiertas de ostras que se adhieren a ellas y son descubiertas en la marea baja; por ello se dice en Europa que en Puerto Rico se cogen ostras en los árboles.

- El musical *Piaf* basado en la vida de la cantante francesa Edith Piaf, protagonizado por la cantante y actriz boricua Ivette Rodríguez, obtuvo la mejor de las críticas obteniendo el disco mayores ventas que los que recibieron en vida los discos de la diva francesa.

- Elmer Figueroa, de San Lorenzo, estrella mundial de espectáculos mejor conocido como "Chayanne".

- La poetisa barranquiteña Clara Lair (Mercedes Negrón Muñoz) era sobrina de Luis Muñoz Rivera y por lo tanto prima hermana de Luis Muñoz Marín.

- La costumbre de pintar los troncos de las palmas y árboles de blanco en Puerto Rico proviene de cuando a falta de alumbrado público se pintaban para evitar que los conductores de autos y camiones chocaran con ellos.

- Cuando el famoso cantante Paul Anka vino a Puerto Rico, quedó tan impresionado con el músico boricua Mario Ortiz que se lo quería llevar como miembro de su orquesta.

- Rolando Cruz - Cuarto mejor del mundo en el salto con pértiga.

- A falta de proteínas y por hambre, nuestros colonizadores llegaron a comer murciélagos y su guano era recolectado pues de él se extraía potasio que era necesario en la fabricación de pólvora para los arcabuces.

- Carlos Beltrán - Novato del Año del beisbol de las mayores (1999 liga americana). Octavo novato en la historia del beisbol en anotar e impulsar 100 carreras o más.

- Iván Rodríguez - Seleccionado (1999) por los cronistas del beisbol como: "El Mejor "Catcher" de las mayores en los últimos 25 años".

- El primer banco asaltado en Puerto Rico fue el Scotiabank de Santurce de la Parada 18.

- El vocablo "cangrimán" que se usa en la isla para denotar una persona lista, aprovechada y abusadora en una alta posición curiosamente proviene de la palabra en inglés: "congressman".

- Luis "Canena" Marquez fue el primer negro boricua en jugar en grandes ligas y era considerado el más completo, pues podía jugar todas las posiciones al igual que "Pancho" Coimbre.

- La netamente boricua Optica Lee Borinquen gana en Madrid, España el primer gran trofeo internacional Pharmacosmetics 1990 de la prestigiosa Trade Leader's Club por excelencia en calidad y servicio.

- "...Juan Tizol had come on board in 1929. His soft valve trombone works graced some of Duke's more exotic pieces and he himself wrote such standards as "Perdido" and "Caravan" possibly influenced by the puerto rican Tizol Ellington became one of the first jazzmen to blend jazz and latin genres. Witness his version of "The peanut vendor (1931)". -de la revista "Jazziz" comentando sobre el boricua Juan Tizol que tocó trombón con el legendario "Duke" Ellington.

- El historiador Aurelio Tió era ingeniero y diseñó su propia tumba o mausoleo. Al ser terminada fue a contemplarla y cantó: "yo tengo ya mi casita..."

- Se cree que las 800 piedras descubiertas por el Padre Nazario en Cuevas de Guayanilla estaban escritas con petroglifos y signos decorativos del idioma kechwa pre-incaico de la provincia quinte del Ecuador cuyos antecedentes se remontan aún más a la isla de Creta en Grecia.

- La letra G en el nombre de la educadora Ana G. Méndez es de su segundo nombre: Grecia.

- Proporcionalmente a la población, en la insurrección nacionalista de 1950, la raza negra tuvo mayor representación con 27 (0.01%) que la raza blanca con 90 (0.008%) en la lucha por la independencia de Puerto Rico.

- Lola Rodríguez de Tió era tía-abuela del historiador Aurelio Tió por su madre Laura Nazario de Figueroa y Rodríguez de Astudillo quien era sobrina, ahijada e hija de crianza de Lola.

- Puerto Rico - Campeón de la Serie del Caribe del beisbol de 1999 (Cangrejeros del Santurce).

- Howard Castillo, de Cabo Rojo, gana el premio "Geophysics Exploration Award" por su estudio de la erosión de las playas en el "International Science Fair Award" de Birminham, Alabama.

- Era tan escasa la población española de la isla de Vieques que la corona española se vio precisada a nombrar un gobernador francés: Mr. Teófilo Le Guillou.

- En el Bosque Seco de Guánica hay árboles centenarios de cedro "bonsai" naturales de tan solo 3 pies de alto, y un árbol de guayacán de 700 años de viejo y seis pies de circunferencia que, por ser medicinal, era llamado por los indios taínos: palo santo.

- La famosa película "Lord of the Flies" (Señor de las moscas) del novelista William Golding que retrata el inicio de la civilización, religión, tribalismo y el poder de la fuerza bruta fue filmada casi en su totalidad en la isla de Vieques.

- Las mangostas fueron introducidas en la isla para erradicar las culebras de los cañaverales y fueron muy eficaces en cuanto que se comían sus huevos y las mataban en peleas; hoy día la peste son las mangostas.

- El bosque seco de Guánica no es el único en la isla; Vieques, además de un bosque húmedo tiene un bosque seco en tierras de la Marina.

- Ramón Marín, quien fundó el periódico *La Democracia* con Luis Muñoz Rivera y era su suegro al ser padre de su esposa Amalia Marín, fue director de escuela a los 18 años de edad.

- El zoológico de Toronto, Canada, incuba huevos del sapo concho que luego son trasladados al Bosque Seco de Guánica.

- El knockout más rápido de la historia del boxeo (19 segundos del primer round) lo propinó el boricua Daniel "Cobra" Jiménez al ganarle a Harry Geir en Austria el 3 de mayo de 1994.

- Margarita Aponte Alberti - soprano boricua, ganó en Francia el Gran Prix Internacional (1981).

- Doctor Enrique Méndez - General retirado, fue director del prestigioso Walter Reed Army Medical Hospital de Washington, D. C. y Sub-secretario Auxiliar del Departamento de Defensa a nivel nacional.

- A la edad de 26 años Luis A. Quintana se convierte en el Vice-alcalde más joven de Estados Unidos (New Jersey).

- De padres boricuas, Lillian C. Barna - única mujer nombrada superintendente de tres de los más grandes distritos escolares de la nación americana: San José (California), Alburquerque (Nuevo Méjico) y Tacoma (Washington).

- Carlos M. Rivera - de padres boricuas, primer hispano en dirigir el cuerpo de bomberos de la ciudad de Nueva York con un presupuesto de 634 millones y 11,500 bomberos que protegen 800,000 edificios y 400 hoteles.

- Doctor Carlos Manuel de Castro Campos - médico personal del presidente Eisenhower.

- General Antonio Maldonado - de Comerío, en 1965 era el aviador más joven en pilotar un avión de guerra B-52.

- Doctora Margarita Silva Hunter - una de las pocas mujeres expertas en micología en el mundo.

- Jorge Bird - de Guayama, primer hispano en ser nombrado presidente del leonismo internacional.

- José Ramos Santana - pianista de Santurce, gana el prestigioso premio "Van Cliburn Piano Award".

- Aracelis Ortiz - dentista de Culebra, es una de las primeras tres mujeres en ser certificadas por la Junta Americana de Patología Oral.

- Dr. Edwin Muñoz - con tres doctorados, se convierte en 1982 en el primer latinoamericano en ser admitido al selecto grupo de fisiólogos aeroespaciales del programa espacial de la NASA y de la Fuerza Aérea de E.U.

- El Senador Joseph Foraker, por quien tuvimos en la isla la Ley Foraker, peleó en la Guerra Civil norteamericana a los 18 años, fue defensor de los 167 soldados negros despedidos deshonrosamente del ejército (incidente de Brownsville - 1906), la tercera montaña más alta de Estados Unidos de 17,000 pies (Alaska) fue nombrada en su honor: Mount Foraker.

- Durante las elecciones generales de 1960, donde participó el partido Acción Cristiana auspiciado por la Iglesia Católica, el obispo norteamericano Mcmanus, temiendo por su seguridad, portaba en su persona un revolver cargado.

- Puerto Rico es una de las pocas áreas de Estados Unidos donde se obliga a los médicos a estar totalmente cubiertos por seguros de impericia médica o "malpractice".

- El pirata inglés Sir John Hawkins, muerto frente a la costa de San Juan, Puerto Rico, era traficante de esclavos y en su escudo de armas incluía el dibujo de un negro encadenado.

- Antonio Barasorda fue el primer tenor boricua en cantar en el Metropolitan Opera House (Justino Díaz era bajo y Pablo Elvira barítono).

- Víctor M. Blanco - Doctor en astronomía, fue director del observatorio interamericano del Cerro Tololo en Chile donde se encuentra el telescopio más grande del hemisferio sur.

- Irem Poventud - Una de las sopranos mejor cotizadas del mundo.

- Rafael D. Pagán Jr. - Asesor de los presidentes Kennedy y Johnson. Su estrategia para resolver el conflicto del boicot mundial de la Nestlé hizo precedente en la solución de conflictos obreros gerenciales.

- Puerto Rico - Sede de la Convención Internacional de Mitsubishi Motors (1996).

- En 1920 el boricua Arturo Schomburg descubrió que Santa Felícita, mártir de la arena romana mencionada por San Agustín: "Entre los mártires brillan los nombres de Perpetua y Felícita", era una santa negra.

- El Bosque Seco de Guánica le gana al Yunque en cuanto a diversidad de aves (129 especies). El güabairo o "Puerto Rican Whip-poor-will" solo se encuentra aquí. La carencia de lagartos protege los huevos de las aves.

- La cerveza India gana en Bélgica el premio "Mon Selection" (Mi selección) un codiciado premio que se otorga a la calidad de ingredientes y proceso.

- Comparado con las 200 pulgadas de agua al año que caen en el Yunque en el bosque seco de Guánica solo caen 30 pulgadas y 25% de su área son rocas expuestas.

En 1981 fue declarado Reserva Biosférica de las Naciones Unidas.

- La Orquesta Nacional de Venezuela era la orquesta del boricua Joe Valle.

- La estatua de Cristóbal Colón que usted observa en la plaza del mismo nombre en el Viejo San Juan fue erigida en recordación del cuarto centenario del descubrimiento de la isla en 1893.

- La única cadena de supermercados de Estados Unidos que vende la Sagrada Biblia en sus anaqueles es la cadena Grande de Puerto Rico que dirige Atilano Cordero Badillo.

- La galería PL 900 de la avenida Ponce de León en Santurce fue la primera galería del Caribe que exhibía fotos en blanco y negro.

- ¡La carpeta de Blanca Canales, dirigente nacionalista de la revuelta de los '50, tenía más de 10,000 folios!

- El color azul marino de la bandera de Puerto Rico se escogió pues lo que hubiese sido el color azul celeste se tornaba blanco con el tiempo y el calor del sol tropical.

- Cecil B. De Mille, uno de los grandes productores de cine de todos los tiempos (productor de los Diez Mandamientos), hizo sus pininos en el séptimo arte en 1912 a la edad de 21 años realizando su primera filmación en Ponce, Puerto Rico.

- La unidad 292 de apoyo de purificación de agua de la Guardia Nacional de Puerto Rico tiene la capacidad de producir un cuarto de millón diario de galones de agua potable siendo considerada una de las mejores de su clase en el mundo.

- Los boricuas son los únicos pasajeros aéreos que aplauden cuando el avión llega a su destino y aterriza.

- En los años en que se obligaba a dar la educación pública en el idioma anglosajón a los niños boricuas se les enseñaba a cantar *La borinqueña* en inglés. ¡Cosas veredes!

- El boricua Arturo Morales Carrión fue instrumental en la caída del dictador de Santo Domingo Rafael Leonidas Trujillo. Trujillo, al igual que el gobernador norteamericano en Puerto Rico Arthur Yager, obligaba a sus ministros a firmar por adelantado su renuncia al puesto sin fecha.

- En el barrio cuyón de Coamo se practica la crianza de ovejas y borregos de las razas Polypay y Hampshire.

- Por pie cuadrado Plaza las Américas es el centro comercial más rentable o que más vende en el continente americano.

- Por si usted no lo sabía, la malagueta, que se usa para fabricar el alcoholado de malagueta y alcanfor, se usaba en antaño como condimento picante. Su semilla molida se conocía como: "Pimienta de Tabasco".

- Como el puesto de teniente a guerra no tenía paga alguna, solamente personas con medios propios podían aspirar al cargo. Al ser nombrados y ser solo responsables al gobernador fueron considerados verdaderos caciques sin que entre ellos y el pueblo mediara autoridad alguna.

- El primer árbol de caucho en sembrarse en la isla se sembró en la Hacienda Tuna de Guayama, y se estableció el primer intento de iniciar en ese mismo pueblo una industria de gusanos de seda en la isla.

- Con más de 2,000,000 de asistentes la marcha de los boricuas en Nueva York es la más grande que se celebra todos los años en Estados Unidos.

- El primer capítulo de irlandeses que se fundó en Nueva York para respaldar la lucha por la independencia de Irlanda lo ayudó a fundar un boricua: Dr. Pedro Albizu Campos. Por tal razón su nombre, junto con el de Eamon de Valera, es muy respetado por los irlandeses.

- José Feliciano, el cantante ciego de Lares, es condecorado con la Medalla de Caballero de la Orden del Santo Sepulcro (marzo 1999).

- Algunos historiadores creen que Puerto Rico fue descubierto 3 días antes de la fecha adoptada por la legislatura; el 16 y no el 19 de noviembre de 1493. Se cree que los exploradores desembarcaron ¿en dónde? ¡Pues en Vieques por supuesto!

- Con más de 500 no hay nación latinoamericana que supere a Puerto Rico en cantidad de tríos de guitarra.

- Está incorrecto cantar en navidad "A La Zarandella"; debe decirse "A La Tarantella" (¡Baile napolitano de movimiento muy vivo que se ha tenido como remedio a las picadas de la tarántula!)

- Se cree que la habitación #12 de la Casa del Francés en Vieques está embrujada. La dueña, se dice, murió de amor al ser abandonada por su esposo francés. Anunciado en el internet el cuarto es el más popular entre los turistas y algunos aseguran haber presenciado sucesos raros y haber visto el fantasma de la señora de Henri Muraille.

- Elvis Crespo, el merenguero boricua, gana en Chile la "Gaviota de Plata" (preferido del público) en el Festival de Viña del Mar, Chile, febrero 2000.

- El tramo de la autopista que conduce desde Vega Alta al peaje de Buchanan es una de las diez carreteras más transitadas del mundo.

- El sistema de faros de la isla de Vieques estaba tan extraordinariamente diseñado que fue integrado sin sufrir modificación alguna al servicio de faros de Estados Unidos tras el cambio de soberanía en el año 1898.

- El compositor José "Pepe H" Rodríguez se hacía llamar "Pepe H" pues no quería que el público se enterara de su segundo nombre: Hermenegildo y el compositor de *Bello amanecer*, Tito Enríquez, se hacía llamar "Tito" pues quería mantener su verdadero nombre en secreto: Serapio.

- Rafael Hernández fue el responsable de recomendar a Julito Rodríguez como primera voz del famoso Trío Los Panchos.

- Aún con lo pequeña que es la isla de Vieques, se han identificado 39 diferentes clases de suelos.

- Uno de los tesoros del toletero yankee Paul O'Neill es una foto donde él aparece en posición de bateador en los "bleachers" del "right field" a la edad de seis años mientras frente a él patrulla el territorio el boricua Roberto Clemente.

- Con una clientela cautiva de más de 50,000 personas el Burger King de Río Piedras, dentro de la Universidad de Puerto Rico, es el que más ingresos reporta de toda la cadena incluyendo Estados Unidos.

- El gobernador Rafael Hernández Colón - Primer boricua en ser galardonado con el premio "Primera Plana" del periódico Daily News de Nueva York por su exitosa conducción de la emergencia causada por el huracán Hugo.

- Vanessa Ortiz - Primera figura y solista del Scapino Ballet de Holanda.

- El boricua Arturo Schomburg, negro de Santurce, nació tan solo nueve meses después de la emancipación de los esclavos, vivió en Harlem donde crió 9 hijos y fundó el "Schomburg Center for Research in Black Culture". Su "Collection of Negro Literature and History" (55,000 tomos) fue nido de intelectuales negros como Langston Hughes y Paul Dunbar. Hoy su nombre es sinónimo de pan-africanismo.

- Edwin Báez Carrasquillo - Considerado el mejor exponente de la artesanía de estampas en miniatura de América Latina.

- Miguel Meléndez Muñoz - el afamado cuentista autor de joyas como *Tirijala* poseía tan solo grados primarios de educación formal. Hoy día escuelas llevan su nombre. Esto no es nada pues William Faulkner, el novelista norteamericano que ganó el Premio Nobel de Literatura, poseía tan solo un sexto grado.

- En tres años consecutivos, 1952, 1953 y 1954, la alcaldesa de San Juan, Doña Felisa Rincón de Gautier, trajo cargamentos de nieve de Estados Unidos para que los niños de la ciudad tuviesen la oportunidad de conocerla y jugar con ella.

- El compositor Felipe Rosario Goyco (1890-1954) mejor conocido como "Don Felo", está considerado un verdadero poeta de la canción popular por la calidad de las letras en ellas escrita. Es asombroso que "Don Felo" tenía tan solo un cuarto grado de educación elemental cuando escribió joyas como "Cuando estoy contigo" y "Mi Jaragual".

- Con la aportación de más de 18,000 soldados boricuas en la Primera Guerra Mundial, 65,000 en la Segunda Guerra Mundial, 60,000 en la Guerra de Korea y 38,000 en la Guerra de Vietnam; Puerto Rico aportó proporcionalmente más soldados en las guerras de Estados Unidos que ningún otro estado de la unión.

- El compositor Angel Mislán (1864-1911) logró la hazaña inaudita de componer una hermosa música a la rima #15 de Gustavo Adolfo Becker en su danza "Tú y Yo".

- De todos los países latinoamericanos y debido a su estrecha relación con Estados Unidos, Puerto Rico es el país que más anglicismos usa en su hablar diario.

- Por si no lo había notado, el logo de Acueductos es un salidero.

- Roberto Alomar - Votado "El pelotero más inteligente de las Grandes Ligas" por los cronistas del deporte.

- El mismo año en que se inauguró el radiotelescopio de Arecibo llegó a la tierra la luz de la distante estrella Vega.

- El director de la primera filmación boricua "Maruja" era argentino y el guionista español aún así la obra contiene un auténtico sabor boricua.

- Según el Premio Nobel español Camilo José Cela, los boricuas hablamos español mejor que los propios españoles peninsulares.

- El primer alcalde de San Juan en ser electo por el voto popular fue Carlos Romero Barceló. Doña Felisa Rincón de Gautier y otros alcaldes anteriores eran nombrados por una junta de comisionados municipales.

- Las primeras colecciones de mariposas del hemisferio occidental que se vendían y aún se venden como decoración y no como colección "per se" se hicieron en Puerto Rico hace 30 años atrás por Attenaire Purington de "The Butterfly People" en el Viejo San Juan.

- El $1.75 que se paga por cruzar el puente Teodoro Moscoso sobre la Laguna San José, lo convierte en el trayecto más corto y más caro de peaje en el mundo.

- La fecha de la fundación en Puerto Rico del grupo guerrillero "Los Macheteros" coincide con el ataque de las guerrillas castristas al Cuartel Moncada en Cuba un 26 de julio.

- El primer intento de establecer una planta de energía nuclear en el trópico se hizo en Punta Higüero, Rincón. Una "tumba atómica" marca el sitio.

- El único puente levadizo del caribe está en Culebra, Puerto Rico, y une la isla con Punta del Soldado.

- La antena del observatorio de Arecibo y la antena de la NASA en Goldstone son las únicas antenas de radar del mundo que detectan meteoros no visibles al ojo humano.

- El libro *Tesoro lexicográfico de Puerto Rico* es una obra monumental que podría llamarse un "diccionario de diccionarios". Es uno de solo tres en el mundo junto al de Canarias y al de Andalucía (aún en imprenta).

- La ñ que usamos en nuestro hablar diario es un fonema que no existió en el latín que heredamos de Roma y su representación gráfica varía entre las lenguas romances. Por ejemplo: franceses e italianos usan 'GN', el portugués 'NH' y los catalanes 'NY'.

- La sala Zenobia - Juan Ramón Jiménez de la biblioteca general de la Universidad de Puerto Rico es según el presidente de la Real Academia de la Lengua Española, Víctor García de la Concha: "Uno de los más ricos centros de documentación de la poesía española del siglo XX". Allí se exhibe el Premio Nobel de Literatura que ganó el poeta.

- De los primeros tres soldados norteamericanos que en 1966 rehusaron ser enviados a la Guerra de Vietnam calificándola de "guerra ilegal, inmoral e injusta" uno era negro, otro lituano y el otro boricua.

- Tony Valentín - quinto hombre en la historia de los Medias Negras (Black Sox) en batear un "ciclo" en un juego o sea: hit, doble, triple y jonrón.

- Uno de los primeros ejemplos de reciclaje en el Nuevo Mundo se dio en Culebra. Cuando un habitante de la isla moría se le velaba en un sarcófago de hierro, se le llevaba a la iglesia y al cementerio en él, sacaban el cadáver del sarcófago y lo enterraban envuelto en sábanas. Así el sarcófago de hierro podía volverse a usar en el próximo difunto.

- La diócesis de San Juan fue la primera del mundo en arribar al cursillo 1,500. Brasil, que está segundo, solo va por el número 800, aunque su diócesis es cinco veces más grande que la de San Juan.

- El pura sangre Galleguito I era tan superior a la competencia que cuando se le confiaba la conducción del potro a un aprendiz la única instrucción que se le daba era: "Agárrate de la crin que el caballo te lleva a la meta".

- La bandera que más se vende en la ciudad de Nueva York es la bandera puertorriqueña.

- La primera persona que se le acercó al joven Luis A. Ferré a ofrecerle ayuda cuando éste se matriculó en el Massachusetts Institute of Technology (MIT) fue Don Pedro Albizu Campos.

- La colección de abanicos de Doña Felisa Rincón de Gautier sobrepasaba los 300. El museo que lleva su nombre tiene 89 y el resto Felisa los donó para causas caritativas. El más preciado: un abanico coreano regalado a la "Dama de las Américas" por el Regimiento 65 de Infantería tras su regreso de la Guerra de Corea.

- En un intento de canonización popular la gente del pueblo de Hormigueros se refieren a Gerardo González, personaje principal del supuesto milagro de la Virgen de Monserrate como: San Gerardo.

- El norteamericano Joseph Taylor gana en 1993 el Premio Nobel de Física por descubrir el pulsar PSR+16 usando el radiotelescopio de Arecibo. El premio se exhibe en el museo instalado en las facilidades donado por el agradecido Taylor.

- Dicen los expertos que fue nuestro Luis Palés Matos y no el cubano Nicolás Guillén quien inició la poesía afro-antillana en toda hispanoamérica.

- Alrededor de 2000 patentes de inventores boricuas se

encuentran archivadas en la Oficina de Patentes de Estados Unidos.

- Con 327 proyectos residenciales y 56,585 unidades, Vivienda Pública de Puerto Rico es la segunda agencia más grande del sistema federal de Estados Unidos.

- FHM, revista de farándula británica, vota a la boricuas descendientes de Jennifer López: "La mujer más sexy del mundo".

- 15 boricuas se han graduado en la academia militar de West Point.

- En tiempos de antaño no existían los certificados de nacimiento por lo que la fe de bautismo tomaba su lugar.

- El disco "Dancemanía" de Tito Puente está considerado por los críticos del New York Times como: "Entre los primeros discos o producciones claves del siglo XX".

- La relación entre los pueblos de Isabela y Ponce es tan estrecha que en Isabela hay un sector llamado "Poncito" y en Ponce hay un sector llamado "Isabela".

- Dos palabras bastan a los extranjeros para aglutinar la música latina: "merengue y Tito Puente".

- Olimpiadas de Tokio de 1964 - Primera vez en la historia que el Equipo de Baloncesto de Estados Unidos es derrotado en una primera mitad... (por los boricuas).

- La ley 111 de 1987 sobre la protección del ecosistema de cuevas, cavernas y sumideros de Puerto Rico es la más avanzada del mundo, ya que se hizo después de estudiar todas las leyes del mundo que protegen los ecosistemas e incorpora lo mejor de todas ellas.

- Siendo de convicción religiosa, Lolita Lebrón disparó al techo en el ataque al Congreso y pagó con 25 años de presidio.

- El general boricua Juan Rius Rivera era con-cuñado del primer presidente de la primera república de Cuba: Tomás Estrada Palma.

- Aunque la mayor parte de las aves son polígamas, la cotorra boricua es monógama.

- El único río navegable de Puerto Rico es el Río Espíritu Santo y tiene una lancha "paseadora".

- Al lograr comunicación con más de 1,500 estaciones Puerto Rico termina campeón en el mundo en las competencias de KP-4 (radio comunicación civil) en 1999.

- Es curioso que el nombre del pueblo de Barranquitas es un diminutivo de uno de sus barrios: Barrancas.

- Algunas centrales azucareras del país eran tan grandes y poderosas que tenían más solvencia económica que los municipios donde operaban.

- El conquistador Luis de Añasco, de donde el municipio obtiene su nombre, fue padrino de bautismo de la cacica Yuiza y por "güaitiao" la cacica adopta el nombre de "Luisa".

- El pintor corozaleño Sixto Febus, con permiso de la familia de Francisco Oller, viajó a Francia y pintó una réplica exacta del cuadro "El Estudiante" que cuelga en el Louvre.

- La base principal del "Strategic Air Command", que tuvo gran importancia durante la Segunda Guerra Mundial, estaba localizada en la base aérea "Ramey Field" de Aguadilla.

- El famoso "Parterre" (tanque de agua construido por los franceses para dar de beber a los caballos) es alimentado por una quebrada subterránea que corre por debajo del pueblo de Aguadilla.

- En Arroyo se fabrica un ron con un nombre curioso: Ron Venerable.

- El afamado compositor norteamericano Paul Simon, autor de éxitos como "Mrs. Robinson" y "Sounds of Silence", es un fanático de nuestra salsa y música campesina.

- Por si usted no lo sabía, el municipio de Guaynabo tiene una bahía; comparte la bahía de San Juan con Cataño, Río Piedras y San Juan.

- El único escudo de pueblo que hace alusión a la población africana en la isla es el escudo de Guayama: el color negro de fondo tras las torres de molienda de caña le representan.

- Es curioso que siendo Culebra una isla, tiene una corona mural formada de cascos de naves.

- Es curioso que aunque se desconoce el origen del nombre del pueblo de Comerío, su antiguo nombre fuese cambiado siendo un nombre tan hermoso como: Sabana del Palmar.

- Aunque los municipios de Ponce y Guayama son importantes y cabezas de distrito hoy día, en el pasado eran tan solo barrios de Coamo.

- –"Certifico a Vuestra Majestad que es la mejor y más rica tierra que yo he visto en todo lo descubierto de Indias."– Palabras del obispo Fray Diego de Salamanca al Rey Felipe II sobre los valles de Coamo y San Germán.

- La ceiba, que se creía era árbol autóctono de Puerto Rico, se descubre que fue traída por nuestros indios taínos de Centro América y figura como "árbol nacional" de Guatemala.

- Aunque Cataño es el municipio más pequeño, su densidad poblacional es segunda después de San Juan. Con una población de más de 36,000 en cinco millas cuadradas su densidad es de 7,000 personas por milla cuadrada.

- La primera y única mujer sepulturera de Puerto Rico fue Doña Ventura Díaz de Pacheco de Santa Isabel.

- La fama que alcanzó el Trío Vegabajeño fue tan grande que los llevó a cantar hasta en las Islas Galápagos.

- José "Cheo" Cruz - Se retiró del beisbol con broche de oro al conectar en el último turno al bate de su carrera un jonrón con las bases llenas (Grand Slam).

- Dr. García Rinaldi - Considerado uno de los mejores cirujanos cardiovasculares del mundo tiene 90 publicaciones y ha ayudado a inventar 6 instrumentos para cirugía cardiovascular.

- Dra. Lucy Torres - Aunque completamente ciega es doctora en literatura comparada y profesora del Central Michigan University en Michigan.

- Luis M. Ñeco - De Humacao, es Juez del Tribunal Supremo de Nueva York condecorado con la Orden del Santo Sepulcro de Jerusalén por el Cardenal O'Connor.

- José Agustín Balseiro - Electo por unanimidad como miembro de la Real Academia de la Lengua Española.

- La plaza del mercado de San Sebastián es la única plaza de Puerto Rico donde aún se practica el trueque, o sea, se cambia cualquier cosa "pelo a pelo".

- "¡Cuídese que de los buenos quedamos pocos!" - Según el payaso Miliki es la frase boricua más apreciada en España.

- La Academia de la Policía de Gurabo está enclavada en lo que antes fue un antiguo campamento militar en uso durante la Segunda Guerra Mundial de nombre Camp O'Reilly.

- Es curioso que aunque el barrio más antiguo de Puerto Rico es Pueblo Viejo en Guaynabo, su nombre es escasamente pronunciado y es mejor conocido como: Caparra.

- Es curioso que el santo patrón del pueblo de Loíza forme una "Trinidad"; hay Santiago el Menor que es el patrón de los niños, un Santiago de las mujeres y un Santiago de los hombres.

- El conocido balneario de Luquillo tiene un nombre propio: Playa de la Monserrate.

- Salinas no es el único municipio que posee "tetas". Maricao posee las "tetas de Cerro Gordo" de 3,311 pies de altura.

- El maremoto que siguió al terremoto de 1918 en Mayagüez hizo que el mar entrara hasta la Plaza de Recreo del municipio.

- Caparra no fue el primer intento de colonizar la isla por los españoles, sino Rincón, por su proximidad con Santo Domingo (La Española).

- Los tres apodos más curiosos para habitantes de la isla son: Vega Alta: "los eñangotaos", Trujillo Alto: "los arrecostaos", y Naguabo: "los enchumbaos".

- Por evitar usar los llanos de buena tierra para la siembra, la mayoría de las carreteras de la isla se construían sobre montes y cúspides de montañas.

- La destacada cantante de salsa Fé Cortijo fue adoptada por la hermana de Cortijo a los 19 días de nacida y su verdadero nombre es Fé Ortiz Torruellas.

- Con una capacidad de molienda de 900,000 toneladas, la central de molienda de caña la Guánica (del mismo pueblo) estaba considerada una de las más grandes del mundo.

- Construido en 1606 el Convento de Porta Coeli es uno de los monumentos más antiguos de América y por supuesto más antiguo que Plymouth Rock.

- Fundada en 1814, la Lotería de Puerto Rico fue la primera en el Nuevo Mundo.

- El complejo turístico de el Escambrón y el Hotel Normandie (fundado en 1930 por el Ingeniero Félix Benítez Rexach) estaba considerado uno de los mejores clubes nocturnos de su tiempo en el mundo.

- Por la rectitud de sus calles y la distribución de sus edificios principales, Guayama está considerada la más bella ciudad colonial del Caribe.

- Con sus extensos llanos, grandes cactus, auras volando su espacio aéreo y la cordillera central de fondo, el valle de Lajas evoca al antiguo oeste norteamericano.

- El "pool" de las carreras de caballos en el Hipódromo El Comandante es un invento boricua.

- Palabras de uso tan común y normal en Puerto Rico como: china, bizcocho, negrito, bolla, palito, mico y otras son "malas palabras" en otros países.

- El tercer teatro más antiguo de las américas es el Teatro Tapia del Viejo San Juan.

- La fruta que más abunda en Puerto Rico es el "mangoneo".

- Por su alta calidad el cemento tipo "portland" fabricado en Puerto Rico, es adecuado para toda obra de construcción que aprueben las autoridades federales.

- El poeta nacional dominicano Pedro Mir Valentín era hijo de una boricua.

- Con 280 libros escritos y 70 publicados, el poeta nacional de Puerto Rico, Francisco Matos Paoli, es el escritor más prolífico del país.

- Puerto Rico es una de las pocas jurisdicciones en los Estados Unidos que poseen un código de ética para los funcionarios públicos. El código de la isla se remonta a 1943 y ha procesado hasta 1993 a más de 1,300 funcionarios públicos.

- El rey de España, Juan Carlos y la reina Sofía, daban audiencia privada al poeta boricua Francisco Matos Paoli para oírle recitar sus poemas.

- Los boricuas se encuentran "hasta en la sopa": el pintor Arana lleva 30 años residiendo en París, hay un tallador de santos boricua que lleva 17 años residiendo en Tokio, Japón, un médico boricua reside en el Tibet y un fakir o encantador de serpientes en la India es boricua de pura cepa.

- El primer cacique que aprendió a leer y escribir español fue el Cacique Jumacao llegando a escribirle una carta al rey de España.

- Los alemanes de 1902 querían usar la isla de Culebra como "disparadero".

- Rafael García - (de San Lorenzo) Ingeniero de la NASA que diseñó el sistema de cámaras que permite localizar el lugar preciso para rescatar satélites fuera de órbita y que proveyeron las primeras fotos del satélite perdido alemán SPAS-01.

- Irma Vallecillo - Pianista de Santurce, realizó la primera grabación del concierto para piano de Jacques Hetu con la Orquesta Sinfónica de Lousville.

- Dra. Nitza Cintrón - Responsable de las operaciones del área de bioquímica, endocrinología y microbiología de la NASA.

- Fernando Ferrer - Consejal más joven en la historia de Nueva York.

- Durante la Segunda Guerra Mundial, con la creación del Office of Naval Intelligence for American Republics Branch, se promovió una "germanofobia" contra las familias boricuas de esa extracción racial.

- Brigadier General Dr. Aureliano Rivas - Comandante Jefe del 818th Hospital Center de Nueva York al mando de 600 personas del Departamento Médico de la Reserva (la unidad más grande de su tipo).

- Carlos Ramírez - Sacó de la bancarrota al diario La Prensa de Nueva York (el periódico hispano más grande de E.U.).

- Las leyes de fundación de los pueblos de las Indias (plaza al centro, iglesia al este y casa alcaldía al oeste) hacía que se miraran frente a frente el poder espiritual y el temporal.

- El nombre de quebrada más curioso de la isla lo tiene Trujillo Alto con su: "Quebrada Infierno".

- Antes de que se construyera la represa Carraízo era tanta la pesca del río Loíza que el pueblo vivía de esa industria.

- Yabucoa posee la bandera más curiosa de municipio alguno, casi parece una obra de arte moderno.

- Con el fin de imponer la ley seca en Puerto Rico se llevó a cabo el llamado "referendum del coco y la botella" de 1917.

- Betancourt - es el apellido extranjero más común de Puerto Rico.

- Durante el mandato de los gobernadores con facultades omnímodas, la vida para los boricuas se hizo tan difícil que se necesitaba permiso de las autoridades para celebrar un baile.

- El primer disparo de riposta a la flota norteamericana durante la Guerra Hispanoamericana no la dio un español, sino un boricua de Trujillo Bajo (Carolina): Don Angel Rivero al gritar la orden de "¡Fuego!".

- Segundo Ruiz Belvis demostraba con obras lo que hacía con la palabra: Apóstol de la libertad de los esclavos no liberó ni uno ni dos esclavos, sino 113 que había heredado (mucho más de los que liberó Thomas Jefferson a quien se le atribuyen 6).

- El cuatrista Dámaso Rivera afina su cuatro con el "la menor" que produce el canto del coquí en su segunda nota: co-quí.

- Los españoles en la isla creyeron que el esclavo negro cristianizado se convertiría en agente propagandista de la fe católica al entrar en relaciones con los indios taínos. Pero ocurrió a la inversa: el negro ya aculturado a las costumbres españolas fue portador de los vicios de esa civilización y terminó pervirtiendo al indígena.

- Las luchas anti-esclavistas de próceres como Betances, Ruiz Belvis y otros no tuvieron un efecto decisivo en la liberación de los esclavos. Lo que realmente aceleró su libertad fue la invención de la máquina de vapor. Mantener esclavos resultaba más caro que el uso de la máquina y alquilar por temporada braceros resultaba más barato.

- Plaza Carolina es el primer complejo comercial en tener un servicio al cliente donde se consigue desde un coche de bebé rentado hasta una estampilla de correo.

- Puerto Rico - Sede del Torneo Mundial de "Stickball" o bola callejera.

- Al finalizar la Segunda Guerra Mundial se le encomendó al Regimiento 65 de Infantería asegurar la importante ciudad de Nuremburg, Alemania.

- Puerto Rico - Sub-campeón Mundial de Billar 1996. El billar más grande del mundo estaba en la isla.

- Lcdo. Francisco Valcárcel - Presidente de la Organización Mundial de Boxeo (OMB).

- Ricardo Alegría - Ganador de la medalla 150 años del Smithsonian Institution.

- Nuestra Gente: Don Manuel Rodríguez Vélez, taxista de Ponce, encuentra y devuelve una cartera de mujer con $17,000. "Dinero mal habido no gana tesoros en el cielo." - dijo.

- El Yunque y el Bosque Seco de Guánica están entre los 10 bosques más importantes del mundo por la variedad de su suelo y flora dentro de un ambiente tropical.

- "Este lugar (Puerto Rico) es muy saludable, aquí no se habla mucho de la muerte, como si hubiese algún sitio en el mundo libre de este mandato de Dios. Pero me informaron que en diez y siete meses no habían muerto más que dos frailes de muy avanzada edad. Los que vimos de 80 años de edad estaban muy fuertes de cuerpo". - Crónicas inglesas tras el ataque inglés de George Clifford.

- Los veranos son tan frescos en Barranquitas que se acuñó la frase; "Para abril en Portugal y para junio en Barranquitas".

- Allá para 1850 había tal escasez de carreteras en la isla que era más fácil ir de Ponce a San Juan en barco que a caballo.

Por la dificultad de transportación muchos boricuas nacían, vivían y morían y nunca veían San Juan, la capital.

- José de Diego fue el principal opositor al voto de la mujer alegando que: "nuestras castas y angelicales mujeres no necesitan más derechos de los que ya tienen".

- El curioso nombre del pueblo de Patillas proviene de un melón de agua que se cultivaba en esos lares llamado "patilla".

- El descubrimiento del alto contenido de vitamina C que tiene la acerola fue realizado en la estación experimental de Río Piedras.

- Con 14 farmacéuticas en su territorio, Barceloneta tiene el complejo farmacéutico más grande del mundo.

- La iglesia católica San Antonio de Padua de Barranquitas es la única iglesia católica que tiene en uno de sus vitrales la bandera de Puerto Rico.

- En 1703 don Antonio Ramírez de Arellano, con solo 20 paisanos, rechazó un ataque holandés a San Germán de más de 50 hombres. No le amilanó la superioridad numérica y tras sufrir dos descargas de los arcabuces holandeses arremetió con machetes y lanzas causando 38 muertos al enemigo. Por eso se dice de aquellos boricuas: "...pocos en número pero de tan gran calidad y esfuerzo que con ellos no se temía ningún contratiempo".

- Los yucales que producían el casabe o "pan de la tierra", como le llamaban los campesinos, fue atacado por una plaga de hormigas tan severa que la iglesia nombró a San Patricio como protector de las siembras.

- Hoy a cualquiera en la isla se le dice "don" pero esto no era así en tiempos de Cristóbal Colón, quien en una de las estipulaciones de Santa Fe pedía el título de "don". Veamos que dice Salvador Brau del pirata boricua Miguel Henríquez: "...y de tal modo se distinguió que nombrado por su majestad Capitán de Mar y Tierra obtuvo en 1744 el distintivo de "Don" que no todos los vasallos blancos poseían".

- En Puerto Rico un obispo ganaba un sueldo más alto que el de un gobernador, así que imagínese usted nuestro Juan Alejo Arizmendi (obispo criollo) ganando un sueldo más alto que el de un gobernador español (peninsular).

- El médico brujo o bohiti de los indios taínos era muy respetado pero tenía la responsabilidad de curar los enfermos: Se purgaba y guardaba la misma dieta que el paciente. Si violentaba el ritual y el enfermo moría los familiares del difunto solían sacarle los ojos y molerlo a palos.

- Los indios taínos que irían a los ríos a coger oro no tenían relaciones sexuales con sus esposas 20 días antes, pues creían que si lo hacían se les nublaban los sentidos y la vista y no lo encontrarían.

- Documentación sobre el certero disparo hecho desde el Morro que dio en el Golden Hinge hiriendo a Francis Drake y matando varios de sus oficiales: "Cenando estaba un anglo caballero que de teniente al general servía; vio la luz desde el puerto un artillero y a la mesa inclinó la puntería; la vela el blanco, el norte y el lucero de aquella noche a su postrero día, la bala ardiente acierta de tal suerte que quince y él cenaron con la muerte. La mesa, los manjares, los criados, el dueño y todo fue al infierno, donde no le faltaron convidados en otra nave de tormento eterno".

- Las fiestas patronales que algunas alcaldías tratan de suprimir por problemas de disciplina no son nada nuevo... Allá para 1700 muchas de estas festividades terminaban en regocijos nada piadosos. Así pues decía para entonces el obispo Pedro de la Concepción: "Los cofrades contentaban al santo con una misa gastándose luego los dineros de la hermandad en bailes, comedias, juguetes, corridas de cañas y profanidades pecaminosas".

- Los indios de la isla, tanto taínos como caribes, que eran capturados en guerra eran hechos esclavos marcándoseles la frente con un hierro candente llamado "carimbo". Se les marcaba la letra "F", señal que eran propiedad del Rey Fernando. 16 caciques taínos fueron marcados con el infame sello y enviados a Santo Domingo.

- "...Ellos (los boricuas) eran tan morales como cualquier pueblo, y más que algunos otros a causa de su amistad y hospitalidad". - André Pierre Leduc

- La oficina postal de Nueva York lleva el nombre de un boricua: Oscar García Rivera (Asambleísta de 1937 - 1940) quien fue el primer boricua elegido a un organismo legislativo estadounidense. Oscar ayudó a fundar la Asociación de Empleados Hispanos del Servicio Postal.

- Todavía para fines del siglo 18 habían indios taínos combatiendo a los españoles en la pequeña isla de San Vicente.

- El mal de la esclavitud trajo el cocotero a Puerto Rico. Llamado "el supermercado de la naturaleza" por los muchos productos y usos variados llegó a nuestra isla traído por traficantes de esclavos holandeses desde Cabo Verde, Africa.

- Al extenderse las dependencias de la Fortaleza se arropó una pequeña ermita dedicada a Santa Catalina que era usada por los gobernadores de la isla. Desde entonces la Fortaleza también se conoce como: "Palacio de Santa Catalina".

- Puerto Rico es el único lugar del mundo donde un predio de 25 millas se puede pasar de un bosque seco a uno mojado.

- "...aquí los africanos de esclavos solo llevan el nombre y no llevan cadenas: bien alimentados y vestidos, de salud robusta, trabajan con celo para su colono bienhechor que duplica sus ganancias ahorrando el sudor de sus esclavos". - Andre Pierre Leduc.

- Allá para 1600 la carne de carey (tortuga) era tan abundante y se vendía tan barata que ésta mantenía fuera del mercado la carne de res.

- Las canoas de nuestros indios taínos eran mucho mayores que las piraguas de los caribes y con ellas viajaban grandes distancias llegando hasta Cuba y la Florida.

- El puente que usted conoce como puente Martín Peña no es el puente original. Ese fue destruido por los ingleses en 1797. El que usted ve hoy día fue construido por el gobernador Miguel de la Torre (el del Gobierno de las Tres B) para unir la península de Cantera con el Roble (Río Piedras).

- Hoy celebramos los 500 años del descubrimiento de la isla y los tiempos de España nos parecen historia antigua pero ya para fines de 1700 Casa Blanca era también conocida como: "Casa Vieja".

- El casabe que se hacía en la isla era de tan buena calidad que se almacenaba en las guarniciones militares y se cargaba en los barcos en grandes cantidades pues a los pasajeros les gustaba tanto que lo comían como pan y de ahí el dicho: "a falta de pan... casabe".

- Según un relato inglés habían tantas cabezas de ganado en Puerto Rico que; "...era permitido, conforme a la ley, el que un hombre matase cuanto necesitase para su uso, si era tan honrado que trajese los cueros a los amos. Estas pieles producen enormes sumas de dinero, teniendo en cuenta que sus novillos son más grandes que los que se crían en Inglaterra".

- Debido a que la propiedad privada no existía en la sociedad taína el delito más vil que podía cometerse era el hurto. El acusado era empalado vivo, se le abandonaba en el campo hasta que muriese y pobre del que se atreviese a pedir clemencia para él.

- El pueblo San Felipe del Arecibo era de tan hermosa vista que hasta los enemigos de la isla lo llamaban: "El jardín dorado".

- La puerta de San Juan tiene una inscripción antigua que lee: "Bendito sea el que viene en nombre del Señor".

- Se dice que cuando algún barco mercante cargaba tabaco en nuestras costas estaban: "cargando humo".

- Aunque en Puerto Rico había mucho oro éste estaba concentrado en pequeñas áreas, así pues un hombre podía encontrar una vena de oro riquísima, mientras su vecino apenas encontraba una pepita.

- Cuando los indios taínos veían que algún cacique enfermo estaba por morir lo ahogaban, abrían su cadáver, lo secaban a fuego lento y luego lo enterraban con sus esposas favoritas vivas.

- Según el historiador J. H. Parry el supuesto pirata inglés Sir John Hawkins (quien murió frente a la costa del Morro) era primo de Sir Francis Drake y no era un pirata, sino un hombre de buenas intenciones que quería comerciar con España y sus colonias pero los testarudos y recelosos españoles no querían trato alguno con ningún inglés.

- En una batalla que se sostuvo contra los indios caribes se apresó una piragua que por ser tan elaborada y hermosamente trabajada se envió a Santo Domingo como un "tesoro".

- Los árboles de la Sierra de Luquillo eran de tan buena calidad que con ellos se hacían los mástiles principales de muchas naves como el mástil principal del "Gran Bugonia", el barco insignia de la flota española de mil toneladas.

- Por lo que hoy es Puerta de Tierra había un bosque espeso que hubo que talar para evitar que en tiempos de la colonia española los enemigos se acuartelaran bajo su sombra y así los cañones de San Cristóbal pudiesen bombardearlos.

- El barrio Don Alonso de Utuado lleva el nombre de un cacique taíno cuyo nombre indígena no se recuerda y que al ser bautizado recibió el nombre de Alonso. Luego de su muerte se descubrió que guardaba una gran fortuna de oro puro.

- La muerte del hidalgo Cristóbal de Sotomayor a mano de los indios fue horrible: le destrozaron el cráneo a macanazos y recibió 36 puñaladas en su cuerpo. Su cadáver fue enterrado con los pies por fuera.

- Los esclavos de la isla adoptaban el apellido de sus amos. Muchas familias de abolengo han desaparecido y el único recuerdo de que alguna vez vivieron está en el apellido que llevan negros en Puerto Rico como: Pellegrini y los Vizcarrondo.

- Allá a comienzos de la década de 1970 casi la totalidad de la gasolina que se consumía en el estado de Massachusetts era producida en Puerto Rico.

- Los feroces indios caribes capaban o cortaban los genitales de sus cautivos para engordarlos como cerdos y luego comérselos. ¡Huy!

- El primer gobernador boricua no fue Jesús T. Piñero, sino Don Fernando de la Riva Agüero de 1643-1648. Fue también visitador general de todos los archivos de Galicia, corregidor de Ecija y oidor de las audiencias reales de Panamá, Santo Domingo y Venezuela.

- En un documental sobre la vida del pelotero boricua Roberto Clemente, pasado en televisión por el "Biography Channel", se catalogó al astro: "un gigante entre gigantes".

- Según el Doctor Agustín Stahl el mármol de la Sierra de Naguabo es de tan buena calidad como el mármol de Carrara, Italia.

- El título de cacique era hereditario pero cuando moría un cacique sin dejar herederos, su puesto no lo tomaba el hijo mayor del segundo hermano, sino el hijo mayor de la hermana mayor porque de ésta no se dudaba que fuera un sobrino verdadero. La única excepción a esta regla fue la de la famosa cacica Anacaona de Jaragua que sucedió a su propio hermano.

225

- Decía el historiador Juan Melgarejo que en el bosque de Guavate existía una ceiba tan colosal que quince hombres no podían rodearla, no se podía bisectar su sombra con el lanzamiento de una pelota y que un carpintero llamado Pantaleón construyó un altar donde se decía misa en un hueco del árbol. ¡Hay cosas tan difíciles de creer!

- La muestra de pintura mural más antigua del hemisferio americano es la imagen de San Telmo pintada en una pared de la iglesia de San José. San Telmo es el patrón de los navegantes y siendo Puerto Rico una isla se explica por sí solo. Se cree se pintó a mediados del siglo 16 antes del ataque de Cumberland.

- "Hombres de la otra banda" - Nombre con que los europeos llamaban a un ser que comenzaba a distinguirse de ellos por su cultura naciente y su forma particular de vivir y ver la vida: el ser boricua.

- Cuando inauguraron las Cortes en 1819 en Cadiz nuestro Ramón Power y Giralt era el único diputado genuinamente americano; el resto de las colonias no habían elegido aún sus diputados y se sirvieron de representantes europeos. Power fue pues el portavoz de América y fue nombrado primer vicepresidente de las Cortes.

- El general español Miguel de la Torre, quien luego de Muñoz Marín fuera el gobernador que más tiempo estuvo en el cargo con 12 años, combatió y fue derrotado por Simón Bolívar en la Batalla de Carabobo.

- El hermoso altar de plata repujada de la Capilla del Cristo en el Viejo San Juan es obra de orfebres boricuas.

- El tiple, el cuatro y la bordonúa son instrumentos de música genuinamente boricuas.

226

- En las creencias supersticiosas de nuestros campesinos si la gallina canta como un gallo es que anuncia alguna muerte.

- En tiempos antiguos se vendían "oraciones milagreras" como la "Oración del Justo Juez" que supuestamente salvaba a los pillos de caer en manos de la policía y la "Oración del Carmen" que supuestamente evitaba que los que no sabían nadar se ahogasen.

- "Jamás el viajero extraviado o rendido de cansancio llamó a la morada de un campesino de Puerto Rico que no hallase en ella una hamaca donde descansar, una taza de café para calentarse, un pienso de hierba para su cabalgadura y una sonrisa afectuosa al despedirse, acompañado de la frase sacramental: "Dios le lleve con bien", dispensando todo sin que la curiosidad natural conduzca a inquirir siquiera en nombre de aquel a quien se dispensa." - Salvador Brau.

- El tabaco que se daba en Puerto Rico fue según el cronista Diego de Torres Vargas era: "Mejor que el de La Habana, Santo Domingo y la Isla Margarita."

- María Luisa Arcelay - Primera mujer en toda Hispanoamérica en ocupar un escaño legislativo (Representante 1933-1940).

- Alfonso XII condecoró dos veces a nuestro Francisco Oller: Cruz Orden de Carlos III y Comendador de la misma orden. Alfonso XII adquirió su cuadro "Carga de Treviño" y la Infanta Isabel de Borbón (luego Isabel II) su cuadro "Un café y media tostada".

- El sargento mayor de El Morro, Esteban Bravo fue gobernador interino 3 veces (1751-53, 1757-59 y 1760-61) a la muerte de los gobernadores Agustín de Parejas, Felipe Ramírez y Mateo de Güazo Calderón.

- Vicente Martínez de Andino dirigió las milicias que atacaron los invasores ingleses en el puente de Martin Peña (1797) y por su arrojo y valentía recibió la Cruz de San Hermenegildo.

- General Juan Rius Rivera - Sustituyó en Cuba al difunto Antonio Maceo tan efectivamente que fue llamado: "El Caballero de la Libertad".

- Demetrio O'Daly y de la Puente (nacido en San Juan) fue mariscal de campo de ejército español (mariscal = general de generales o sea: el "mandamás").

- El primer huracán de que se tenga conocimiento en la historia escrita de la isla es el huracán San Roque de 1508.

- Con la mentalidad mercantilista de la época (como el gasto de los viajes superaba las ganancias, el intercambio con los indios era poco y el oro de los ríos era difícil de obtener) se le ocurrió a Cristóbal Colón que los indios taínos se podían vender como esclavos en Europa, la idea no prosperó.

- Con solo 10,000 habitantes (y menos electores) la isla de Vieques no aparece en la autobiografía (memorias) de Luis Muñoz Marín.

- Un empresario boricua de apellido Medina (Teatro Hispano de Nueva York) fue quien dio la primera oportunidad grande a un joven trío que las estaba pasando malas y que luego alcanzaron un éxito resonante en el mundo: el Trío los Panchos.

- La grabación de plenas (aire popular boricua) que hizo Manuel Giménez (Canario) para la casa RCA Víctor causó sensación en el mundo entero. Canario hacía giras por la isla con una joven escultural que hacía sus pinitos bailando

228

y que luego fuera conocida en el mundo entero como: Rita Hayworth (de padre boricua).

- Rexford G. Tugwell fue rector de la Universidad de Puerto Rico antes de ser gobernador de la isla.

- La hija mayor del famoso toletero del beisbol Hank Aaron es una boricua nacida en Caguas. Su esposa dio a luz cuando Hank Aaron se encontraba jugando en la isla para los Criollos del Caguas.

- Son tantos los matices de verde que cubren la bella isla de Puerto Rico que la autora Doris Troutman llamó poéticamente a nuestra tierra: *La canción verde* en el libro del mismo nombre.

- El Paso de la Mona es la tumba de Francisco de Bobadilla, el arrogante que mandó a Cristóbal Colón en cadenas a España. Aún así Colón le advirtió que no navegara pues habría tormenta. Bobadilla no le prestó importancia y el bobo pereció en el lugar dicho con un tesoro que incluía el fabuloso lingote de oro más grande del mundo de 35 libras que según el Padre Las Casas era: "...tan grande como una hogaza de pan de las que se hacen en Alcalá y Sevilla".

- A diferencia de los caciques de la isla que eran taínos se cree que los caciques de Vieques Cacimar y Yahureibo, hermanos entre sí, eran caciques caribes.

- En los contratos que se hacían luego del descubrimiento de la isla se omitía la palabra "conquista" por la de "población" o "pacificación" para no ofender a los indios.

- Debido a que no tenían oro y estaban pobladas por feroces indios caribes las Antillas Menores eran llamadas por los conquistadores españoles: "las islas inútiles".

- Don Luis Sánchez Frasqueri, padre del gobernador Roberto Sánchez Vilella, salvó la vida a varias personas en la llamada: "Masacre de Ponce".

- En su segundo discurso inaugural como gobernador de Puerto Rico, probablemente escrito por un ayudante no muy bien informado, el doctor Pedro Roselló en vez de referirse al "indio bravío" de la canción *Preciosa* de Rafael Hernández, mencionó al "negro bravío".

- 33% del presupuesto del gobierno se asigna al Departamento de Educación Pública. Probablemente no hay ningún otro país del mundo que haga lo mismo (quizás Costa Rica que al no tener un ejército dedica el dinero a la educación).

- Joseph Monserrat - Presidente del Board of Education de la ciudad de Nueva York (1970-1972).

- La escalera de la Casa Berrocal de la calle Sol y San José, del Viejo San Juan, es probablemente la única escalera del mundo decorada con losas que relatan pasajes bíblicos del Viejo Testamento.

- Francisco Oller, el pintor, no ha sido el único famoso de nuestra historia; Francisco Oller Ferrer, médico, trajo la vacuna de la viruela a la isla y personalmente vacunó más de 30,000 personas.

- El curioso nombre de "La Española" con que Cristóbal Colón bautizó a Santo Domingo - Haití se debió al parecido que sus tierras tenían con la región sur de España.

- El Grito de Lares del 23 de septiembre de 1868 fue anterior al Grito de Yara de Cuba el 10 de octubre de 1868.

- De las cuatro puertas que tenía la ciudad amurallada del Viejo San Juan, la "Puerta de Tierra" fue llamada así porque era la única que no miraba hacia el mar.

- Muchos creen que el barrio "El Matón" de Cayey obtuvo su nombre en recuerdo de algún asesino y les espanta tal nombre. En realidad su nombre deriva de un yerbajo grande y fuerte que es llamado "matón" y que proviene de "mata".

- Los mercados más competidos en la nación norteamericana son: Los Angeles, Nueva York y Puerto Rico.

- Entre las compañías telefónicas de la nación norteamericana la Puerto Rico Telephone Company hace la quinta en cuanto a la cantidad de abonados que tiene.

- Humberto Padilla - Secretario de Comercio del estado de Nueva Jersey.

- El cemento variedad "portland" que se fabrica en Puerto Rico es de tan gran calidad que en pruebas de compresión hace tercero y no ha bajado del quinto lugar en el mundo.

- Cruz Azul de Puerto Rico es el único seguro de salud en el hemisferio occidental y quizás del mundo que fue creado por una ley gubernamental.

- Uno de los entrenadores del velocista Carl Lewis, quien ganó 10 medallas de oro en olimpiadas, es un boricua.

- Frank Sérpico, el policía honesto que no aceptó corromperse y del cual se hizo la famosa película "Sérpico" con Al Pacino, visitó Puerto Rico en una vacación, se bañó en nuestras playas, bebió agua de coco y adoptó el apodo de "Paco" que deriva de su nombre Frank o Francisco.

- El bolero "Madrigal" ("Cuando estoy contigo") del boricua Felipe Rosario Goyco (Don Felo), está considerado por críticos, como Hernán Restrepo: "El más bello himno sentimental de amor de todos los tiempos".

- Los famosos compositores norteamericanos Aaron Copeland y George Gershwin consideraban a nuestro pianista Jesús María Sanromá el mejor intérprete de sus obras.

- Bobby Bonilla hace marca en el beisbol de Grandes Ligas al batear un jonrón de 559 pies que salió fuera del parque de Detroit (14 pies más lejos que el record personal de George Macguire de 545 pies).

- Para 1997 y en proporción a su población, Puerto Rico le hace un segundo a Nueva York en cuanto a más policías estatales "per capita".

- Norma Edenhoffer gana el premio "National Association Broadcasters" por su programa infantil: "Chícola y la Ganga". Premio: "Mejor Programa Infantil para Niños" compitiendo contra programas infantiles de los 50 estados de la unión.

- En el juego de estrellas de Grandes Ligas de 1997 los tres jonrones que se dieron los pegaron tres boricuas: Sandy Alomar, Edgar Martínez y Davey López. Todas las carreras anotadas e impulsadas fueron producidas por los boricuas; Sandy Alomar fue votado "El Más Valioso".

- Calvin Pacheco - Llegó a ser votado "El mejor árbitro de baloncesto en el mundo" en 1970 arbitrando partidos en las olimpiadas entre Estados Unidos y Rusia.

232

- ¡Rubén Hernández - Cruzó Estados Unidos desde California a Nueva York en bicicleta! Le tomó 28 días (3,121 millas cruzando 14 estados contiguos).

- Con 11 recintos, la Universidad Interamericana es la casa de estudios superiores más grande de la cuenca del Caribe.

- Eliud Rivera de Jesús - Vice-Alcalde de la ciudad de Nueva York.

- Gabriel Guerra Mondragón - Embajador de Estados Unidos en Chile.'

- El poeta revolucionario Francisco "Pachín" Marín era un primo lejano de Luis Muñoz Marín por la madre de éste, Amalia Marín.

- Nuestro Obispo Bernardo de Balbuena se carteaba con Lope de Vega, quien le enviaba desde España sus libros. "... fue en Puerto Rico que Balbuena retocó el *Bernardo* y escribió su prólogo enlazando así, en cierto modo, la gloria de su nombre con la de la isla, haciéndola sonar por todos los países donde se extiende la lengua castellana". - Palabras de Marcelino Meléndez y Pelayo.

- Román Baldorioty de Castro no solo fue un destacado político y abolicionista; como traductor, tradujo en verso la *Trajedia Italiana* de Alfieri: *Felipe II* y el ensayo *"Liberty"* de Stuart Mill.

- La talla de madera con que la Universidad de Harvard honra al gran decano Delmar Leighton fue esculpida por el boricua José Buscaglia.

- Pilar Delfilló, mayagüezana, vendió en París su hermosa cabellera para comprar medicinas que su hijo enfermo necesitaba y que más tarde sería famoso en el mundo entero: el celista Pablo Casals.

- Loaiza Cordero del Rosario, fundadora del Instituto para ciegos que hoy lleva su nombre, era vidente, perdió la vista y la volvió a recuperar antes de fallecer. Su lema favorito era: "primero los demás y luego yo".

- "...Su interpretación va mucho más lejos de las oportunidades que ofrece el papel y es una caracterización de primera magnitud, representada, me atrevo a decir, como nunca se ha visto antes aquí". - Palabras del crítico Burton Rascoe en el World Telegram sobre la representación que hizo de Iago en *Othelo* nuestro José Ferrer y sobre su papel protagónico en *Cyrano de Bergerac* que le valió un Oscar dijo Stanley Frank del *Saturday Evening Post*: "...es posiblemente el mejor actor y ciertamente el más versátil de la escena americana".

- El médico boricua Pedro Gerónimo Goyco curó de cólera a la Reina María Cristina de España, y por ello se le condecoró con la Gran Cruz de Isabel la Católica; poco después el Rey Amadeo de Saboya le repite la condecoración.

- ¡Tanto gustó la canción "Quimbabá" de Rafael Hernández, interpretada por su cuarteto Victoria en el Teatro Arecibo, que el público hizo que la repitieran 12 veces!

- Siendo alcalde de Bayamón el poeta Virgilio Dávila, Felita Jiménez, reina de las fiestas patronales, mandó excarcelar varios reos de la prisión para que gozaran de las fiestas, lo que ocasionó se formara un lío que llegó hasta el Tribunal Supremo.

- El cuerpo especializado de bomberos forestales de Puerto Rico, altamente entrenado y fundado en 1983, ha ganado tal fama apagando fuegos en Estados Unidos que se han ganado el apodo; "The Hot Caribbean Brigade".

- El curioso nombre del "Puente de la Cortesía" de San Lorenzo se llama así porque todos los que lo cruzan se saludan y se desean parabienes.

- Tan pronto la canción "Lamento Borincano" de nuestro Rafael Hernández salió a la luz se convirtió en un éxito internacional. En Estados Unidos fue pirateada, se le cambió la letra al inglés y se publicó con el nombre de "Cuban Moonlight".

- Cypres Hill - El grupo de rap número uno en el mundo tiene un DJ: DJ - Mug (mejicano - americano) y dos cantantes: M - Dog (cubano) y B - Real (boricua).

- Francisco Amy tradujo al inglés *El sombrero de tres picos* bajo el nombre *The three cocked hat* y a muchos poetas al español como Whittier y Whitman, además de escribir para revistas de Nueva Inglaterra como: "The Waverly Magazine".

- La letra del himno de la universidad de la República de Colombia fue escrita por el dramaturgo boricua Francisco Arriví.

- Eugenio Astol, poeta, era seguidor de Krishnamurti y fue considerado: "El poeta de la masonería puertorriqueña".

- "...Es elegante latino, poeta admirable, excelentísimo jurisconsulto, profundo teólogo, orador grande y cortesano político realzándose todas estas perfecciones con ser una erudita enciclopedia de las floridas letras". - Palabras de Carlos de Sigüenza y Góngora sobre nuestro primer poeta

Francisco de Ayerra y Santa María quien era un ferviente admirador y amigo de Sor Juana Inés de la Cruz.

- La Universidad de Harvard tradujo al inglés el estudio de *Hamlet* de nuestro Eugenio María de Hostos y en 1905 en Santo Domingo, en su honor, se publicó un volumen de 400 páginas sobre su vida y artículos relacionados con su figura ejemplar.

- En San Petesburgo, Rusia, nuestro cantor operático Antonio Paoli es felicitado por el propio zar quien le confiere la Medalla de San Mauricio.

- "...Es una obra de vastísima erudición y admirable paciencia que ha de prestar inmensos servicios a cuantos nos interesamos por los estudios de filología española". - Palabras del crítico francés Foulche Delbosc sobre el *Diccionario de Americanismos* de nuestro Augusto Malaret.

- El poeta español Don Pedro Salinas decía que en todos los viajes que había realizado por los mares del mundo no había visto cosa más bella como el mar de Puerto Rico a quien alabó en su poema: "El Contemplado".

- El acalorado y emotivo discurso que dio el famoso orador Emilio Castelar sobre la abolición de la esclavitud estuvo basado en el informe que rindieron los boricuas Ruiz Belvis, Julián Acosta y Mariano Quiñones y que Castellar llamó: "...un acto de justicia y de nobleza de espíritu".

- Alejandro Tapia y Rivera recibe en 1880 el honor de ser nombrado: Caballero de la Real y Distinguida Orden de Carlos III, Rey de España.

- Manuel Tavarez llamaba sus famosas danzas: "Romanzas criollas sin palabras".

- Con un albino por cada 2,000 habitantes, Puerto Rico es la capital mundial del albinismo.

- 7 peloteros boricuas participaron en el juego de estrellas de 1991 y todos como "abridores", lo que constituye un record de Grandes Ligas. Estos son: 1. Rubén Sierra ("outfielder"), 2. Bobby Bonilla ("bateador designado"), 3. Benito Santiago ("catcher"), 4. Iván Calderón ("left field"), 5. Roberto Alomar (segunda base), 6. Danny Tartabul (bateador designado) y 7. Sandy Alomar ("catcher"). Hacía 42 años que dos hermanos (Sandy y Roberto Alomar) no participaban juntos en un juego de estrellas.

- Al este del río Mississippi es el Yunque el bosque forestal "más urbano", o sea, que queda a tan solo 25 millas de un poblado principal.

- El caserío Falansterio de Puerta de Tierra está considerado un monumento histórico nacional.

- El cuarteto de guitarras "The Four Amigos" filmaron 2 películas con Elvis Presley entre ellas: "Fun in Acapulco".

- El libro sobre Puerto Rico que escribió el norteamericano Earl Parker Hanson lleva el nombre de: *"Puerto Rico - Land of Wonders"* (país de las maravillas).

- "Puerto Rico es el único lugar bajo la bandera americana donde me puedo olvidar de que soy negro; mire a la calle y verá 20 puertorriqueños pasar; el primero puede ser blanco y el último negro, pero el resto son de colores intermedios. Por eso es que se puede progresar; no se pierden energías en peleas raciales sin sentido". - Palabras de Fataye Williams de Nigeria, estudioso de relaciones interraciales que se asombraba de que Puerto Rico estuviese bajo la misma bandera que cobijaba a Little Rock y a Harlem.

- Puerto Rico ha sido llamado: "La respuesta de América al comunismo".

- El Departamento de Estado de Puerto Rico está considerado: "El más cosmopolita del Caribe".

- La biblioteca de la difunta Comisión del Caribe (de 35,000 tomos) fue movida de Trinidad Tobago a San Juan y se considera la más grande del Caribe.

- Son tantos los boricuas que viven en Nueva York que el español se considera el segundo idioma de Times Square.

- La labor periodística de Castro Pereda le ha valido 2 premios "Rey de España".

- En la producción de la película "La guagua aérea" Luis Molina Casanova, su director, recibió asesoramiento del escritor nobel colombiano Gabriel García Márquez.

- Previo al juego de estrellas de 1993 y en la competencia de jonrones el boricua Juan "Igor" González superó al favorito Barry Bonds bateando 12 jonrones; uno de ellos de 470 pies llegó hasta el tercer piso del estadio de Maryland. ¡Wow!

- El disco "Devórame otra vez" del salsero boricua Lalo Rodríguez rompe record de ventas en España sobrepasando las 100,000 copias donde el salsero es considerado una super estrella.

- Los Muñecos "Burbujita" y "Bolillo" del "Mundo de los muñecos" gana "Primer Premio en Programa Infantil"

238

compitiendo contra cientos de programas para niños de 50 países. El triunfo fue especial pues ganaron aún sin traducción; hicieron la presentación en español.

- Elizabeth Rosario - Miss Puerto Rico 1986, gana el título de "Miss Turismo de las Américas" de Ecuador, "Miss Africa y el Mundo" de Nigeria y "Señorita Independencia de América" de Honduras.

- La campaña "First Dollar Received for Defense" que recaudó decenas de millones y que se difundió por todo Estados Unidos fue idea del boricua Don Manuel de la Rosa y su hija Néctar. La idea fue auspiciada y respaldada por Eleanor Roosevelt.

- El boxeador Sugar Ray Leonard tuvo como entrenador al boricua José "Pepe" Correa.

- El entrenador de boxeo cubano-boricua Manny Siaca de Cataño fue campeón junior Welter del Navy, de todos los servicios militares de Estados Unidos y finalmente de todos los servicios militares del mundo en una especie de olimpiada para las fuerzas armadas que se celebran anualmente.

- El obispo Pedro Martínez de Oñeca describe el obispado de Puerto Rico como el más extenso de América y posiblemente del mundo, pues no se habían establecido límites y su jurisdicción incluía todo lo conquistado al sur del Río Orinoco y contaba con siete ciudades capitales dentro de su dominio.

- ¡Asómbrese! Según la bitácora del doctor Alvarez Chanca, Cristóbal Colón pisó tierra borincana por primera vez en Vieques, lo único que en aquel tiempo Vieques no era considerado parte de la isla por los conquistadores.

- Román Baldorioty de Castro fundó en Santo Domingo el Colegio Antillano y la Academia Náutica.

- Según el Reverendo Padre Mario Meza (OFM - Capuchino) "Postulador de la Causa": Si el proceso de canonización del laico Carlos (Charlie) Manuel Rodríguez llegase a feliz término, "Charlie" sería el primer santo canonizado en la isla y solo el segundo canonizado en el mundo, gracias al uso de una computadora y del internet; el primero fue en Venezuela.

- Existió en la policía de Puerto Rico un puesto llamado "inspector de pies" que velaba que los guardias sumergieran sus pies en "kreso" diariamente por ser éste un líquido que mata las bacterias que causan el "pie de atleta".

- Antonio Fernós Isern - Delegado alterno de Estados Unidos en las Naciones Unidas y representante de Estados Unidos a la V Conferencia Panamericana del Bienestar de la Niñez (Habana 1927).

- Simón Mejil, de Guánica, fue el primer jefe de la policía de Tortola.

- La bolera Tower Lanes de Levittown, Toa Baja, está considerada la mejor bolera del caribe.

- Francisco Franceshi Caballero - Cruzó en 1929 el Océano Atlántico (12,000 millas náuticas) hasta España en un pequeño yate llamado "Mary".

- Carmen Hernández de Araujo - Escribió un drama de cinco actos llamado: *Los deudos rivales* cuando aún no había cumplido los quince años de edad.

- Rosendo Matienzo Cintrón - Vicepresidente de la Academia de Derecho de Barcelona, España.

- José M. Lázaro, cuyo nombre lleva la Biblioteca General de la Universidad de Puerto Rico, era traductor-jefe en las Naciones Unidas.

- Idalia Margarita (Beba) Franco - Tercera finalista en Miss Universo (1971). Es un logro, considerando que Marisol Malaret había ganado la corona el año anterior.

- Carlos F. Chardón, hijo - Escogido para representar a Estados Unidos en esgrima en las Olimpiadas de Amsterdam (Holanda) (1928).

- Armando Román, de Aguadilla, subdirector de bomberos de Jersey City, New Jersey. Primer hombre de minoría en ocupar tal puesto.

- Antiguamente cuando un comandante de área de la policía "la tenía" contra algún alcalde le llenaba la cárcel de presos para causarle problemas económicos (era responsabilidad de los gobiernos municipales la manutención de los presos).

- Se cuenta que un príncipe africano hecho esclavo y traído a Puerto Rico fue descubierto por el Marqués del Norte cuando éste notó el respeto con que le trataban los demás esclavos. Aunque se le ofreció devolverlo a su país natal, el príncipe decidió quedarse en nuestra tierra y compartir la suerte de sus compatriotas.

- El poeta barranquiteño José Negrón Sanjurjo dominaba el latín, griego, italiano, francés e inglés. Introdujo el "esperanto" en la isla y leyó en esperanto a Homero, Shakespeare, Víctor Hugo y *La Biblia*.

- Luego de la Guerra Hispanoamericana la entrega de las defensas de San Juan al ejército de Estados Unidos le fue confiada al oficial boricua del ejército español: Don Angel Rivero Méndez.

- Durante la Guerra Hispanoamericana el boricua José Judice Susoni se unió a las tropas norteamericanas y peleó junto a ellos en la Batalla del Alto del Asomante donde fue herido por las tropas españolas llegando a ser condecorado por el ejército invasor.

- El Club de Roma, fundado en la Academia y Lincey de Roma (1968), agrupa personas de buena voluntad y prestigio ganado en el campo científico, político, económico y empresarial. Con miras a contribuir a la paz y al bienestar social y económico del mundo, tiene solo 100 miembros entre los que se encuentra el ex-gobernador Rafael Hernández Colón.

- -"¿Cómo pueden dejar de levantarse temprano para ver este sol, con este clima, con este mar? ¡Ay amigo, es una gran cosa tener este mar con estas tonalidades, éste es el país de la primavera! Yo realmente no esperaba ver lo que estoy viendo." - Palabras de Carlos Gardel cuando se le notificó que los boricuas madrugaban.

- Allá para 1793 la ciudad de San Juan fue descrita por comentaristas de la época como: "Una de las pocas ciudades de América con bien mantenidas calles y buenas superficies".

- La colección de más de 15,000 tomos de libros raros y antiguos del Lcdo. Jenaro Cautiño Bruno era la más importante de latino-américa e incluía un *Libro de las horas*, un *Brevario* iluminado del siglo XIV, dos incunables de 1457 y 1500 y el Real Decreto del Rey Fernando VII en que se le otorga al ayuntamiento de San Juan el tratamiento de: "Excelencia de palabra y escrito".

- "Benito", un caballo de la policía montada de Culebra, tras morder un inspector que quería saber su edad, fue licenciado deshonrosamente de la policía.

- Seis hijos de Don Vicente Marco, fundador del "Circo Hermanos Marco": Morgan, Saúl, César, Johnny, Alfredo e Hiram llegaron a trabajar en el circo "Ringling Brothers" conocido como: "El espectáculo más grande del mundo", bajo el nombre de: "The Marco Trouppe".

- Ponce de León estaba cerca de la fuente de la juventud sin saberlo: Los Baños de Coamo, con sus aguas termales minerales eran propia para los leprosos, artríticos, asmáticos y herpéticos.

- El Maratón de San Blas en Coamo ha cobrado tal fama que la cadena ESPN lo presenta anualmente en su programa "Race of the Month". El programa tiene una fanaticada de 52 millones a través de 26 países.

- El libro *ABC de Puerto Rico* de Rubén del Rosario e Isabel Freire, diseñado e ilustrado por Antonio Martorell, fue premiado por el American Institute of Graphic Arts como: "uno de los mejores 50 libros para niños publicados en Estados Unidos en 1968".

- Margarita Reyes - Primera mujer policía en toda el área del Caribe en trabajar en una unidad montada (a caballo).

- El sacerdote José Murphy de la Parroquia de Guayama era confesor de reos de muerte y en el Vaticano se hacen gestiones para canonizarlo santo.

- El boricua Luis Ramírez Brau, Coronel de la policía de 1943-1944, fue contratado tras la Segunda Guerra Mundial por los alemanes para organizar la policía de Alemania Occidental.

- Arturo Somohano - Director de honor de la Sinfónica de Madrid, Cruz Orden de Isabel la Católica, Medalla de San Miguel de Bélgica y Heráldica de Cristóbal Colón de la República Dominicana.

- El Doctor Ramón Ruiz Arnau inventó el tacortoscopio para ejercicios visuales.

- En San Juan, Puerto Rico, el famoso cantante guatemalteco Ricardo Arjona se inspira para componer su famosa canción: "Si el norte fuera el sur" (abril 1995).

- Decía Juan Ponce de León y Troche en sus memorias que en España se consideraba el gengibre que producía la isla: "superior en calidad al que se produce en la isla La Española (Santo Domingo)".

- Con más de 4,000 vehículos por milla cuadrada Puerto Rico es el país con más densidad vehicular del mundo.

- La obra musical de Rafael Hernández sobrepasa las 2,000 composiciones y aún hoy día su viuda continúa recibiendo regalías.

- "Tenían mucho algodón hilado y por hilar y muchas mantas tan bien tejidas que no deben nada a las de nuestra patria". - Palabras del Dr. Alvarez Chanca sobre nuestros taínos.

- La doctora Margot Arce de Vázquez era amiga de la novel poetisa chilena Gabriela Mistral y la acompañó en viajes por Portugal, Francia, Alemania, Dinamarca e Italia.

- La palabra "limber" que se usa para nombrar el helado que tanto gusta a los boricuas lo inventó y patentizó el boricua Daniel Crespo Nadal. Lo nombró "limber" en honor de Charles Lindberg, el famoso aviador que por ese tiempo, y en la cúspide de su fama, visitó la isla. Para evitar demandas varió la pronunciación del apellido. En Cuba el mismo producto se conoce como "duro-frío".

- El árbol más viejo de las antillas y uno de los más viejos del mundo es el árbol colorado de 3,500 a 3,800 años de vida que se encuentra en el sector El Verde de Río Grande, Puerto Rico.

- "Puerto Rico es la plaza donde los artistas vienen a graduarse. El movimiento cultural de la isla es tan fuerte que el pueblo solo consume lo que quiere ver y oír. Sin duda esta plaza es un reflejo del mundo". - Donato y Estefano (canta-autores)

- La marina de Puerto del Rey de Fajardo es una de las mejores de América.

- En tiempos de antaño los utensilios de cocina se hacían de coco, higuera, madera y barro; un vaso o botella de cristal era tan valiosa que se legaba en testamento al hijo favorito.

- "...Debo decir al mismo tiempo que los habitantes son muy amantes del rey y de una natural inocencia y verdad que no he visto ni he oído haber en ninguna parte de América". - Palabras del Mariscal O'Reilly al Rey Carlos III y que documentan el corazón grande, pacífico y amante de la verdad del pueblo boricua.

- Carlos Gardel pidió café puertorriqueño en el Hotel El Condado pues decía que no le gustaba el café de Nueva York.

- "El Rodas de la Cristiandad" - Nombre que Alonso de la Fuente daba a la isleta de San Juan.

- Cuando se inauguró el Festival Casals en Puerto Rico, el maestro no pudo asistir y por un gesto de veneración se dejó la tarima del director vacía; Alexander Scheneider dirigió la orquesta desde el asiento del primer violín.

- 25 "barcos de la libertad" operados por la Comisión Marítima de Estados Unidos de 1943, durante la Segunda Guerra Mundial, llevaron nombres de próceres boricuas.

- Dos animales de la policía de Puerto Rico han sido condecorados: el caballo "Chispa" cuando éste instintivamente condujo a un policía herido hasta su cuartel y "Lanky" un perro pastor alemán por destacarse en la detección de drogas y explosivos.

- A la esposa del capitán boricua de la fuerza aérea Francisco Tejada se le notificó, en 1960, que su esposo había perecido en un accidente de vuelo sobre los mares del norte. Hoy día se sabe que realmente Tejada pereció o fue hecho prisionero al ser derribado volando un avión espía U-2 sobre Rusia; algo parecido a lo que aconteció con Francis Gary Powers.

- El dictador de Santo Domingo, Rafael Leonidas Trujillo, trató de comprar con un cheque en blanco el paso fino "Dulce Sueño" de su dueño Jenaro Cautiño Insúa. Ya tenía su yate "Angelita" en el Puerto de Lobos en espera, cuando la negativa del boricua guayamés lo dejó perplejo y furioso.

- Según el Obispo Zengotita de Puerto Rico, los boricuas eran: "...inclinados a la guerra, la navegación y todas las empresas audaces las cuales exigían gran resolución, coraje y audacia".

- El navío de Cristóbal Colón, la Santa María, tenía el nombre de "Marigalante". Colón se lo cambió pues creía que "Marigalante" era un nombre muy "mujeriego"; a diferencia de otras carabelas su velamen era cuadrado y np triangular.

- La mayoría de los descubridores y conquistadores que tuvo la isla eran escuderos y oficiantes de poca monta; no así Don Cristóbal de Sotomayor quien era hijo de la condesa Carmiña y bienamado del Rey Fernando "El Católico".

- La yuca agria que comían nuestros taínos era venenosa y antes de comerla la guayaban y exprimían. El líquido venenoso (ácido prúsico) lo usaban para suicidarse.

- El famoso comediante Richard Pryor es de madre boricua.

- Algunos creen que la mangosta fue introducida en la isla no para controlar las culebras en los cañaverales, sino un animal más dañino: la rata de campo.

- Hay 17 clases de coquí en la isla y se distinguen por su canto, ejemplo: pitito, melodioso, martillito, etc. En Cuba existe una variedad de coquí pero no canta.

- ¡El culebrón de Puerto Rico, que crece de seis a doce pies de largo, es de la familia de la temible anaconda! En Santa Isabel se encontró una muerta que medía 13 pies.

- El General Luperón, héroe de la independencia de Santo Domingo, alega en sus memorias que fue él quien diseñó la bandera del Grito de Lares y quizás eso explique por qué se parece en algo a la de la hermana república.

- Era tal la abundancia de bosques cuando Colón descubre la isla de Boriquén que se podía caminar de costa a costa bajo la sombra de los árboles.

- "Hubo hombre que con nueve heridas y arrojado tres veces al mar volvió a pelear porque la gente que llaman "del campo" hace cosas que exceden a las fabulosas". - Palabras del Obispo Juan Alfonso de Solís sobre el arrojo de las milicias boricuas durante la invasión holandesa de 1625.

- Por ser Vieques la mayor de las Islas Vírgenes Cristóbal Colón la bautizó: "Santa Ursula". Santa Ursula era la líder de las llamadas: 11,000 vírgenes.

- ¡Asómbrese! Los norteamericanos no invadieron a Puerto Rico por Guánica durante la Guerra Hispanoamericana en 1898, sino por Yauco; Guánica en aquel tiempo era tan solo un barrio de Yauco. Se convirtió en municipio en 1914.

- Durante el conflicto de 1965 en Santo Domingo, la Voz de América transmitió su programación a Quisquella a través de varias estaciones de radio aficionados de Puerto Rico debido a la calidad de sonido con que transmitían.

- Hay más asociados en el Colegio de Ingenieros y Agrimensores (más de 11,000) que habitantes en la isla de Vieques (alrededor de 10,000).

- El Ateneo de Puerto Rico, fundado en 1878, es el más antiguo de América y el más prolífico en actividades culturales diversas.

- El nombre más curioso que tenga iglesia alguna en la isla lo tiene una iglesia de Toa Baja que lleva el nombre de: Santuario Nuestra Señora de la Purificación del Plantaje.

- El primer municipio de la isla en tener servicio de alumbrado eléctrico fue el pequeño poblado de Villalba, quien también tuvo el honor de ser el primero en tener agua por cañerías, una red de teléfonos y servicio sanitario público.

- El único cemí taíno hecho en mármol en toda Hispanoamérica está en el Museo de Arte e Historia de Santa Isabel, Puerto Rico.

- Uno de los festivales más curiosos de Puerto Rico se celebra en el pueblo de Guaynabo: El Festival de las Patitas de Cerdo.

- Con 140 edificios, 2,492 apartamentos y más de 15,000 residentes, el residencial Luis Lloréns Torres de Isla Verde, es el proyecto de vivienda pública más grande de Estados Unidos.

- Quizás el más grande homenaje que se le halla hecho a Antonio Paoli es que el Othello de Verdi llegó a ser conocido como: "El Othello de Paoli".

- Náufragos de un barco ruso que encalló en la costa dieron un reconocimiento encontrando la isla de Borinquen tan bella que decidieron quedarse a vivir en ella.

- El joven boricua Adolfo Quiñonez, quien participó en la película "Break in" (que sentó la moda de dicho baile) recibió una llamada de Madonna, quien le pidió que coreografiara sus "tours": "Who's that Girl" y "Chao Italia".

- Ana Santisteban - Distinguida con una invitación al famoso Baile de la Rosa en Mónaco, Bélgica presidido por el propio príncipe Rainier III.

- El gran Kudu (antílope gigante) que el cazador boricua William Ríos cazó en Africa se cree rompe el record mundial de longitud de cuerno con 51 3/4 pulgadas. Ríos tenía como meta cazar un oso pardo (grissly bear) con tan solo una pistola magnum .44.

- El joven Diego Lizardi obtiene el primer lugar en el "all around" de gimnasia en la prestigiosa competencia Parkette International Competition.

- Frankie López - Maestro de Moo Duk Kwan, el arte marcial más antiguo de Corea.

- El hijo del campeón mundial de lucha libre, Pedro Morales, de Culebra, es un gigante de 7 pies.

- Vieques es el único municipio de la isla que tuvo un gobernador, el francés Teófilo Leguillou y una capital: Isabel II.

- "Tienen inclinación a las acciones brillantes y de honor; han manifestado intrepidez en la guerra y sin duda son buenos soldados para expediciones y campañas cortas". - Fray Iñigo de La Sierra

- El campeón de boxeo "El Nene" Sánchez (105 libras de la OMB) es un producto de los Centros Sor Isolina Ferré.

- El cantante boricua Johnny Albino del Trío Los Panchos le dio la vuelta al mundo cuatro veces, cantó junto a Frank Sinatra, Nat King Cole, Sammy Davies Jr. y expuso su voz en países tan lejanos como Rusia y Turquía.

- Luis Matos y Henry Cotto - Lograron la hazaña de robarse cuatro bases en un juego de Grandes Ligas.

- Puerto Rico - Campeón Mundial de Pequeñas Ligas del año 2000 invicto. Tuvieron que primero ganar el título de Campeones del Caribe; Jan Carlo - pitcher con mejor efectividad (0.93) y Rubén Suriel - campeón bate.

- "The fact that this good work has been accomplished in

the short span of fifteen years is truly remarkable. The support that these programs have received from the Government of the Commonwealth and from the people of Puerto Rico sets a standard and an example that we mainlanders would do well to emulate". - Palabras del Dr. James B. Rhodes (Archivist of the United States) hablando del trabajo que ha hecho el Instituto de Cultura Puertorriqueña en sus primeros 15 años de fundado.

- El único viequense que combatió en la insurrección nacionalista del '50 fue Roberto Acevedo y fue uno de los cuatro que murieron en el ataque a La Fortaleza.

- Ramón Emeterio Betances representó en París al gobierno de la república de Cuba en armas.

- La provincia militar de Pinar del Río, durante las guerras de independencia de Cuba, llevaba el nombre Regimiento Juan Rius Rivera (boricua de Río Cañas, Mayagüez).

- "La dulce calandria de Borinquen" - Apodo con que bautizó a nuestra poetisa Alejandrina Benítez de Gautier la poetiza colombiana Abigail Lozano.

- La Ley 54 sobre violencia doméstica de Puerto Rico es pionera en el hemisferio occidental y ha sido imitada por países como Argentina, Jamaica y Haití.

- El FBI se refería al Doctor Pedro Albizu Campos como: "El mulato ilegítimo educado en Harvard".

- Myrna Báez - Exhibe uno de sus cuadros en el Museo Metropolitano de Nueva York.

- "La hija de las islas" - Apodo que le dio a nuestra Lola Rodríguez de Tió el insigne poeta Rubén Darío.

- Por si usted no lo sabía el apellido materno de Dolores "Lola" Rodríguez de Tió era Ponce de León y era descendiente del conquistador Juan Ponce de León.

- En el barrio de Santiago de Cuba hay una calle que lleva el nombre "Hermanos Marín" honrando así a nuestro Pachín Marín y su hermano Wenceslao.

- Puerto Rico no es tan pequeño como parece: es más grande que Creta, que Córcega, más grande que todas las Islas Canarias juntas, casi dos veces mayor que todas las islas Baleares juntas y casi tres veces más grande que Mallorca, la mayor de las Islas Canarias, Tenerife, es cuatro veces más pequeña que Puerto Rico y la población de la isla es mayor que la población conjunta de Mallorca, las Baleares, las Canarias y Chipre.

- "El criollo leal" - Apodo dado a nuestro Román Baldorioty de Castro por el glorioso José Martí.

- Nuestro monte el Yunque tiene más o menos la misma altura que el Volcán Vesubio de Sicilia, Italia.

- "El rey del vals" - Como se conoció a Rafael Balseiro Dávila ganó un premio con su vals *Niágara* en la exposición universal de Chicago.

- Don Enrique Ramírez Brau - Director en Ponce de el diario *El día* era nieto del historiador Salvador Brau.

- Muchos conquistadores españoles eran "segundones" como Juan Ponce de León que siendo hermano menor de Don Luis Ponce de León no podía ostentar los títulos de Marqués y Conde que llevaba su hermano. Esta razón, en parte, los llevó a lanzarse a la aventura a tratar de conseguir honor y riqueza como los títulos nobiliarios que obtuvo Hernán Cortez.

- El sistema y centro de transmisión de energía eléctrica de Puerto Rico es uno de los más complejos del mundo.

- La más grande batalla o guasábara contra los indios taínos fue la Batalla del Alto Yagüecas (Río Jacaguas). 200 españoles enfrentaron alrededor de 2,500 indios lidereados por cinco caciques: Agueybaná II, Guarionex, Mabó, Urayoán y Mabodacama.

- Se dice que no hay país que tenga más unidad racial y de cohesión de pueblo que Puerto Rico, ya que ésta procede de la mezcla de su sangre y no de su extensión territorial.

- El primer médico en pisar tierras del Nuevo Mundo, el Doctor Diego Alvarez Chanca, dijo que la isla de Puerto Rico era: "...la más hermosa de cuantas he visitado".

- Se dice que no fue Juan Ponce de León el fundador de Puerto Rico, sino el propio Rey de España Fernando "El Católico". En su carta de 1511 dice el Rey: "Deseo ver esta isla bien concertada y poblada como cosa comenzada a plantar de mi mano".

- "Puerto Rico por encima de todo". - Ultimas palabras de Antonio R. Barceló.

- El avión donde se mató Roberto Clemente era de Arthur Rivera y era un modelo DC7 del cual solo quedaban cinco en el mundo.

- En Puerto Rico se inauguró una de las primeras instituciones democráticas en la historia del Nuevo

Mundo: el juicio por residenciamiento, Don Sancho Velázquez trató de residenciar a Juan Ponce de León.

- Era tan destacada la pianista Elsa Salgado que fue apodada: "La sacerdotiza del teclado".

- El Centro Ceremonial de Caguana en Utuado constituye sin lugar a dudas el yacimiento arqueológico más importante del área antillana.

- En el mausoleo de Luis Muñoz Rivera en Barranquitas hay un retrato del prócer hecho en su totalidad con cabellos de las damas de San Germán.

- La colección del Instituto de Cultura Puertorriqueña de nuestro teatro es una de las más grandes de Hispanoamérica que incluye 39 obras de 19 autores y en preparación 4 tomos adicionales.

- El municipio más rico de Puerto Rico es Guaynabo por las muchas fábricas, oficinas, negocios, residencias caras y el alto nivel económico de sus residentes.

- El pueblo de San Lorenzo se conocía antiguamente como San Miguel del Hato Grande. Debido a la supuesta aparición del diácono mártir San Lorenzo se le cambió el nombre al actual aún en contra de las autoridades eclesiásticas. Varias personas han realizado milagros y curaciones como Julia Vázquez que los hacía desde pequeña y Doña Elena Huge de quien nadie sabía de su nacimiento, se dice que ascendió al cielo dejando varias profecías y que realmente era la Virgen del Carmen.

- En La Fortaleza había una reja hecha con lanzas del siglo XVII. Fueron arrancadas después de la Guerra Hispanoamericana y llevadas a Estados Unidos.

- "Los subtaínos orientaron algunas de sus plazas ceremoniales hacia la salida del sol el primer día de las diferentes estaciones del año (equinocios y solsticios)" - Osvaldo García Goyco (arqueólogo)

- De todos los países latinoamericanos, aún con lo pequeña que es la isla, Puerto Rico es el país que más variación de ritmos tiene dado el caso de la fusión de sus tres culturas.

- El primer matrimonio civil (no religioso) llevado a cabo en Puerto Rico fue en Rincón en 1894.

- El primer pueblo en celebrar el Día de los Hijos Ausentes fue Sabana Grande.

- En el pueblo de Isabela se vende un caldo de siete mariscos que se dice revive hasta los muertos y se conoce como: "Caldo de las Siete Potencias".
- "Su trabajo en Puerto Rico (Instituto de Cultura Puertorriqueña) es uno de los más finos esfuerzos de preservación y restauración" - Dr. J. O. Bren, Presidente del American Commitee of Icom (International Commision of Monuments), Harvard University.

- El sarcófago del dictador de Haití Francois Duvalier fue comprado en Puerto Rico, costó $65,000, tenía un dispositivo que al halarlo extraía todo el aire dejando el interior al vacío y una caja de metal anti-corrosivo que contenía el "curriculum vitae" del fallecido para futuros arqueólogos.

- El cuadro "El Estudiante" de nuestro Francisco Oller se ha exhibido en el Museo del Louvre. Los integrantes del cuadro son el pintor de Islas Vírgenes Camille Pizarro y su esposa. Solo un pintor norteamericano, Wislow Homer, tiene un cuadro en exhibición en el Louvre.

- Yamil Rivera - Catalogado en el octavo escalafón de la división juvenil del tenis de mesa (ping-pong) de Estados Unidos, ganó el National Junior Table Tennis en Colorado Springs con marca de 11-1 y el Space Open de Melbourne, Florida. En 1989 participó en el US Open de Miami, llegando a cuartos de finales y dándole tremenda batalla al dos veces campeón nacional juvenil de E.U. Chi-Sun-Chui, quien tuvo que recurrir a todas sus artimañas para vencer al boricua 18-21, 21-18 y 17-21.

- Juanita Laboy - Primera y única mujer en el mundo que lidereando un equipo de pequeñas ligas gana un campeonato mundial (Yabucoa derrotando a Texas 6-4, categoría Jr. 13 años - Agosto 1990).

- Nuestro pintor Francisco Oller representó a España en la exposición universal de Vienna, Austria.

- Los llamados "black holes" o agujeros negros, fueron descubiertos en Puerto Rico. En 1967 el Dr. Drake trabajando en el radiotelescopio de Puerto Rico, detectó fuertes emanaciones radiales procedentes de super novas colapsadas o que implotaron creando un cuerpo tan denso que su fuerza magnética es un trillón de veces mayor que el de la Tierra y que no deja escapar ni las partículas de luz.

- Puerto Rico - Campeón mundial de baloncesto en uniciclo en competencias celebradas en Beijing, China, Agosto 2000.

- Las garzas blancas que comúnmente vemos sobre las reses en los campos de la isla no llegaron aquí en bandadas emigradas, ni son nativas de la isla; fueron traídas expresamente desde Africa para combatir la garrapata.

- El puerto de San Juan es el terminal más dinámico del caribe: 50% del volumen de negocios de la región totalizando $1.4 billones pasa a través de este puerto.

- La iglesia de San José en el Viejo San Juan, la segunda iglesia más antigua del Nuevo Mundo, fue construida por un fraile dominico sin entrenamiento formal alguno en arquitectura. El fraile copió planos de iglesias españolas y varió su modelo para ajustarlo a las condiciones de la isla.

- El hermoso colibrí verde San Pedrito es autóctono de Puerto Rico y fue erróneamente clasificado: "todus mexicanus" aunque no se ha podido encontrar en Méjico.

- 23 pequeños islotes y cuatro grandes extensiones de tierra de Culebra forman "The Culebra National Wild Life Refuge" creado en 1909 por el presidente Theodore Roosevelt.

- El cuerpo de San Pio que se exhibe en un sarcófago de cristal en la Catedral de San Juan no es el cuerpo del santo preservado milagrosamente como creen muchos. Es una figura hecha en cera sobre los verdaderos huesos del santo. No, ni el cabello ni las uñas le crecen. Fue traído a la isla en 1862.

- La Capilla del Cristo del Viejo San Juan no conmemora ningún milagro como creen muchos. El jinete (Baltasar Montañez) y su caballo se mataron al caer por el risco durante una competencia de carrera de caballos.

- La película boricua "Flight of Fancy" gana el primer premio en el Hollywood Film Festival, agosto, 2000.

- Las demandas entabladas tras el fuego del hotel Dupont Plaza, establece record como el litigio más largo y costoso

257

de Estados Unidos con 2,300 demandantes y 9 compañías demandadas.

- Con una capacidad de 1,000,000 de pies cúbicos el contenedor de gas liquado de Eco-electric de Peñuelas es el más grande de su clase en el mundo.

- Hay dos organizaciones curiosas en la isla que llevan el nombre: "Adictos al Sexo Anónimos" que se explica a sí mismo y "Save a Sato" que trata de salvar los perros satos callejeros.

- En las apuestas que se hacen en nuestras galleras, la palabra de hombre tan solo basta para la aceptación del acuerdo. Todos pagan. El que no pague no vuelve a entrar a la gallera.

- El Equipo Nacional de Baloncesto de Puerto Rico gana medalla de oro en el pre-mundial de Méjico al vencer al poderoso equipo de Estados Unidos.

- La feria artesanal más antigua de Latinoamérica aún en función es la que se celebra en Barranquitas todos los 17 de julio en honor de Luis Muñoz Rivera. Fundada en 1961.

- Para 1998 ya había 53 peloteros boricuas en las Grandes Ligas, lo que coloca a la isla en un alto promedio de talento participante comparado a estados y países de muchos millones más de población.

- Roberto Clemente - El astro es uno de pocos bateadores de Grandes Ligas en batear 3 triples en un solo juego.

- Benito Santiago - Catcher, hacer marca para un novato en Grandes Ligas al batear en 34 juegos consecutivos. Novato del año 1987.

- La ponencia de Don Miguel de la Rosa: "Report on Housing Alternatives" que proponía la creación de 2,000,000 de unidades de vivienda para recipientes del seguro social federal que no tenían hogar propio, fue puesta en práctica en Estados Unidos con mucho éxito.

- "A través del anfiteatro caribeño Víctor Hernández Cruz transforma su lengua nativa puertorriqueña en un flujo único y sutil de inglés barroco. Hernández es un poeta americano único que hace de su poesía no un margen étnico sino un centro de abundancia. Gracias a su español, en este libro, su inglés trasciende la vida." - Julio Ortega comentando sobre el libro *Red Beans* del boricua Víctor Hernández Cruz de Aguas Buenas.

- El Pabellón Nacional de Puerto Rico en la Expo 92 de Sevilla, obra de los arquitectos boricuas Sierra, Córdoba, y Ferrer, ha sido aclamado por su expresión vanguardista, por su belleza y lo atractivo de su forma arquitectónica.

- Juan "Igor" González - de los Rangers de Texas, se convierte en el quinto jugador en la historia del equipo en batear 3 jonrones en un mismo juego. ¡Wow!

- Teodoro Moscoso - Pidió que le tocaran música de Jack Delano en su sepelio.

- El boricua Carlos (Charlie) Pasarell y Pancho González ostentan el récord de haber protagonizado el partido más largo en la historia del Tennis (singles) celebrado en Wimbledon: 112 sets que duró 5 horas y 12 minutos.

- Edgar Martínez - Con .343 campeón bate de ambas ligas mayores del beisbol (octubre 1992).

- Octubre 1992 - Juan "Igor" González con 43 jonrones supera a Mark Mcguire y se convierte en el sexto jugador más joven (23 años) en conseguir el título de Campeón Jonronero.

- Héctor Manuel Tanco Baez (Ñingo) ganó 2 medallas de oro (anillas y manos libres) en el Parquette International Boys Invitational Gymnastic Meet de Philadelphia con marca de 9.95 sobre el gimnasta norteamericano que luego representó a E.U. en la Olimpiada de Seul, Korea.

- Tito Rodríguez - Llamado "El Cantante del Amor" en Argentina, mantiene todavía el record del recaudo de dinero más grande de carnaval alguno en ese país cuando en 1970 cantó en el Carnaval de Rosario.

- Los padres del famoso diseñador de modas y prendas dominicano, Oscar de la Renta, son boricuas.

- Por si no lo sabía, el padre del peruano San Martín de Porres y la madre del poeta norteamericano William Carlos Williams eran boricuas.

- Una gallera fue el escenario donde don Gilberto Concepción de Gracia fundó el Partido Independentista Puertorriqueño. (20 de octubre 1946 Gallera Tres Palmas)

- Tras obtener puntuaciones de 9.00 en cada rutina realizada, la gimnasta boricua Aida Canovas Llompart fue proclamada: "Gimnasta de Clase Mundial" por la Federación Internacional de Gimnasia en Alemania. La famosa gimnasta rumana, Nadia Comaneci (perfecto 10) le regaló un prendedor de Rumanía.

- En los antiguos cabildos de la isla existían "expedientes de limpieza de sangre" donde se probaba que las personas eran blancas, cristianos viejos limpios: "de toda mala raza de moros, moriscos, judíos, negros, mulatos recién convertidos a nuestra fe católica, ni penitenciado por el Santo Oficio de la Inquisición".

- El tribunal del Santo Oficio de la Inquisición operaba un "quemadero" en las afueras de la Puerta de Santiago donde se llevaban los reos que el obispo condenara a la hoguera para que "El fuego limpie su alma de sus horrendos pecados."

- La oficina meteorológica de San Juan es la única del servicio nacional que transmite mensajes en inglés y español.

- Carlos Tarrats - Medalla de oro como "Mejor árbitro de baloncesto del: Good Will Games II" de Seattle, Washington y fue honrado al oficiar el juego final entre Estados Unidos y Yugoslavia.

- Entre los 440 bastones de la colección de Don Germán Rieckehoff Sampayo, uno se lo regaló el Rey del Congo Belga y otro el Dictador de Argentina, Juan Domingo Perón.

- Hiram Bithorn - (Hiram Gabriel Bithorn Sosa) Primer pitcher boricua en las grandes ligas ganó 34 juegos en 4 años y en 1943 fue líder en blanqueadas con 7 y ganó 18 juegos.

- José Cheguí Torres - Medalla de Plata en Olimpiadas de Melbourne, Australia (1956). Campeón Mundial de todas las fuerzas armadas y Campeón Mundial (profesional) Semi-pesado.

- Más de 30 escuelas de Estados Unidos llevan el nombre de Roberto Clemente.

- Wilfredo Benítez - Elegido al Salón de la Fama del Boxeo Internacional en su primer año de elegibilidad.

- José "Cheíto" Oquendo - De Río Piedras, considerado por el dirigente Whitey Herzog del St. Louis como: "El mejor campo-corto de las mayores después de Ozzie Smith (siore). Fue líder de la Liga Nacional (1989) en promedio de fildeo (994), en "outs" propinados (346), en asistencias (851) y en doble jugadas (106). El boricua empató el record de todos los tiempos con solo 5 errores en por lo menos 150 partidos en dicha posición.

- Dr. Michael González Guzmán - Votado Doctor del Año (1990) por la Asociación Americana de Medicina Nutricional de Estados Unidos y electo vice-presidente de dicha organización.

- José Peco González - Ganador del Maratón de Montreal (1984) con marca de 2.12:48 para los 42 kilómetros.

- Entre las memorias de Don Luis Muñoz Marín en su hogar de Trujillo Alto se encuentran varias bolas de beisbol autografiadas por Reggie Jackson.

- El pseudónimo que uso de "Papá Lino" es en homenaje a mi abuelo materno Don Landelino Ortiz, un jíbaro memorable. Muchos autores boricuas usan pseudónimos tan raros como:

> Manuel Zeno Gandía: "Omega"
> Antonio S. Pedreria: "Assur Bani Pal"
> Miguel Meléndez Muñoz: "Judith Drumont"
> Padre Juan Rivera: "Jack The Indian"
> Ramón Emeterio Betances: "Bin-tan"
> > Luis Muñoz Rivera: "Incógnito"

- El "Shining Star of the Caribbean" - Un carro impulsado por energía solar que genera 1,200 voltios con un motor de 20 caballos de fuerza y cuya tablilla: WIN-092 recuerda el descubrimiento de nuestra isla: 1492, fue el primer carro aprobado para participar en The Sunrace USA de costa a costa. Fue construido por estudiantes del CAAM.

- Wilfred Morales, creador del "rap" *La abuela* fue contratado por "Prince" para abrir su espectáculo en España.

- El Yunque es el bosque lluvioso más singular del caribe: es una de las reservas forestales más antiguas del hemisferio. Contiene un bosque enano, más de un millón de cotorras verdes en tiempos de los colonizadores, grandes boas, seis ríos, varias cascadas, 240 variedades de plantas y especies raras como el "Kadam" de la China y el "Teac" de la India, lianas, epifitas, helechos gigantes, 26 especies de musgo y 1,500 cuerdas de bosque virgen, gran parte de él jamás pisada por huella humana.

- Silvia Marichal - Solista principal del ballet *Las Sílfides* en el teatro Bolshoi de Moscú y en 1965 solista principal del Ballet de Camagüey, Cuba.

- Diana Pérez, de tan solo 15 años, ganó medalla de oro en la Cuarta Competencia Internacional de Ballet en Jackson, Mississippi. De ella dice el New York Times: "...capaz técnicamente de casi todo y quien absorbió y proyectó su estilo sin artificios ni dudas".

- El centro de Dolor de Pecho de Santurce es el único centro cardiovascular de Estados Unidos que mediante un sistema innovador y vanguardista da tratamiento completo desde diagnóstico y receta todo el mismo día usando 14 procedimientos médicos que incluyen equipos nucleares.

- La cadena con una cruz que la escritora chilena, Isabel Allende, colocó en el cuello del cadáver de su hija Paula, uniendo así para siempre a madre e hija en la eternidad, le fue obsequiada a la autora por una boricua.

- "No hay duda de que "chico" es el mejor segunda base defensiva que tenemos en la liga. El logró mejores doble matanzas que Ryne Sandberg y tiene más alcance. Lind atrapa pelotas que Ryne solo ve pasar". - Palabras de Jay Bell, campo corto de los piratas sobre el doradeño José "Chico" Lind.

- René Taylor - Desde 1962 director del Museo de Arte de Ponce, sirvió en el Servicio Central de Inteligencia Británico y fue instrumental en: "el caso del espía que nunca existió" en la Segunda Guerra Mundial (cadáver plantado con información falsa en la España facista para engañar a los nazis en la invasión de Sicilia, Italia).

- El Colegio de Abogados de Puerto Rico, fundado en 1840, gozaba de todas las prerrogativas reconocidas a los colegios de la metrópoli española y el tratamiento oficial de: Ilustre.

- Santos Vázquez - Seleccionado por la Fedsoft de Illinois para arbitrar el juego final por la medalla de oro entre Estados Unidos y Nueva Zelandia en el torneo mundial del deporte (agosto 1990).

- Al ganar el Torneo South West Bank Senior Classic (1990) Chi-Chi Rodríguez se convierte en el tercer jugador de golf del mundo que alcanza la hazaña de ganar 3 millones o más en ganancias. En el último juego del torneo Chi-chi logró 8 "birdies". ¡Wow!

- En agosto de 1990 la Selección Nacional Juvenil de Baloncesto se proclama campeón invicto a nivel mundial en Tachira, Venezuela. Los venezolanos quedaron tan asombrados por la técnica de juego del equipo que le pidieron clínicas al dirigente boricua.

- Los cuatrillizos de Inés Pérez y Rob Levison son los primeros niños boricuas de esta condición que han sobrevivido.

- En la categoría de pequeño hotel de lujo, la prestigiosa revista estadounidense Conde Nast Traveler, situó al Hotel El Convento entre los primeros del mundo.

- Con tantos estudiantes y programas a nivel PHD, la clasificación Carneige califica la Universidad de Puerto Rico: "Universidad Doctoral".

- Era tal la habilidad que tenía en el billar el boricua Antonio Montalvo Morales que fue apodado "Agúzate". Alcanzó tal grado de perfección que al tiempo nadie quería jugar con él. Entonces empezó a dar ventaja jugando con una mano. En Cleveland, Ohio derrotó al invencible "Shot Morgan" - "No me dio ni pa empezar" - dijo al tumbarle $600. En Michigan derrotó a "La Golondrina", en Chicago a "Chicago Lestie, a "Mexican Johnny" y a "Babe Face", en Santa Cruz (Méjico) le ganó a "Chino", el mejor jugador de esa ciudad; en Connecticut a "Connecticut Johnnie", en Miami a "Rock Away Abe" lo que le dio pase para enfrentarse al campeón de Estados Unidos "Baltimore Reggie" de Maryland al cual derrotó cuando en un "straight pool" a 150 puntos corrió 84 bolos seguidos. El público levantó en hombros al nuevo campeón de billar de Estados Unidos: el boricua Antonio Montalvo Morales alias "Agúzate".

- El legendario "catcher" de los Brooklyn Dodgers Roy Campanella es fanático del "catcher" boricua Benito Santiago.

- Henry Darrow (Enrique Delgado) famoso por su papel de "Manolito" en la serie televisiva "The Great Chaparral" es un boricua.

- Juan Evangelista Venegas - Medalla de bronce en boxeo en Olimpiadas de Londres de 1948.

- La ciudad de Ponce es singular en cuanto a poner nombres: tiene barras con nombres tan curiosos como: "La iglesia", "Rasgos educativos", "El ateneo de San Isidro" y "El último brinco". Un cafetín llamado: "Me mata o me vence el sueño" y calles con nombres románticos como: "Callejón del amor" y "Callejón de los recuerdos".

- El nombre completo del poeta hatillano famoso por sus *Ojos astrales*, José P. H. Hernández es: José Polonio Hernández Hernández.

- El compositor Noel Estrada, autor de "En mi Viejo San Juan" no era sanjuanero, nació en Isabela en 1918.

- Guayanilla se luce (1973) a nivel mundial al crear el Maratón Femenino Internacional con asistencia confirmada de 21 países.

- Con un 87% de un esperado 84% para el año 2000, Puerto Rico supera a todos los estados de la unión en el uso del cinturón de seguridad.

- Se calcula que en las montañas de Puerto Rico hay más cantidad de níquel que en todos los estados de Estados Unidos, incluyendo Alaska y Hawaii.

- El verdadero nombre de Bobby Capó no era Roberto, sino Félix (Félix Antonio Rodríguez Capó).

266

- La madre de la esposa del Premio Nobel Juan Ramón Jiménez (Zenobia Camprubí) era boricua de Guayanilla de nombre Isabel Aymar. Isabel se opuso a la boda de su hija con un "poeta" y la pareja se casó en Nueva York en ropa civil (o sea, Zenobia nunca vistió traje de novia). Juan Ramón, agradecido del trato que recibió en Puerto Rico como exiliado, le dedicó un libro hermoso que lleva por nombre: *La isla simpática*.

- Víctor González Latalladi desarrolló una técnica mediante la cual los helicópteros pueden lograr más velocidad horizontal con el mismo poder que ejercen sus motores y un nuevo tipo de hélice mucho más eficiente para aviones convencionales.

- El escritor Abelardo Díaz Alfaro era tan despistado que llegó 5 horas tarde al altar el día de su boda. Simplemente se le olvidó que ese día contraería nupcias.

- El hermoso tema del Trío Vegabajeño que dice: "...con olas que en sus vaivenes son como hamacas donde se mece la inspiración" es de Guillermo Venegas Lloveras, autor de "Génesis".

- Chano Pozo, el legendario percusionista cubano, bautizó al cantante boricua Daniel Santos: "El Inquieto Anacobero" haciéndole creer que "Anacobero" quería decir: bohemio. La realidad es que el término "Anacobero" deriva del ñáñigo y en la mitología cubana define a una especie de *diablillo*.

- La única capilla en el mundo consagrada por obispos y ministros de distintas denominaciones (católica, anglicana, metodista, pentecostal, etc.) fue la capilla construida en el área de tiro del Campamento García y destruida por la marina en Vieques.

- Tito Rodríguez - Primer artista no argentino en ganar un disco de oro en esa nación con su disco: *Inolvidable*. Catalogado como uno de los 20 boleros más bellos jamás escritos *Inolvidable*, del cubano Julio Gutiérrez, tiene como intérprete máximo a nuestro Tito Rodríguez.

- Más de 150 canciones acreditan a Pedro Flores como una de las grandes figuras cimeras de la canción popular en la América Latina. Aunque no fue un gran músico, no cantaba bien y apenas se defendía en la guitarra, sabía cantar al amor simple y popular.

- Mario Vilella (de Lares) - Reconocido como el inventor del diamante artificial o sintético trabajó en cohetería espacial y en el desarrollo de la bomba de neutrón.

- Los Hispanos, cuarteto de voces compuesto por Tato, Charlie, Wisón y Carmelo llegaron a cantar frente a la reina Isabel II de Inglaterra.

- En tiempos de antaño, a falta de buenas carreteras en nuestras montañas, el mulo fue el héroe indiscutible para el transporte de las cosechas al mercado. Cruce entre el caballo y el burro, el mulo combina la fortaleza del caballo con la seguridad de paso del burro.

- El primer boricua en pegar un jonrón en Grandes Ligas y en Serie Mundial fue Luis Rodríguez Olmo.

- Dos cantantes famosos hicieron sus pinitos en el programa radial que tenía el boricua Rafael Hernández y su orquesta: Jesús "Chucho" Navarro (futuro integrante del Trío Los Panchos) y el charro Pedro Infante. "Chucho" Navarro (mejicano) compuso su canción "Lejos de Borinquen" antes de conocer a Puerto Rico.

- La profunda voz de la cantante Ruth Fernández fue catalogada por Rudolph Bing del Metropolitan Opera House como: "A lady baritone".

- Según el dirigente Johnny Oates, consideraba al 4 veces "all star" "El Indio" Sierra: "El jugador más completo de la Liga Americana".

- La famosa "cachucha" o gorra de colores que usaba el gran cantante cubano Rolando La Serie (¡de película!) la adoptó en Puerto Rico cuando en un concierto en la isla un admirador se la tiró en un tiempo en que ya no se usaban. Rolando se la puso y lo aplaudieron insistiendo en que no se la quitara. Desde entonces la consideraba como un amuleto de buena suerte y por siempre la usó en todas sus presentaciones.

- Las bailarinas del famoso restaurant "El Lido" de París, comienzan su acto bailando "El Cumbanchero" de Rafael Hernández.
- Panamá otorgó a la cantante boricua Ruth Fernández la condecoración Núñez de Balboa Grado "Comendadora", homenaje más grande que se haya otorgado a artista latinoamericana alguna en la república hermana.

- El nombre del sector "La Muda" de Caguas no se llama así porque existiese allí alguna mujer muda famosa, sino porque en tiempos de antaño se hacían mudas de caballos frescos para los que se dirigían a San Juan.

- La película "Atrapados" del boricua Julio Torresoto y su esposa Sonia Vivas ganó medalla de plata en categoría "Primer Largometraje" en el Festival Internacional de Cine de Houston, Texas.

- Probablemente el sandwich más largo del mundo se hizo en Puerto Rico en la panadería New Century Bakery de Yauco por Juan A. Serrano Lugo. De 450 pies 5 pulgadas, tenía 600 libras de harina, 50 libras de sal, 50 libras de margarina, sin contar el jamón, queso y ensalada. El sandwich se midió en una larga mesa en forma de U.

- Edgar Martínez - Votado "El mejor bateador designado en la historia del beisbol" lo que lo llevaría al Salón de la Fama de Cooperstown en el futuro.

- La famosa orquesta del cubano Ernesto Lecuona comenzaba su presentación en las capitales europeas tocando rumbas de "El Jibarito" Rafael Hernández.

- La canción "Campanitas de Cristal" de Rafael Hernández es interpretada en Europa y Asia hasta por la Orquesta Nacional de Rusia.

- Puerto Rico proveyó los primates sanos monos rhesus (macaca mulatta) que el doctor Jonás Salk utilizó en sus estudios para encontrar la vacuna contra la polio. El Centro Caribeño de Investigaciones sobre Primates de Punta Santiago y Sabana Seca es el centro más importante de Estados Unidos en la cría de esta especie.

- Trece especies botánicas llevan el nombre Stahli o Stahlia en honor de nuestro sabio Agustín Stahl.

- La mayor parte de las hermosas acuarelas de especies botánicas boricuas y papeles científicos que el Doctor Agustín Stahl donó al Museo de Berlín se perdieron en el incendio que arropó la ciudad durante la Segunda Guerra Mundial.

- La notoria frase cubana: "Si Fidel es comunista que me pongan en la lista" salió de una guaracha escrita por Daniel Santos que decía: "Si las cosas de Fidel son cosas de comunista que me pongan en la lista que estoy de acuerdo con él." Daniel Santos, quien había escrito un bolero llamado: "Sierra Maestra", nunca pensó que Fidel realmente fuese comunista y poco tiempo después tuvo que salir de Cuba con el "rabo entre las patas".

- Juan de la Pezuela fue el gobernador con facultades omnímodas más nefasto y estableció medidas tan antipopulares como la libreta de jornaleros, pero hizo algo muy bueno y atinado: abolió el infame código negro que había instituido el general Prim.

- La gran colonización de las ciudades del centro de la isla que alejó la población de la costa se debió en gran parte a la siembra y cosecha de un producto agrícola: el café.

- Sólo dos caciques aceptaron la autoridad del rey de España después de la güasábara del Río Yagüeca: Caguax y Otoao (Don Alonso).

- Angelique Rodríguez - Quinta mejor clavadista de plataforma a 10 metros de altura en América. Décimo séptima mejor del mundo de un total de 40 en semi-finales olímpicos de Sidney; Australia.

- El estadista republicano Rafael Martínez Nadal se ganaba la vida en sus años mozos como payaso de circo y llegó a manejar una empresa de payasos cubanos.

- La "ultima cena" que sostuvo en la plenitud de sus facultades mentales el Dr. Pedro Albizu Campos fue en el Mesón Español el 26 de octubre de 1950 con un personaje llamado Ramón Ortiz del Rivero "Diplo".

- Joe "King" Román - Derrotó al campeón de los pesados (heavy weight) europeo, el español José Manuel Ibar "Urtain".

- Venezuela le otorgó a la cantante Ruth Fernández la condecoración más alta que le puede otorgar a un ciudadano: la Orden Francisco Miranda.

- El Hospital del Niño Jesús de Madrid, España fue fundado por un boricua: Julio Vizcarrondo y Coronado.

- "Felipe Rosario Goyco (don Felo) era tan feo que evitaba a toda costa ser retratado. Nunca se molestó en cobrar los derechos de autor de sus canciones ni las promovió. Nunca escribió con doble sentido, ni usó palabras chabacanas ni vulgares y nunca cayó en lo trivial o en lo ridículo. Dotó el cancionero de América con dos joyas: "Madrigal" (Cuando estoy contigo) y "Desde que fuiste". - Palabras del crítico Hernán Restrepo.

- El algodón de fibra larga "sea island" de Puerto Rico se usaba a falta de seda, para confeccionar paracaídas que se usaron en la Segunda Guerra Mundial. Al finalizar la guerra se pagaba más por la semilla que por la fibra con la intención de dejar los agricultores sin semilla eliminando así la competencia y obligándolos a regresar al cultivo de la caña de azúcar.

- Carlos Delgado - Votado por la revista *Sporting News* como: "Jugador del año" (año 2000) y "Jugador mejor pagado de la historia del beisbol" (68 millones en 4 años a razón de 17 millones por año) (Oct. 2000).

- La fama del humilde tabaquero maestro Rafael Cordero trascendió los límites de la isla y poco antes de su muerte un periódico de Madrid - *Las Antillas* elogió su labor y pidió se le diera merecida recompensa.

- El Cuarteto Victoria de Rafael Hernández se llamaba Victoria por dos razones: en honor de su hermana Victoria y de su casa disquera: RCA Víctor.

- Antonio Mesa, dominicano, integrante del Trío Borinquen de Rafael Hernández, llamado "El Jilguero de Quisqueya", fue el primer vocalista de su país en dejar su voz grabada en discos.

- María Esther Pérez Félix, esposa de Felipe Rodríguez "La voz", se hizo famosa por el acoplo y tersura de su voz con la de Felipe. Era de Vieques y formó parte de "Las damiselas" de Silvia Rexach, cantó con Los 4 ases, Tito Lara y Miguelito Alcaide.

- El apodo "El sonero mayor" que ostentaba Ismael Rivera le fue puesto por el famoso sonero cubano "Benny" Moré.

- Rafael Pont Flores era tan genial en sus comentarios que hizo de la crónica deportiva un género literario.

- En el mismo avión DC-7 que llevó a la muerte al astro Roberto Clemente se supone viajara también la cantante Ruth Fernández, pero un compromiso de última hora se lo impidió.

- El ente biológico anómalo mejor conocido por "chupacabras" fue bautizado así por el cantante de la "nueva trova" Silverio Pérez.

- ¡Silvia Rexach escribió uno de sus más hermosos boleros "Di corazón" a la tierna edad de 14 años!

- Ruth Fernández fue la primera mujer cantante del mundo en convertirse en senadora de la legislatura de su país.

- Pedro Abizu Campos fue maestro de historia en la Ponce High y entre sus discípulos se hallaba un joven que con el tiempo sería considerado el más grande arreglista, orquestador, músico consagrado y director de orquesta de los tiempos modernos: el gran Ramón "Moncho" Usera.

- La combinación del requinto Félix "Ola" Martínez, la inimitable segunda voz del también compositor Santiago "Chago" Alvarado y la angelical voz de Juan "Johnny" Albino hizo del Trío San Juan uno de los tríos fundamentales de la historia del bolero y la razón para que el Trío los Panchos adquieran a Albino, luego de la partida de Avilés, eliminando así a su más cercano rival.

- Las coincidencias en los incidentes de los asesinatos de Heinrich Heydrich y Francis Riggs son tan similares que rayan en lo espeluznante; veamos:

    1. Ambos eran ciudadanos de países invasores: Heydrich de la Alemania Nazi en Polonia y Riggs de Estados Unidos en Puerto Rico.

    2. Ambos eran uniformados: Heydrich era general de la SS Nazi, Riggs fue militar y coronel de la Policía de Puerto Rico.

    3. Ambos tenían las manos manchadas en sangre: Heydrich, aunque su puesto oficial era "Lord Protector" de Varsovia, Polonia era mejor conocido como "el Carnicero de Varsovia". Riggs, como jefe de la policía era responsable de la Masacre de Río Piedras.

    4. Ambos cayeron víctimas de su propia rutina: Heydrich pasaba todas las mañanas a la misma

hora por la misma carretera. Riggs acudía a misa como católico práctico a la catedral de San Juan (desarmado) todos los domingos.

5. Ambos fueron atacados a plena luz del día dentro de un vehículo y sentados en la parte de atrás.

6. Eran dos los atacantes y miembros de comandos.

7. La pistola del primer atacante mascó las balas (dato más espeluznante de todos).

8. El chofer - escolta, creyendo que era un solo atacante se bajó del vehículo a perseguirlo, dejando solo a la víctima.

9. La muerte la produce el segundo atacante.

10. Los comandos son perseguidos, capturados y asesinados sin juicio previo.

- Un boricua ostenta el record de relevos en el círculo de beisbol de Méjico.

- El decano de la Escuela de Dermatología de la escuela de Medicina de Harvard es un boricua: Doctor Ernesto González Martínez de Aguadilla.

- El general Máximo Gómez que peleó en la Guerra de Independencia de Cuba era dominicano pero tenía razones poderosas para pelear en Cuba: su esposa y sus hijos eran cubanos. Por eso decía él que luchaba por la patria de sus hijos.

- Estando en Nueva York a punto de morir José de Diego pidió un sacerdote para confesarse. Lo único que se pudo conseguir fue un sacerdote italiano. El cura se sorprendió de la facilidad y claridad con que De Diego se confesó en italiano.

- Al ser nombrada alcaldesa de San Juan en 1946, Felisa Rincón de Gautier se convirtió en la primera alcaldesa de ciudad alguna en el hemisferio occidental. El avión de la Eastern Airlines que la llevó a Estados Unidos a recibir el premio: "Dama de las Américas" llevaba escrito en su fuselaje: "Dama de las Américas" en su honor.

- Por su padre Manuel Zeno Correa nuestro novelista Manuel Zeno Gandía, nacido en Arecibo, era descendiente del famoso teniente a guerra Antonio de los Angeles Correa de cuyo nombre se apropia Arecibo su apodo "Villa del Capitán Correa". Entre los muchos honores que obtuvo por su acción el Capitán Correa destacan: la concesión de la Medalla de la Real Esfigie en España, ascendió a capitán de milicias y tuvo el honor de desayunar con el Rey de España, Felipe V y conversar con él de tú a tú.

- Hugo Torres sembró en 1940 en Puerto Rico el primer "bonsai" de una semilla de flamboyán que aún existe.

- Los negros norteamericanos no entienden como la palabra "negrito" se usa de cariño en Puerto Rico y debido a que no encontraba racismo en contra de su persona al famoso pelotero Willie Mays le encantaba jugar en la isla.

- "Pancho" Coimbre llegó a pegarle 20 "fouls" (record) al excelente pitcher Satchel Paige y al final coronó con un "hit".

- La periodista Carmen Jovet ostenta la más alta condecoración de la República Dominicana: la Orden de Sánchez, Mella y Duarte.

- La mejor unidad de cuido de quemados en El Caribe y Latinoamérica está en Puerto Rico.

- Con la combinación de la Base Naval de Roosevelt Roads,

276

la Base Naval de San Juan y Base Aérea de Ramey en Aguadilla Puerto Rico era conocido durante la Segunda Guerra Mundial como: "El Centinela del Caribe".

- Allá para los tiempos de España el sector de Miramar en Santurce era conocido con el curioso nombre de "Monte del Zorro".

- Ya que su hemoglobina es parecida a la de los humanos, doctores boricuas estudian las almejas con vista a futuras fuentes de hemoglobina para transfusión a nivel mundial.

- Robert Kennedy Jr., quien estuvo preso por desobediencia en el caso de Vieques, nombró (como tercer nombre) a su hijo recién nacido mientras se hallaba en prisión: Vieques Kennedy.

- Rubén Gómez (el Divino Loco) fue el primer pitcher boricua en ganar un juego de Serie Mundial (1954- Gigantes).

- El pura sangre viequense Galgo Jr. (hijo de Galgo en Marquesa), ganó 136 primeros, 18 segundos y 2 terceros lo que se estima es un record mundial.

- La Playa Flamenco de Culebra fue votada "La segunda playa más bella de Estados Unidos". La más bella está en Hawaii.

- John Ruiz - primer boricua y latinoamericano en ser coronado campeón mundial de boxeo de los pesos completos. Puerto Rico tiene ya 41 campeones mundiales de boxeo y enumerarlos a todos llevaría varias páginas de este tomo.

- El primer clásico de caballos pura sangre en Puerto Rico: "La Copa Gobernador" fue inaugurado por el gobernador norteamericano Regis Post y aun se considera la tercera pata de la triple corona boricua.

- Puerto Rico - Tercer país latinoamericano en ser admitido en la Federación Mundial de Geómetras con base en París, Francia.

- El boricua Pablo de la Torriente Brau nació en 1901, vivió en Cuba donde fue un formidable cronista y murió en la Guerra Civil Española (1936). Un famoso centro cultural en Cuba lleva su nombre y el famoso poeta español Miguel Hernández le escribió un poema-homenaje llamado "Elegía Segunda a Pablo de La Torriente Brau" que ha sido musicalizado por el famoso trovador cubano Silvio Rodríguez.

- Era tanta la pesca, los grandes rebaños de reses manejados por vaqueros y sus importantes azucareras que la isla de Vieques era conocida, antes de la entrada de la marina, como: "la tacita de oro".

- El pura sangre Candy B se convirtió en el primer caballo en obtener ganancias de un millón en nuestras pistas.

- El afamado actor Braulio Castillo no podía comer en los restaurantes de Perú y Méjico pues era reconocido inmediatamente y asediado por las féminas.

- Construido en 1940 el campo del Punta Borinquen Golf Club de Aguadilla era el campo de golf favorito del presidente Dwight Eisenhower.

- La creación de la procuraduría de la mujer en Puerto Rico crea un precedente en América al dar poderes quasi-judiciales a una funcionaria que vela por el bienestar y la protección de los derechos de la mujer.

- El Torneo de Pesca del Aguja Azul de Puerto Rico es el más antiguo del mundo.

- Miguel "Pichi" Romero, empleado de la Puerto Rico Telephone Company, se convierte en el primer boricua en completar la vuelta a nado de nuestra isla y establece un record mundial al concluir la trayectoria en 31 días.

- Por la complejidad de su sabor se estima que el mejor cacao del mundo es el de Puerto Rico superando al trinitario y otros.

- Dennisse Quiñones - gana el título de Miss Universo 2001.

- Félix "Tito" Trinidad votado "mejor boxeador libra por libra del mundo". Entre sus víctimas se encuentran 19 campeones, 7 boxeadores invictos y cuatro medallistas de oro olímpicos.

- El Museo de Ponce, Puerto Rico, exhibe el famosísimo cuadro "Flaming June" de Lord Leighton.

- El pilón más grande del mundo está en Puerto Rico. Mide 10' 4" de alto, 6' de ancho, 6' de profundidad, y su maceta mide 12' de alto. Pesa 800 libras y fue construido por el artesano de Salinas Neftalí Maldonado. (Guinness Book of World Récords). Con el se hizo el mofongo más colosal del mundo donde se utilizaron 3,000 plátanos, 300 libras de pollo, 100 de pimiento y cebollas y tres galones de sofrito.

- Por su copiosa cosecha de medallas de oro en natación (10) en los Juegos Centroamericanos y del Caribe nuestra Anita Lallande fue bautizada: "Anita La Lancha".

- La única legislatura de todos los estados y territorios de Estados Unidos en presentar una resolución aprobando la participación de los ciudadanos en la guerra de Vietnam fue la Legislatura de Puerto Rico. ¡Ay padre!

- ¡En tiempos de los Conquistadores el trabajo manual se consideraba despreciable y la holganza o vagancia era considerada una virtud!

- Dos innovaciones musicales acabaron con nuestra danza en los salones de baile: el vals y el bolero. Pero según Eugenio Fernández Méndez: "No se puede decir que la danza dejó de ser. Ha cambiado de función, hoy es un medio expresivo nacional cuya acción se desarrolla en el campo del concierto. Se escriben danzas para oír no para bailar. Del aspecto bailable ha entrado al campo de las tradiciones que se conservan como se conservan los tesoros de un pueblo."

- La "chicha" o cerveza de maíz que producían nuestros indios taínos se obtenía escupiendo o mascando la maza de maíz de donde se produce. La tialina de la saliva convierte el almidón en azúcar y hace que la mezcla fermente. Para mascarla o escupirla sólo se seleccionaban mujeres jóvenes y saludables.

- Héctor Feliciano – de Hato Rey, nominado para el Premio Pulitzer por su libro; "The Last Museum" donde relata cómo ayudó a rescatar obras de arte valiosas robadas por los nazis de países como Francia y Holanda en la Segunda Guerra Mundial.

- Además de vacas, caballos y aves de corral los conquistadores españoles introdujeron en el Nuevo Mundo las ratas, las pulgas y las garrapatas.

- ¡Entre los mitos de nuestros indios taínos hay uno que se refiere a un diluvio universal!

280

- Era tal la calidad de las pinturas de nuestro José Campeche que sus obras eran compradas y vendidas en Europa como "auténticas" pinturas del famoso pintor español Francisco de Goya y Lucientes.

- En la civilización taína existieron homosexuales cuya aceptación era común y tolerada pero era usual que estos usaran, como las mujeres casadas, las naguas o faldetas.

- Ismael "Trucutú" Oquendo – llamado "el zurdo de Santurce", estableció record en el béisbol de Méjico.

- Decía un turista de Canadá que el clima de la isla tiene dos estaciones: "la caliente y la caliente como el demonio".

- En Puerto Rico se cree que de los Tres Reyes Magos, Melchor era el negro. Pero en la Biblioteca Nacional de París un documento bien cuidado que ya cuenta con 13 siglos retrata por primera vez los Magos. Según el documento: "Melchor era Anciano de barba larga poblada, Gaspar era joven lampiño y rubio y Baltasar era negro y de espesa barba."

- ¡En la región del carzo (Arecibo) se pueden encontrar plantas insectívoras!

- Jack Delano no era norteamericano, era ruso. Nació en Iliev, Rusia, en el 1914 y emigró luego con su familia a Estados Unidos.

- Eddie Ríos Mellado único boricua ingresado en el Salón de la Fama del Baloncesto de Springfield, Massachussets. Razón: Eddie, maestro de educación física, inventó la línea semi-circular de tiro de tres puntos que se utiliza en el deporte. ¡Qué le parece... Boricua!

- La música de nuestro Manuel Tavarez era muy apreciada en Europa. En Italia, por ejemplo, la Gaceta Musical de Florencia comentaba: "Tavarez escribe obras de piano con gusto, sentimiento y verdadero carácter."

- Enrique "Kike" Cruz – un boricua de origen humilde, gerente general de American Airlines, se convirtió en el hispano de más alto rango en una multinacional de aeronáutica.

- Gary Hoyt – campeón mundial de regatas de "sunfish."

- Julio A. García – primer jockey en la historia del hipismo boricua en ganar 6 carreras en un mismo evento dos veces en un mismo año (1989).

- María Cena – campeona nacional de Estados Unidos en esgrima femenina (1938).

- Puerto Rico tiene el único programa de transplante de corazón de una comunidad hispana. De 25 programas de Estados Unidos que tratan más de 1,000 pacientes, la isla hace el número 15. De 31 transplantes hechos en el año 2002, aun viven 30 pacientes.

- José Feliciano, primer cantante del mundo en cantar el himno de Estados Unidos "The Star Spangled Banner", en forma estilizada cuando en su peculiar estilo negrista de "Soul" lo cantó en un juego de Serie Mundial de Béisbol. De ahí en adelante José, ha sido imitado por otros cantantes famosos que utilizando sus peculiares estilos cantan el himno.

- Steven Cátala, con 1 minuto, 7 segundos y 52 centésimas cualifica primero en el mundo (ranking) campeón de 100 metros de pecho en los Juegos Juveniles Panamericanos (2001).

- Emilio Delgado un comunista boricua de Corozal vivió en España donde editaba la revista "Mundo Obrero", fue corresponsal de la agencia de noticias rusa TASS en Nueva York y escribió critica literaria en la revista de la Universidad de Harvard.

- Charles Pennock en competencia de tiro individual de "skeet" obtiene puntuación perfecta (1950) única vez en la historia hasta esa fecha que se consigue tal hazaña.

- A principios del año 1800 en Puerto Rico a los presidiarios se les daba al medio día un trago de ron. Se creía entonces que el líquido tenía efectos medicinales y que fortificaba los confinados. Ya para fines del siglo se les negaba el consumo de frutas naturales y jugos con la consecuente deficiencia de vitamina C y ataques de escorbuto. Razón: con las frutas y jugos fermentados los presos fabricaban una bebida alcohólica llamada "Múcura" la cual bebían, se emborrachaban y formaban una algazara.

- En los bailes de nuestros campesinos de antaño el preferido de los muchos "seises" era el "seis chorreao" y su variación del "sonduro" donde los bailadores golpeaban fuerte el piso o "soberao" con zapatos que perforaban con clavos para incrementar el ruido y por lo tanto los músicos no tenían que ser tan acabados o profesionales, pues con el alboroto que se formaba nadie notaba sus pifias fuera de tono.

- Laura Meneses, india quechua peruana y esposa de don Pedro Albizu Campos, fue la primera mujer hispanoamericana en estudiar en Harvard.

- Ramón Vázquez primer jockey aprendiz en la historia del hipismo boricua en ganar 6 triunfos en una sola tanda. (Año 2002).

- Se estima que hasta el año 2002 Puerto Rico es el único país del mundo que no cobra por el recogido de desperdicios sólidos a sus ciudadanos.

- Doña Josefina Barceló, primera mujer en Puerto Rico en presidir un partido político.

- El primer hit que dio un boricua en grandes ligas lo dio un "pitcher": Hiram Bithorn Sosa.

- Por si no lo sabía el "agua de piringa" realmente existió, era un "agualoja" compuesta de jugo de limón, azúcar morena y un poco de ron caña.

- El último sobreviviente del Grito de Lares (1868) fue don Pedro Angleró quien murió a la edad de 110 años ¡Conoció al Dr. Ramón Emeterio Betánces y al Dr. Pedro Albizu Campos! Figúrese usted, murió en 1931.

- Eddie Alberto Pérez primer boricua alcalde de una cuidad capital de Estados Unidos (Hartford, Connecticut).

- Rafael Martínez Nadal firmo la Ley de Gallos de Puerto Rico con una pluma del rabo de un gallo de pelea llamado "Justicia".

- El único telón de teatro alguno en el mundo que está hecho en su totalidad en la técnica de mundillo es el telón del Teatro del Museo de Arte de Puerto Rico (Santurce) diseñado por Antonio Martorell.

- Gonzalo Muñoz, de Bayamón, fue el primer concertista de piano, y compositor boricua de música clásica que adquirió fama internacional: fue incluido en la obra: "Historia de los Grandes Músicos de París" escrita por Charles Doeteur. Su Sonata en "La Menor" muy bien pudo haber sido firmada por Beethoven y "Bella" es una mazurca que pudo haber salido de la inspiración de Chopin.

- Víctor Pellot, ganador de 7 guantes de oro, se robó en dos ocasiones distintas la segunda, tercera y home.

- En la costumbre de nuestros Indios Taínos los niños no sólo eran cuidados por sus padres y familiares cercanos, sino que eran considerados hijos de la tribu entera cuyo bienestar recaía sobre toda la población.

- Dr. Julio Byrd en abril del 2002 planta por primera vez la bandera boricua en la cúspide de la montaña más alta del mundo el Monte Everest de 29,000 pies de altura sobre el nivel del mar.

- Nuestro Ramón Vicente Francisco Power y Giralt único en ser re-electo por unanimidad vicepresidente de las cortes españolas.

- Dr. Richard Carmona (de Harlem, NY) descendiente de padres boricuas, es nombrado por el presidente George W. Bush Cirujano General de Estados Unidos con rango de vice-almirante (tres estrellas).

- Benicio Del Toro ganador del Oscar al Mejor Actor Secundario por "Traffic" y el Golden Globe Award (2002)" por la revista Hispanic de Miami.

- Los guineítos maduros niños rebozados con harina de trigo y fritos en manteca tenían un nombre curioso: "jíbaros envueltos".

- La destacada cantante norteamericana Rose Mari Clooney fue la esposa, de nuestro actor José Ferrer y madre de sus cinco hijos, los que tuvo en años consecutivos.

- Con 34 estaciones por milla cuadrada, Puerto Rico es el país que más gasolineras tiene por milla cuadrada del mundo.

- Rafael Martínez Nadal campeón de ciclismo "tandem" cuando estudiaba en España. (Fue luego nuestro Presidente del Senado.

- Javier Santiago, primer jockey boricua en ganar dos triple corona en forma consecutiva.

- Con más de 3,000 peleas cotitulares y 150 combates de corte mundial, el resumé del arbitro de boxeo fajardeño Joe Cortés supera por mucho los de Arthur Mercante y Richard Steele.

- El Puerto Rico blanco se identifica con Cuba, Santo Domingo, Centro y Sur América pero a veces se nos escapa que por medio del hombre negro nos hermanamos a repúblicas como Jamaica y Haití.

- Luis Balbino, niño genio boricua con tan solo 11 años de edad es matriculado en el Colegio de Agricultura y Artes Mecánicas de Mayagüez terminó su año básico (prepa) con calificaciones de A.

- La palabra "presidio" originalmente significaba una fortificación o bastión militar pero como los presos comunes eran obligados a trabajar en su construcción fueron pronto conocidos como: presidiarios y de ahí el termino para denotar un condenado a prisión.

- Luego del triunfo boricua sobre Sir. Ralph Abercromby (1797), el ministro de estado español, Conde de Aranda, decía que en Puerto Rico España poseía: "nuestro pie más firme en América".

- "Seamos fieles a nuestras costumbres, a nuestra lengua, a nuestra raza, a cuanto constituye nuestra personalidad de pueblo que no se postra de hinojos ante nadie" Luis Muñoz Rivera tras el cambio de soberanía (1898).

- Los "seises" se desarrollaron en la altura del cafetal fuera de la influencia africana que habitaba la costa donde se cultivaba la caña aún así con el tiempo llegó a existir un tipo de seis de corte negrista; un tipo de tango de armonía compleja: el famoso mapeyé.

- El molino de maíz más antiguo de Estados Unidos (1540) está en Dorado, Puerto Rico y se conoce como Hacienda San Jacinto. Se cree perteneció a la familia de Juan Ponce de León.

- El abuelo del jockey Junior Cordero, Angel Cordero (conocido como "el Negro Angel), fue jinete y en 1910 logró la hazaña, de ganar 6 carreras en un mismo evento (Hipódromo Las Casas) "De tal palo…"

- El destacado pianista boricua Adolfo Heraclio Ramos (1837-1891) poseía un par de manos con dedos tan largos que compuso obras pianísticas tan endiabladamente difíciles que para un pianista normal le resultaría imposible ejecutarlas.

- Don Juan de la Pezuela gobernador despótico de facultades omnímodas, era miembro de la Real Academia Española de la Lengua por lo que parece mentira achacar a la educación las ansias de libertad de las colonias y decía que los pobres tenían suficiente con saber leer, escribir, instrucción religiosa y aprender un oficio.

- ¡El destacado compositor Plácido Acevedo se inspiraba de noche fumando y bebiendo licor sentado sobre una tumba en un cementerio!

- Se le quiso poner el apodo de "La Voz" a un destacado cantante de salsa, pero como ya ese apodo lo llevaba Felipe "La Voz" Rodríguez por respeto al bolerista el apodo se le puso con la variante en Francés: Héctor "Lavoe".

- El único museo del mundo cuyo tema es los tres Reyes Magos está en Juana Díaz, Puerto Rico. La fiesta del pueblo es por mucho superior a la fiesta que se celebra en Madrid, España.

- Durante las Fiestas de los Niños Inocentes en el barrio Barahona de Morovis se acostumbraba "robar" un niño a aquellos padres que no estaban dispuestos a participar de la broma, marcaban la frente de sus niños con una cruz de azul añil, al niño "desaparecido" le regalaban ropa y dulces y cuando sus padres lo encontraban se celebraba el evento bailando hasta el amanecer.

- El cetí es un espécimen marino tan diminuto que se pesca por galones en Arecibo en algunas épocas del año.

- Una edición especial de "Sports Ilustrated" y "People" publica el "starting line-up" de todos los tiempos para jugadores latinos. De los 10 jugadores 5 son boricuas a saber: Roberto Alomar 2B, Iván Rodríguez C, Roberto Clemente RF, Juan "Igor" González LF y Edgar Martínez DH. Completan el cuadro: Sammy Sosa CF y cuarto bate, Rafael Palmeiro 1B, Vinny Castilla 3B, Luis Aparicio SS y el gran Juan Marichal (pitcher).

- Además de ser vicepresidente de las Cortes de España, Ramón Power y Giralt era vicepresidente de aceptación de credenciales algo así como la comisión de nombramientos o sea ningún embajador, cónsul, funcionario o burócrata español podía ejercer su función sin la aprobación del boricua.

- Puya, primera agrupación de rock en español boricua en aparecer e MTV (Music Television).

- Probablemente la primera casa de piedras construida en el nuevo mundo fue la casa de gobierno construida por Juan Ponce de León (hoy Museo Ruinas de Caparra). Construida en el 1509 es más antigua que el Alcázar de Santo Domingo, donde vivió el virrey Diego Colón, que fue construido entre 1510 y 1514. Cuando los peregrinos llegaron a Plymouth Rock en 1620 ya Puerto Rico era cuna de la civilización en el Nuevo Mundo.

- En 1970 Roberto Clemente realiza la hazaña de conectar 10 hits en dos juegos consecutivos algo que no se realizaba en las grandes Ligas desde el año 1900.

- No crea usted que nuestra cultura negra se inició con la importación de esclavos negros a la isla. Tal cultura nos llegó con los propios españoles, quienes ya traían una gran vena negra en su cultura: su herencia de 800 años de ocupación de los moros (Morocco-África del Norte) y de su población negra en ciudades del sur ibérico.

- Aunque Juan Morel Campos no era pianista la mayor parte de sus danzas las compuso para piano llegando a escribir varias para piano a cuatro manos.

- El interior de los aviones Tango 1 y Tango 2 del ex-presidente de Argentina, Carlos Menen fueron diseñados por el boricua Wilbert Pagán quien cuenta entre sus clientes a: Elizabeth Taylor, Diana Ross, Irene Cara, Verónica Castro, Estefanía de Mónaco, Lucía Méndez y Bette Davies.

- Era tal el miedo que los campesinos de antaño le tenían a un curioso, pero inofensivo, ser acuático llamado manatí, tras su presentación en las ferias de pueblo, que la plena

Santa María le canta: "Santa María líbranos de todo mal y ampáranos Señora de este temible animal".

- En los bailes de bomba se usan dos tambores. El tambor más grande y de sonido más profundo tiene un nombre propio muy curioso: "el burlador".

- En 1974 dos jockeys boricuas ganan las tres carreras de la triple corona del hipismo norteamericano: Junior Cordero el Kentucky Derby con "Cannonade" y Miguel Angel "Macuco" Vargas el "Preakness y el "Belmont Stakes" con "Little Current".

- El chapín es probablemente el pez más feo pero sabroso del mundo. De forma triangular, su carne se usa para la preparación de sabrosas empanadillas.

- El maestro que fue enviado a estudiar la posible construcción de un fuerte en un promontorio o morro del Viejo San Juan (Fuerte San Felipe del Morro) y que llevaba por nombre Don Juan de Tejada, era tan diestro y apreciado en su campo, que podía darse el lujo de hablar de tú a tú con el rey de España e insultarlo con palabras irrespetuosas y salirse con la suya.

- Juan Adolfo Rieckehoff campeón ecuestre boricua gana el Campeonato Ecuestre Internacional en Méjico.

- Abril 2002 Puerto Rico Campeón Mundial de Voleibol Internacional (Bayamón Military Academy) tras derrotar a la Escuela Galileo en Italia.

- El boricua Domingo Cruz (Cocolía) tomó un oscuro instrumento musical gigantesco, el bombardino, y lo elevo a instrumento solista virtuoso y fue otro bombardinista y compositor, Angel Mislán, quien escribiera la más espléndida muestra de solo de bombardino en su danza "Sara".

- La persona que gestionó una beca para que el destacado pianista Jesús María Sanromá pudiese estudiar en el Conservatorio de Nueva Inglaterra en Boston fue el prócer José de Diego.

- Nuestros indios taínos comían una dieta baja en proteínas: comían cuando aparecía algún ave, peces, manatí, mariscos y tortugas y en casos extremos insectos y murciélagos pues como decían: "de mosquito para arriba todo es cacería" aún de lo que producía la tierra, como ñame y yautía. Comían muy poco y por eso se dice que "con lo que come un español un día come un taíno un mes".

- En sus aventuras correrías y andanzas el "lengua" Juan González recibió 36 flechazos, una lanzada en la espalda, una puñalada en el hombro y cuatro macanazos en su cabeza; participó en la conquista de Méjico donde fue elogiado por el Marqués del Valle: Hernán Cortés.

- Se dice que la contribución del negro a la cultura antillana fue amplia: su sentido del ritmo en la música, su valentía ante la adversidad, su pasión por las variaciones del color y su genuino optimismo y alegría de vivir la vida.

- Por si no había notado, Santurce, al igual que San Juan es una isla o isleta, para entrar a Santurce de cualquier parte hay que cruzar los puentes: Martín Peña, Constitución, Puente Dos Hermanos, o Puente de Piñones.

- Las armas que trajeron los conquistadores españoles al nuevo mundo, como la espada y el arcabuz, no eran tan poderosas como un arma 10 veces más mortal y de la cual no estaban conscientes: el arma bacteriológica a saber:

291

viruela, rubéola, paperas, tosferina y sarampión que mataban 9 de cada 10 personas que carecieran de inmunidad.

- La Constitución cubana establecía que sólo dos personas nacidas en el extranjero podían aspirar a ser presidente de la república: el dominicano Máximo Gómez y el boricua Juan Ríos Rivera.

- En tiempos de antaño a falta de periódicos, radio, y calendarios, nuestros campesinos contaban los días por sucesos: por huracanes, por mandatos de gobernadores, visitas de obispos, arribo de flotas, situados, guerras, ataques de piratas, etc.

- La primera mujer en presidir una comisión de boxeo fue una boricua: Dommys Delgado Berti.

- Los ríos grandes de Loíza, Manatí y Arecibo son grandes de por sí. Grande de Arecibo: 32 millas, Grande de Loíza: 45 millas, Grande de Manatí: 54 millas; pero éstos son sobrepasados por el gigante de los ríos: el Río La Plata con 60.5 millas.

- Representantes de países del "Tercer Mundo" como India y Africa han venido a ver "el Milagro de Puerto Rico": cómo la isla cambió de un país atrasado económica y socialmente a uno de los países más avanzados y progresistas del mundo en una revolución pacífica sin derramamiento de sangre.

EPÍLOGO

Este libro es la labor de amor de un sólo hombre. Por 20 años me dediqué a cazar "joyas" en viejos periódicos, libros, videos y diversas fuentes. Hecho con pocos recursos y la mejor buena fe puedo admitir equivocaciones o inexactitudes y por eso te ruego que si encuentras alguna o si sabes de algún dato curioso sobre la isla o algo en que los boricuas se hallan destacado lo comuniques a la editorial.

Y recuerda: ¿Qué has hecho tú para engrandecer esta patria?

¡Gracias boricua!